AS CINCO HABILIDADES DAS PESSOAS EXCEPCIONAIS

JOE NAVARRO
E TONI SCIARRA POYNTER

AS CINCO HABILIDADES DAS PESSOAS EXCEPCIONAIS

SEXTANTE

Título original: *Be Exceptional: Master the Five Traits that Set Extraordinary People Apart*

Copyright © 2021 por Joe Navarro
Copyright da tradução © 2022 por GMT Editores Ltda.

Publicado mediante acordo com William Morrow, um selo da Harper Collins Publishers.

Todos os direitos reservados. Nenhuma parte deste livro pode ser utilizada ou reproduzida sob quaisquer meios existentes sem autorização por escrito dos editores.

tradução: Edson Furmankiewicz

preparo de originais: Maria Marta Garcia

revisão: Luis Américo Costa e Priscila Cerqueira

diagramação: Gustavo Cardozo

capa: Filipa Pinto

impressão e acabamento: Associação Religiosa Imprensa da Fé

CIP-BRASIL. CATALOGAÇÃO NA PUBLICAÇÃO
SINDICATO NACIONAL DOS EDITORES DE LIVROS, RJ

N241c

Navarro, Joe, 1953-
As cinco habilidades das pessoas excepcionais / Joe Navarro, Toni Sciarra Poynter ; tradução Edson Furmankiewicz. - 1. ed. - Rio de Janeiro : Sextante, 2022.
272 p. ; 23 cm.

Tradução de: Be exceptional
ISBN 978-65-5564-480-7

1. Linguagem corporal. 2. Comportamento humano. 3. Comunicação não-verbal no local de trabalho. 4. Desenvolvimento organizacional. 5. Liderança. I. Poynter, Toni Sciarra. II. Furmankiewicz, Edson. III. Título.

22-79239

CDD: 650.13
CDU: 005.336.5:005.57

Meri Gleice Rodrigues de Souza - Bibliotecária - CRB-7/6439

Todos os direitos reservados, no Brasil, por
GMT Editores Ltda.
Rua Voluntários da Pátria, 45 – Gr. 1.404 – Botafogo
22270-000 – Rio de Janeiro – RJ
Tel.: (21) 2538-4100 – Fax: (21) 2286-9244
E-mail: atendimento@sextante.com.br
www.sextante.com.br

Em memória amorosa de meu pai, Albert.

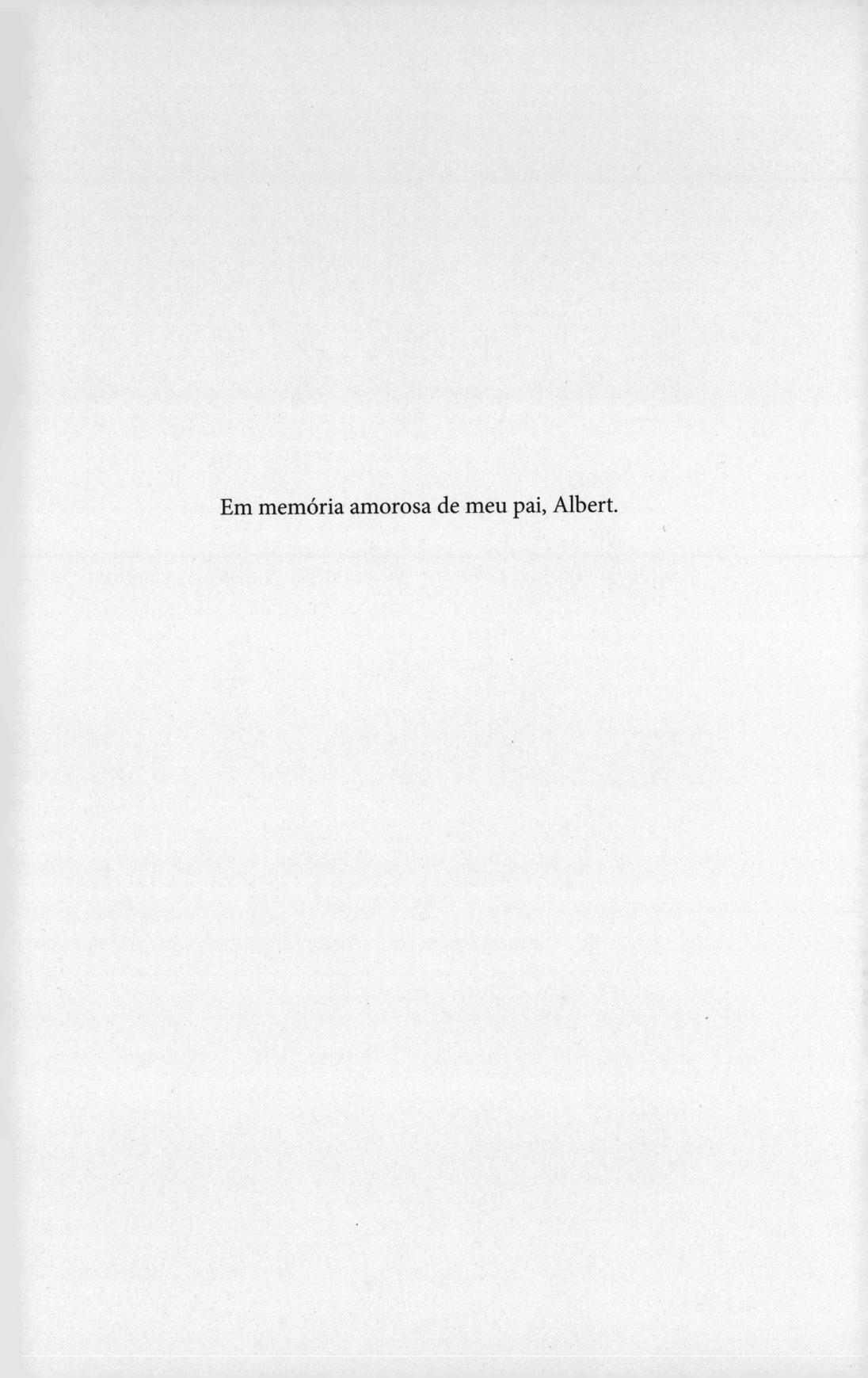

Cuidado com seus pensamentos – eles se transformam em suas palavras.
Cuidado com suas palavras – elas se transformam em suas ações.
Cuidado com suas ações – elas se transformam em seus hábitos.
Cuidado com seus hábitos – eles se transformam em seu caráter.
Cuidado com seu caráter – ele molda o seu destino.

– Adaptado de Lao Tsé

Sumário

Antes de começarmos — 9

UM
Autodomínio – O coração da excepcionalidade — 13

DOIS
Observação – Ver o que importa — 77

TRÊS
Comunicação – Informar e transformar — 129

QUATRO
Ação – Ser oportuno, ético e pró-social — 177

CINCO
Bem-estar psicológico – A força humana mais poderosa — 205

Considerações finais — 247

Agradecimentos — 251

Bibliografia e referências — 254

Antes de começarmos

*Não considere humanamente impossível o
que você não consegue realizar com facilidade; e, se é
humanamente possível, então está ao seu alcance.*
– MARCO AURÉLIO

O que torna as pessoas excepcionais? Por muito tempo refleti sobre essa questão. Dediquei 25 anos de serviço ao FBI e fui membro fundador do Programa de Análise Comportamental de Segurança Nacional, tendo realizado mais de 10 mil entrevistas em campo. Também passei anos prestando consultoria a organizações de vários níveis em todo o mundo, além de desenvolver pesquisas e escrever mais de uma dúzia de livros sobre comportamento e desempenho. Ao todo, foram mais de 40 anos estudando o comportamento humano, e nesse tempo nada me cativou mais do que aqueles indivíduos que exibem características excepcionais. Essas pessoas fazem com que você se sinta especial. A bondade e o carinho delas atraem você instantaneamente. A sabedoria e a empatia delas são estimulantes. Você se sente melhor depois de encontrá-las. Você quer tê-las entre seus amigos, vizinhos, colegas de trabalho ou conselheiros; e certamente quer que sejam seus professores, gestores, líderes comunitários ou candidatos a cargos públicos.

O que torna essas pessoas quem elas são – tão influentes, eficazes, exemplares e dignas de liderar? As qualidades que fazem com que se destaquem não estão relacionadas ao nível de educação, renda ou talento – digamos, em áreas como esportes, artes ou mesmo negócios. Não; esses indivíduos se destacam da maneira que realmente importa: eles parecem saber o que dizer e o que fazer para ganhar confiança, impor respeito e influenciar e inspirar positivamente até mesmo os mais desanimados entre nós.

Minha pesquisa para este livro começou há mais de uma década, involuntariamente, quando trabalhava no livro *Dangerous Personalities* (Personalidades perigosas). Na época, eu analisava as características das pessoas que decepcionam a si mesmas e os outros por causa de seu comportamento detestável, das decisões que tomam, das prioridades que negligenciam, da falta de controle emocional ou da falta de dedicação ou cuidado com os outros.

Ao pesquisar esses indivíduos imperfeitos, seus opostos polares – aquelas pessoas que têm características positivas tão notáveis que tornam a vida melhor para todos em volta – surgiram na minha frente com extrema clareza. Foi essa transparência, juntamente com todas as observações que fiz no FBI e em meu trabalho de consultoria internacional, que acabou se transformando neste livro.

O que torna alguém excepcional? Acabei constatando que existem apenas cinco características que diferenciam indivíduos excepcionais de todos os outros. Embora sejam só cinco, essas são qualidades muito poderosas. São as cinco habilidades das pessoas excepcionais.

AS CINCO HABILIDADES DAS PESSOAS EXCEPCIONAIS

Autodomínio: o coração da excepcionalidade
Elaborando nossos aprendizados, entendendo a nós mesmos por meio de uma reflexão honesta e cultivando hábitos cruciais que levam à realização pessoal, lançamos as bases para uma vida excepcional.

Observação: ver o que importa
Aumentando nossa capacidade de observar as necessidades, as preferências, as intenções e os desejos dos outros, bem como seus medos e suas preocupações, estamos mais bem preparados para decodificar pessoas e situações com rapidez e precisão, ganhando clareza para fazer o que é melhor, o que é correto e o que é eficaz.

Comunicação: informar e transformar
Adotando as habilidades verbais e não verbais, podemos expressar ideias

de forma mais eficiente e intencional, apelando ao coração e à mente e estabelecendo laços que constroem confiança, lealdade e harmonia social.

Ação: ser oportuno, ético e pró-social
Conhecendo e aplicando o arcabouço ético e social da ação apropriada, podemos aprender, como as pessoas excepcionais aprendem, a "fazer a coisa certa na hora certa".

Bem-estar psicológico: a força humana mais poderosa
Entendendo a verdade fundamental de que aquilo que os seres humanos buscam, em última análise, é o bem-estar psicológico, podemos descobrir o que as pessoas excepcionais sabem: aquele que proporciona bem-estar psicológico por se importar com os outros vence.

Nos capítulos a seguir vou apresentar insights, exemplos e relatos com base em minhas décadas de experiência em análise comportamental e consultoria de negócios. Trarei exemplos da história, de acontecimentos atuais e da vida cotidiana para explorar essas cinco habilidades e explicar como você pode usá-las para melhorar e aprimorar sua vida, diferenciar-se e, acima de tudo, influenciar positivamente os outros em sua busca por uma vida mais empática e ética – o tipo de vida que os verdadeiramente excepcionais vivem todos os dias.

Aprendemos e somos influenciados ao estudar indivíduos excepcionais, que diariamente demonstram que, para sê-lo, é preciso fazer coisas extraordinárias. Essas cinco características que transformam a vida são tudo que é necessário para diferenciar você. Elas vão recompensá-lo assim que você começar a incorporá-las à sua rotina diária, aumentando sua capacidade de influenciar positivamente os outros e, sem dúvida, fazendo de você uma pessoa melhor. Elas também o tornarão um líder bem-sucedido – não apenas pronto para liderar quando a oportunidade surgir, mas digno de fazê-lo.

Então, junte-se a mim nesta jornada de descobertas de quem somos e de quem podemos ser. Vamos explorar esse reino especial compartilhado por aqueles considerados honrados, confiáveis, determinados, íntegros. Excepcionais.

UM

Autodomínio

O CORAÇÃO DA EXCEPCIONALIDADE

Elaborando nossos aprendizados, entendendo a nós mesmos por meio de uma reflexão honesta e cultivando hábitos cruciais que levam à realização pessoal, lançamos as bases para uma vida excepcional.

> *Todos pensam em mudar a humanidade, mas ninguém pensa em mudar a si mesmo.*
> – LIEV TOLSTÓI

No FBI, uma das decisões mais difíceis que tive que tomar como líder de equipe SWAT ocorreu antes mesmo de a operação começar.

Como líder de equipe, você é responsável pelo plano operacional e por sua execução habilidosa e segura. Depois que você recebe a "luz verde" para o início da operação, está totalmente equipado, com armas carregadas e apontadas, e diz pelo microfone "Eu tenho o controle, eu tenho o controle, eu tenho o controle", muitas pessoas passam a contar com você para comandar o jogo. O público quer isso; seus superiores também. E seus colegas da equipe SWAT precisam que você tenha clareza absoluta de pensamento, porque a segurança deles e o sucesso da operação dependem disso.

Os eventos estavam se desenrolando rapidamente nessa operação em particular – um fugitivo armado mantendo sua namorada refém em um hotel decadente nos arredores de Haines City, Flórida, jurando que nunca seria capturado vivo. Normalmente, os negociadores de sequestro conseguem lidar com eventos como esse, mas, nesse caso, a refém precisava de remédios, por isso sua vida corria perigo. Sem muito tempo a perder, com o calor do dia deixando os ânimos ainda mais acirrados e o suspeito sem querer cooperar de forma alguma, a última coisa que eu precisava era que um de nossos agentes não estivesse à altura da tarefa. Esse agente em específico não estava sendo tão rápido nas perguntas nem elaborando os planos finais como habitualmente fazia. Ele não estava levantando questões que normalmente abordaria: a estrutura do prédio (para determinar até onde uma bala perdida pode penetrar); se as dobradiças da porta estariam voltadas para fora ou para dentro (para nos ajudar a determinar como abrir a porta e de que tipo de ferramenta de arrombamento precisaríamos); a proximidade em que poderíamos posicionar uma ambulância sem que fosse vista; a localização mais próxima de um hospital com centro de trauma nível I; e assim por diante. Percebi que sua mente não estava focada. Por fim, disse a mim mesmo: *Você tem que resolver isso, e rapidamente.* Não tínhamos tempo para entender a causa da distração. Eu só sabia que algo estava acontecendo com ele e tinha de intervir.

Meus superiores, no calor do momento e ocupados com as decisões que precisavam ser tomadas pela administração – lidar com a sede do FBI, implementar mudanças de última hora e certificar-se de que as autoridades locais estavam cientes do que estávamos prestes a fazer –, não tinham percebido a situação, embora estivéssemos todos na mesma sala. Mas, como comandante de equipe, eu não podia ignorá-la. Esse agente estava fora de si. Era o pior momento para lidar com um problema pessoal. Talvez ninguém notasse se eu mantivesse isso para mim e nada desse errado na operação, mas eu havia percebido e cabia a mim resolver essa questão. Não podia deixar que alguém nesse estado participasse de uma operação em que o potencial de tiroteio em um ambiente urbano era alto e as decisões deveriam ser tomadas rapidamente. Como líder, você não pode colocar os outros em risco podendo evitá-lo, por mais que alguém queira fazer parte de algo importante ou, como no caso desse operador da SWAT, tenha sido fundamental para o planejamento da intricada operação de prender um fugitivo e resgatar uma jovem com problemas de saúde que estava sendo mantida presa contra sua vontade.

Fui até o agente especial encarregado, que estava ao telefone atualizando a sede do FBI sobre o desenrolar dos acontecimentos, e relatei: "Preciso tirar um de nossos agentes desta missão." Ao dizer essas palavras, me dei conta de que, em minhas duas décadas na SWAT, isso nunca havia acontecido.

"Faça o que for melhor", foi tudo o que ele pronunciou, ciente de que confiava no nosso relacionamento, estabelecido ao longo dos anos. Então, como se percebesse que eu tinha algo mais a falar, ele assentiu com a cabeça. Foi quando eu disse: "Preciso sair da operação, senhor."

A princípio, ele apenas olhou para mim por um segundo para ter certeza de que tinha ouvido direito, sua mão cobrindo o telefone, colocando Washington em espera. Ele examinou meu rosto e, naquele breve momento, acredito, começou a se dar conta do que eu realmente estava experienciando naquele dia.

Ele perguntou se eu tinha certeza. Respondi que sim. "Faça o que você precisa fazer. Faça o que for melhor", repetiu, sem hesitar. "Confio no seu julgamento."

E dessa forma saí de uma grande operação da SWAT. Não foi fácil, porque o segundo homem em comando agora tinha o ônus de assumir meu papel e eu sabia que alguns dos agentes iriam se perguntar o que estava acontecendo. Independentemente disso, era o que precisava ser feito e, como comandante da equipe, era meu dever tomar a decisão.

A operação transcorreu sem incidentes e ninguém se feriu.

O que me afetava? Finalmente, em um momento de introspecção, o que deveria ter sido óbvio acabou vindo à tona. Minha avó havia falecido uma semana antes e eu continuava sob o efeito dessa profunda perda. Eu ainda estava de luto, sofrendo – mesmo achando que poderia simplesmente superar isso. Para os outros, talvez eu parecesse um pouco mais sério do que o normal, talvez contando menos piadas, mas quando estamos muito atarefados é fácil ignorar o que os outros estão sentindo. Minhas emoções estavam afetando meu pensamento e minhas decisões. Felizmente, reconheci isso a tempo.

Aquele agente especial encarregado disse algo importante: "Faça o que for melhor." Mas como saber o que é o melhor a fazer? Além disso, como fazer o que deve ser feito? Tudo começa com o autodomínio.

DEFINIÇÃO DE AUTODOMÍNIO

Muitas vezes equiparamos capacidade a habilidade. Dizemos que habilidade é o que está por trás da capacidade de produzir um violino Stradivarius de qualidade ou esculpir uma estátua magnífica. Mas habilidade e capacidade são coisas diferentes.

Tornar-se habilidoso em algo requer dedicação a qualquer que seja o desafio, por mais difícil que seja – e, mais importante, requer autodomínio: foco, dedicação, diligência, curiosidade, adaptabilidade, autoconsciência e determinação, para citar apenas algumas das competências do autodomínio.

Começo com autodomínio porque ele é fundamental para dominar as outras quatro características que diferenciam os indivíduos excepcionais. A boa notícia é que o autodomínio não é uma busca impossível. Podemos realmente reconfigurar nosso cérebro para incorporar melhores versões de nós mesmos às coisas que fazemos todos os dias.

Se nossa vida é definida pelo que pensamos – a mentalidade e as atitudes que adotamos e o conhecimento que adquirimos –, pelos nossos sentimentos e pelas nossas escolhas, então não podemos alcançar todo o nosso potencial sem autodomínio.

O autodomínio por si só pode não conquistar montanhas, mas uma montanha não pode ser conquistada sem autodomínio. O humano mais rápido que já existiu, Usain Bolt, não alcançou esse status apenas pela capacidade atlética. Ele conseguiu por meio de autodomínio: aprendeu, se sacrificou, trabalhou muito e permaneceu diligentemente focado. Michael Jordan, o maior jogador de basquete de todos os tempos, fez a mesma coisa. Para alcançar o nível de elite compartilhado pelos excepcionais precisamos de autodomínio.

Mas há um outro lado do autodomínio que inclui conhecer nossas emoções, nossos pontos fortes e, mais importante, nossos pontos fracos. Conhecendo a nós mesmos, sabemos quando os outros devem assumir a liderança, quando não é o nosso dia (como aconteceu comigo naquela operação da SWAT), quando precisamos de uma dose de humildade – e confrontar nossos demônios – ou quando devemos mudar de atitude para extrair o melhor de nós. Isto é o que o autodomínio permite: uma avaliação consciente e honesta de nós mesmos que nos leva a continuar tentando e a entender as nuances da consciência que podem fazer a diferença entre fracasso e sucesso.

Neste capítulo vamos explorar como assumir o comando de sua vida por meio de hábitos e comportamentos diários, construindo os degraus essenciais para o autodomínio. Vamos terminar com uma série de perguntas de autoavaliação para ajudar você a conquistar essa capacidade tão essencial. Você quer alcançar seu maior potencial, aumentar sua influência, expandir sua marca? O autodomínio é o caminho.

APRENDIZAGEM:
O ANDAIME DO CONHECIMENTO

Em algum momento durante o ensino médio, fiz uma autoavaliação séria. Não me foi imposta. Ninguém se sentou para falar comigo sobre ela ou a sugeriu. Foi uma conversa muito particular que tive comigo mesmo, porque havia ficado bem claro na minha mente jovem que as coisas precisavam mudar.

Fugir para os Estados Unidos aos 8 anos como refugiado depois da Revolução Cubana me deixou em tremenda desvantagem. Mudar de país abruptamente, não falar inglês, não entender esse ambiente totalmente novo com regras, costumes e normas diferentes me deixaram confuso e deslocado. Eu estava vários passos atrás e sempre tentando alcançar meu novo mundo. Chegamos à América sem dinheiro (os soldados cubanos no aeroporto se certificaram disso) e traumatizados, tendo sobrevivido a uma revolução comunista muito violenta em Cuba. Como recém-chegado, tive que me adaptar, mas a única coisa que tinha em comum com as crianças ao meu redor era que, como elas, eu adorava praticar esportes. Elas não falavam espanhol e eu não falava inglês; não haviam passado por uma revolução sangrenta; não estavam lá nas ruas durante a invasão da Baía dos Porcos como eu estive nem ouviram os tiros no *paredón* (o muro) onde os soldados alinhavam os cidadãos e os executavam sumariamente por serem anticastristas. Elas conheciam Sininho, Pernalonga, Papa-Léguas, Disneylândia e o Clube do Mickey Mouse; para mim eram nomes sem significado. Eu estava acostumado a usar uniforme na escola;

elas, jeans e camiseta. Em Cuba, eu estudava em uma sala de aula com um único professor o dia todo; nos Estados Unidos, mudava de sala a cada 55 minutos – a razão disso, não sabia bem. Eu conhecia as regras do beisebol, mas nunca tinha visto uma bola de basquete. Adorava os novos jogos que me ensinaram, mas odiava ser chamado para o quadro-negro para resolver problemas de matemática.

Foi um verdadeiro choque cultural. Esforcei-me para aprender todas as regras sociais: não conversar na fila, dar a mão ao atravessar a rua, mas não tocar de outra forma, não ficar muito perto, não gesticular demais, não falar muito alto, levantar a mão direita se precisar fazer xixi, fazer mais contato visual com o professor ao ser repreendido (exatamente o oposto do que me ensinaram, que era olhar para baixo, evitar contato visual e parecer arrependido). Mas havia também a questão dos trabalhos escolares. Existiam diferenças infinitas que precisei aprender e superar para me adaptar. Durante a revolução em Cuba, não era seguro frequentar a escola e, francamente, era assustador, motivo pelo qual eu já estava atrasado academicamente quando fugimos de lá. Agora, além de tudo isso, nada do que o professor dizia fazia sentido, porque era em inglês.

De alguma forma, por pura persistência e por necessidade, tornei-me totalmente fluente em inglês em cerca de um ano. Não há nada como a socialização imersiva para aprender um idioma. Voltei uma série para que conseguisse acompanhar o nível da turma e, no devido tempo, completei dois anos em um. Mas isso foi apenas o começo.

Havia a questão do meu sotaque. Tive que trabalhar muito para me livrar dele, porque uma coisa que aprendi foi que, se você fala diferente nos Estados Unidos, você se destaca, e eu não queria me destacar. Queria me encaixar na cultura americana. Por fim, consegui superar meu sotaque, mas a realidade era que sempre havia muita coisa que os meus colegas já sabiam e eu não: tudo aquilo que aprendemos desde pequenos, no jardim de infância, enquanto assistimos à TV, frequentando as mesmas escolas e ao longo de anos de cultura e socialização.

Eu não conhecia nenhuma música infantil e nunca descobri o que "London Bridge Is Falling Down" significava. (Por que uma catástrofe como essa seria descrita em uma canção infantil?) Durante um ano, não tivemos rádio nem televisão em casa, então a única música que aprendi foi o hino nacional, que cantávamos todas as manhãs.

Quando entrei no ensino médio, meus colegas conheciam Shakespeare; eu, Miguel de Cervantes. Eles liam Steinbeck; eu, Federico García Lorca. Eles conheciam Bob Hope; eu, Cantinflas. Eu sabia o nome de todas as ilhas do Caribe; a maioria dos meus colegas não reconhecia nem o Golfo do México. Os comunistas em Cuba nos doutrinaram sobre o "proletariado e a burguesia", termos que reconhecia prontamente. Meus colegas de escola achavam que eu estava inventando essas palavras. E eu não sabia o que significava ser "tira".

Por muito tempo, pensei erroneamente que as outras crianças eram mais inteligentes do que eu. Mais tarde, compreendi que não eram mais inteligentes; só conheciam coisas que eu não conhecia porque não tinha sido exposto a elas. Incomodava-me ter deixado passar tanto conhecimento. E, no ritmo em que estávamos indo na escola, eu não iria alcançá-las tão cedo.

Percebi que a escola só poderia me ensinar o que estava no currículo. Ela não me ensinaria o que me faltava nem o que eu mais queria aprender – que ia muito além do que o sistema escolar do Condado de Dade permitia. Eu não ia chafurdar em autopiedade, mas de alguma forma sabia que tinha que agir por conta própria. Tive que encarar minha realidade. E assim, na adolescência, comecei meu próprio programa de autoaprendizagem.

Reserve um momento para pensar nas pessoas excepcionais que você conhece ou sobre as quais leu ou estudou. Quem não apreciaria a arte atlética de tirar o fôlego da ginasta americana e vencedora da medalha de ouro olímpica Simone Biles ou da lenda do basquete Michael Jordan? Que tal a genialidade do investidor Warren Buffett, conhecido como o Oráculo de Omaha? Seria muito bom cantar como Frank Sinatra ou Adele, cujas vozes podem alegrar ou partir um coração. Todos são excepcionais à sua maneira. Mas e nós? Eu nunca serei um atleta de elite nem dirigirei um negócio de bilhões de dólares, e meu canto só serve para incomodar os animais que descansam por perto. Mas podemos ser excepcionais de diversas formas, inclusive na mais importante delas, aquela que todos nós compartilhamos: as relações com as outras pessoas. Como alcançamos esse nível de desempenho em que nossas ações se tornam excepcionais?

Fazemos isso por autoaprendizagem: investindo em nossos conhecimento, crescimento e potencial, assim como o fazem os grandes realizadores.

Algumas pessoas acham mais fácil dar valor e atenção aos outros do que a si mesmas. Mas, assim como queremos que os outros sejam pessoas melhores, também temos essa mesma responsabilidade conosco. Depois de aceitar que a melhor maneira de se valorizar é se comprometendo a se tornar uma versão aprimorada de si mesmo, você estará no caminho de se transformar em um indivíduo excepcional.

Sempre que leio sobre alguém que se formou no ensino médio já adulto ou ouço histórias como a de Giuseppe Paternò que se graduou aos 96 anos, lembro-me de que essa é uma pessoa cujos planos podem ter sido prejudicados por trabalho, responsabilidades ou infortúnio, mas que continuou empenhada em investir em sua educação, porque se valorizava. E que belo exemplo eles deram para todos nós.

Nunca é tarde para alcançar o autodomínio e buscar todo o seu potencial para adquirir características e comportamentos de indivíduos excepcionais. Você não apenas levará uma vida melhor e mais completa, mas, quando e se a hora chegar, poderá se tornar não apenas um líder, mas um líder *merecedor* da liderança.

Muitas vezes nos dizem que mentores – indivíduos admiráveis que funcionam como guias no caminho por onde queremos seguir – são necessários. É ótimo ter mentores. Mas eles podem ser difíceis de encontrar e costumam ter tempo limitado para nos instruir.

Descobri que, para ser excepcional e alcançar o autodomínio, devemos assumir a responsabilidade de orientar a nós mesmos.

A história tem um bom exemplo no Renascimento, o período vibrante entre os séculos XIV e XVII quando as ciências e as artes floresciam em toda a Europa. Para aprender um ofício, jovens como Michelangelo, que mais tarde pintou a Capela Sistina, eram aprendizes de especialistas na área – no caso dele, mestres artistas e escultores que impulsionaram seu aprendizado. As guildas artísticas reuniam os melhores praticantes de desenho, escultura, esboço, pintura, caligrafia, combinação de tintas, cerâmica, arquitetura, artesanato, marcenaria, metalurgia, fundição de ouro, etc.

Não era uma colônia de férias. Os aprendizes seguiam cronogramas rigorosos para aprender e dominar habilidades ao longo de dias repletos de foco em tarefas específicas. Muitos foram aprendizes bem jovens, ganhando o próprio sustento enquanto adquiriam habilidades e reconhecimento por serem responsáveis por sua vida e seu trabalho. Com o tempo, eles se aperfeiçoaram, acrescentando suas próprias experiências e nuances. Assim, por meio do árduo processo de aprendizagem, foi assegurada uma nova geração de mestres; e nós, claro, somos os beneficiários desse processo.

Grande parte do conceito de aprendizagem formal perdeu-se ao longo do tempo, exceto em alguns ofícios e profissões. Médicos, em essência, passam por um aprendizado de 12 a 16 anos para dominar o complexo processo de diagnosticar e curar doenças humanas. Uma de minhas editoras descreveu o conhecimento de seu ofício no mundo editorial como um processo de aprendizagem em que, primeiro, observou seu chefe trabalhar com autores editando e dando forma a seus livros, para, em seguida, participar desse processo sob supervisão e, finalmente, ser encarregada de adquirir e editar projetos por conta própria. Existem aprendizagens em certos ofícios, como encanador e eletricista, que tendem a durar um curto período e ter um foco muito restrito.

Mas, se você analisar atentamente os indivíduos excepcionais como eu analisei, verá que eles adquirem saberes por conta própria. Embora possam buscar ajuda, conselho ou conhecimento de outras pessoas, assumem ativamente a responsabilidade por seu próprio crescimento. Eles sabem o que nunca nos ensinaram: que, para ser excepcional, você deve aprender sozinho.

Esse processo de autoeducação se dá de várias maneiras: pode ser formal ou informal; fruto da necessidade ou de um desejo profundo. Em cada caso – por meio de paciência, força de vontade, tentativa e erro e trabalho árduo, imprensado entre outros deveres, ou mesmo entre empregos ou depois do expediente –, um caminho é encontrado.

Comigo foi assim: interessado no comportamento humano, comecei a manter um diário com comportamentos que observava e não entendia.

Com o tempo, por meio de experiência e pesquisa, fui decifrando assim esses comportamentos, tornando-me um observador melhor. Mais ou menos na mesma época, treinei e tirei uma licença de piloto antes de me formar no ensino médio. Por quê? Não posso lhe dar uma razão além da profunda curiosidade. Achava que essas atividades e habilidades mais tarde me ajudariam na vida, e ajudaram, embora na época eu não entendesse como. Essas observações comportamentais que fiz aos 15 anos foram decisivas mais tarde ao lidar com criminosos no FBI, e o brevê me permitiu servir como piloto-comandante para conduzir vigilâncias aéreas de terroristas. Eu não via nada disso no meu futuro, mas a autoaprendizagem certamente me ajudou anos depois.

Sem exceção, em todos os casos que estudei, indivíduos excepcionais fizeram dos estudos um hábito por toda a vida para que pudessem aprimorar a si mesmos. Eles tratavam o impulso de fazer melhor, aprender e experimentar como um empreendimento valioso e essencial.

Renomada hoje em dia por seu trabalho no tratamento humanitário dos animais, em particular do gado destinado a matadouros, Mary Temple Grandin foi diagnosticada com transtorno do espectro autista em tenra idade. Bem antes de essa condição ser compreendida, pessoas com o mesmo transtorno de Grandin eram, muitas vezes, relegadas a trabalhos domésticos ou não conseguiam se graduar no ensino superior por não serem vistas como indivíduos que se encaixassem nos padrões rigorosos do mundo acadêmico.

Grandin criou o próprio programa de educação para atender a suas necessidades especiais de aprendizagem e satisfazer a profundidade e amplitude de seus interesses.

Ela aprendeu sozinha como queria ser ensinada, à sua maneira, no seu ritmo, obtendo, dessa forma e com o tempo, o diploma universitário e, por fim, seu doutorado. Mas Grandin queria ser uma força transformadora e, para isso, precisava ir além da sala de aula. Ela tinha a visão do que queria para si mesma, do que achava que precisava aprender e, para isso, criou um programa com o objetivo de alcançar essa meta. Mergulhou fundo no comportamento e na fisiologia dos animais. Pesquisou também o espectro do autismo para que pudesse entender suas aflições, o que a levou a uma melhor compreensão dos outros e dos animais. Ela estudou psicologia, investigando até mesmo como as cores afetam humanos e animais; aprendeu desenho industrial e engenharia para poder projetar ambientes mais humanitários para o gado; e aprimorou suas habilidades de observação a ponto de chegar a uma propriedade onde o gado estava prestes a ser abatido e ver imediatamente coisas que eram problemáticas quanto ao seu manejo e tratamento. Não havia fim para sua auto-orientação. Ela foi além da necessidade de alcançar e influenciar outras pessoas estudando marketing, engenharia social, vendas, relações com a mídia, negociações, *branding*, etc.

Ao longo da vida, Grandin aprendeu não com um mentor ou uma escola de pensamento, mas consigo mesma. Ela esculpiu seu caminho como muitos indivíduos excepcionais fizeram – não importava quantos obstáculos estivessem à sua frente. Ao fazer isso, tornou-se uma defensora não apenas do tratamento humanitário do gado, mas também das pessoas no espectro do autismo.

Mais de 200 anos antes de Grandin criar um nicho influente para si mesma, um menino em Boston começou sua jornada. Antes de os Estados Unidos serem uma nação, o primeiro e mais notável empreendedor americano e o maior influenciador de sua época e de gerações seguintes liderou o caminho mostrando o que podemos alcançar, não importam as circunstâncias, se formos nosso próprio aprendiz.

O pai de Benjamin Franklin queria que ele fosse ministro, mas, desde tenra idade, Benjamin queria mais. Sempre observador desde criança, Franklin analisava o mundo ao seu redor e via como as coisas eram feitas e o que era preciso para ter sucesso. Ele entendeu que educação era fundamental, mas nenhuma escola nos Estados Unidos poderia ensinar-lhe tudo o que queria ou precisava. Assim, ele criou um programa de autoaprendizagem para estudar nesse laboratório implacável que chamamos de vida.

Ele lia com voracidade e, com isso, tornou-se um escritor tão bom que conseguiu ver publicados seus artigos várias vezes em jornais locais fazendo-se passar por adulto e usando vários pseudônimos, incluindo o de uma viúva de meia-idade.

Aos 12 anos, foi formalmente aprendiz de seu irmão James, com quem desenvolveu o ofício de impressão, incluindo composição tipográfica, encadernação, marketing e editoração. Ele não era apenas um trabalhador instruindo-se sobre um ofício para ganhar a vida – estava se capacitando para dominar a plataforma de comunicação mais influente de seu tempo. Aprendeu, assim, a organizar habilmente letras e caracteres para impressão, criar tintas, trabalhar com impressoras de todos os tipos, editar manuscritos, escrever artigos concisos e gerar o que hoje chamamos de análise de "tendências" para mudar mentes e desafiar a ordem política. Lia tudo que entrava na gráfica, aprimorando, dessa forma, suas habilidades de leitura e escrita. Naquela época, livros impressos eram caros, então ele negociava e trocava todo e qualquer material de leitura que caísse em suas mãos. Ninguém lhe atribuía coisas para ler; fazia isso por conta própria – a definição de autoaprendizagem. Curiosamente, foi essa dificuldade de ter acesso a material de leitura na juventude que o levou, mais tarde, já adulto, a criar a primeira biblioteca pública dos Estados Unidos.

Depois de cinco anos, Franklin havia aprendido o suficiente para continuar nesse ofício; no entanto, ansiava por mais. Como conta a história, com 15 centavos no bolso, ele partiu para a Filadélfia, onde outras gráficas buscavam ansiosamente não o seu trabalho – já que podia ser feito por qualquer profissional do ofício em qualquer lugar –, mas suas habilidades. A mão de obra naquela época era abundante, porém habilidade e conhecimento eram altamente valorizados e não tão comuns, e Franklin havia compreendido isso desde cedo.

Ele entendeu também o poder do que hoje chamamos de networking e acesso – incluindo a importância de adotar as características e os hábitos daqueles que detinham poder, influência ou autoridade, para se adaptar e ser bem-vindo entre eles (o que agora denominamos *espelhamento*, algo que discutiremos em capítulos mais adiante). Da mesma forma que meu estudo comportamental informal na adolescência me ajudou imensamente no FBI, a percepção de Franklin sobre costumes e boas maneiras o ajudaria muitos anos depois como primeiro embaixador dos Estados Unidos na França.

Com sua imensa curiosidade, sua habilidade e sua determinação, ampliou seu círculo de influência a tal ponto que, ainda jovem, impressionou tanto o governador da Pensilvânia que este tomou providências para que ele estudasse na Inglaterra com o objetivo de aprimorar sua autoaprendizagem. Franklin havia encontrado o segredo do sucesso: conhecimento, curiosidade, adaptabilidade, trabalho árduo e anseio por mais conhecimento podem tornar sua vida melhor.

Ao morrer, em 1790, aos 84 anos, Franklin, cuja educação formal terminara aos 10 anos de idade, havia sido e feito tantas coisas que desconcertavam qualquer mente humana. Foi um dos signatários originais da Declaração de Independência; fez o rascunho da Constituição; e aconselhou Thomas Jefferson sobre os princípios fundadores que ajudaram a criar os Estados Unidos. Como embaixador na França durante a Revolução Americana, dominou as delicadas nuances dos costumes e da diplomacia dos franceses, persuadindo-os, com o tempo, a se arriscarem a entrar em guerra contra a Inglaterra, financiando os recém-formados americanos que lutavam pela independência. Essas contribuições teriam sido mais do que suficientes. Mas ele alcançou muito mais.

Além de autor, editor de jornal, impressor, defensor da independência, diplomata como poucos e inventor que "controlava os relâmpagos", foi humorista, satirista, maçom, cientista, educador, ativista cívico, pesquisador, porta-voz, fundador do primeiro corpo de bombeiros da Filadélfia e da Universidade da Pensilvânia, estadista e arquiteto da primeira rede nacional de comunicações para manter as colônias e as pessoas conectadas por meio do que hoje chamamos de sistema postal. Como Walter Isaacson disse na biografia de Franklin, ele "foi o americano mais talentoso de sua época e o mais influente". Foi o primeiro líder de pensamento, influenciador e guru de autoajuda na América – e, se as TED Talks estivessem disponíveis naquela época, seriam necessários alguns meses para assistir a todas as apresentações dele.

A única maneira de ter conseguido realizar tudo isso foi pelo autodomínio: criando um andaime de conhecimentos, construindo força sobre força por meio de um programa que desenvolveu para si mesmo com base em uma curiosidade sem limites. Muitas pessoas mais instruídas tinham melhor acesso ao que Franklin procurava aprender, mas ele se destacava por sua determinação em abraçar tudo, em levantar aquele andaime eclético e robusto por meio da autoaprendizagem, que lhe permitiu construir tudo que almejou. Nenhuma escola, de antes ou de agora, poderia ensinar todas as coisas pelas quais ele é conhecido.

Franklin foi uma lenda de sua época e o mundo lhe deve muito. No entanto, seu maior legado talvez tenha sido o exemplo que deixou para todos nós: não importa quão humilde seja o começo, você pode assumir o controle de sua própria vida, de suas próprias paixões, de seu próprio aprendizado e nunca parar.

Depois que assumimos a responsabilidade de remodelar nossa vida por meio da autoaprendizagem, algo maravilhoso começa a acontecer.

Quando Joseph Campbell falou sobre buscar "sua felicidade" em seu memorável livro com Bill Moyers intitulado *O poder do mito*, ele não quis dizer que essa procura viria sem esforço ou que simplesmente aconteceria. Ele quis expressar que, se você tem um amor, um anseio ou uma paixão, precisa ir atrás disso sem se importar com as dificuldades que venham a surgir. Ao fazer isso, como Campbell afirmou, você "se coloca em um tipo de trilho que estava lá o tempo todo, esperando por você e pela vida que deveria estar vivendo".

Se estiver disposto a contribuir para essa autoaprendizagem, diz Campbell, você dará início a uma dinâmica que constrói e reúne forças: "Você começa a conhecer pessoas que estão no caminho da sua felicidade." As coisas começam a seguir seu rumo. "Siga sua felicidade e não tenha medo", o autor nos exorta, "e portas se abrirão onde você nem sabia que elas existiam." Certamente elas se abriram para Franklin e Grandin. E para mim. E se abrirão para você. Alguém disse uma vez que sorte é o que sobra do trabalho árduo, mas eu diria que sorte é o que sobra do trabalho árduo que investimos em nossa autoaprendizagem.

Em 1971, quando eu era calouro na Universidade Brigham Young, havia apenas alguns livros sobre linguagem corporal. A área mal tinha sido reconhecida. Decerto não havia nenhuma especialização no tema. Mas era minha paixão, pois sabia quão útil ela poderia ser para me relacionar com os outros – algo que descobri muito cedo quando cheguei aos Estados Unidos sem saber nada de inglês. Prometi que, quando me formasse, aprenderia tudo que houvesse sobre comunicação não verbal.

No dia da formatura, entre todas as coisas, comemorei fazendo meu cadastro na biblioteca municipal. Longe da universidade, agora teria tempo para ler o que eu quisesse, não apenas o que era necessário. Construí meu aprendizado sobre comunicação não verbal estudando tanto sobre a linguagem corporal dos povos das Ilhas Trobriand, no Pacífico, quanto sobre os gestos de saudação entre os povos originários do Alasca. A comunicação não verbal que os conquistadores observaram ao chegar ao Novo Mundo era tão fascinante para mim quanto a cor obrigatória das roupas que o rei Henrique VIII determinava que os nobres usassem. A linguagem corporal que Sir Richard Burton analisou na África ao procurar as origens do Nilo era tão interessante quanto os costumes e maneirismos que o explorador medieval Ibn Battuta descobriu ao longo de um período de 30 anos e 120 mil quilômetros viajando pela África, pelo Oriente Médio, a Índia e a Ásia. O que eu não conseguia aprender em uma aula, buscava na autoaprendizagem.

Aprendi a estudar tudo que podia sobre linguagem corporal e comunicação não verbal com psicólogos, zoólogos, etnólogos, antropólogos, médicos, etnógrafos, artistas, fotógrafos, primatologistas, escultores e anatomistas. Essa autoaprendizagem foi mais longe do que eu jamais poderia ter previsto – e mudou minha vida no processo. Ela me auxiliou em minhas múltiplas carreiras, me ajudou a desenvolver um empreendimento global e a aproveitar a parte mais interessante desses conhecimentos em muitas e variadas áreas. Ela enriqueceu muito minha vida e forneceu informações preciosas sobre a natureza humana.

Quando peguei aquela ficha da biblioteca e comecei minha autoaprendizagem em comunicação não verbal, nunca sonhei que encontraria os gigantes da área: Paul Ekman, Bella DePaulo, Judee Burgoon, Mark Frank, David Givens, Joe Kulis, Amy Cuddy e muitos outros. Não poderia imaginar que seria recrutado pelo FBI e usaria meu conhecimento para prender espiões, terroristas e sequestradores. Nunca previ que escreveria mais de uma dúzia de livros sobre comportamento humano, daria palestras anuais na Harvard Business School, faria vídeos educativos que teriam mais de 35 milhões de visualizações e prestaria consultoria para organizações e governos em todo o mundo. Eu não fazia ideia de que, durante minha autoaprendizagem seguindo minha felicidade, as portas se abririam para mim, como Joseph Campbell havia previsto, onde eu "nem sabia que elas existiam".

Foi um trabalho árduo. Tive que me comprometer totalmente a aprender sobre comunicação não verbal – algo que ainda busco todos os dias. Mas o trabalho duro é o preço a pagar por esse presente que nos damos ao escolher seguir nossa felicidade.

Talvez o melhor de tudo seja que não somos os únicos beneficiários quando encontramos a felicidade.

Você não precisa ter como objetivo salvar o mundo ou a humanidade para conquistar a maestria e o autodomínio. Penso no jovem na raia ao lado da minha na piscina local, que pratica com perfeição a discreta "natação de combate" – de lado, braços mantidos embaixo d'água para evitar respingos, deslizando entre as braçadas, apenas a boca fora da água para respirar – inspirado em um vídeo que baixou da internet porque deseja ser um SEAL da Marinha dos Estados Unidos. Ou em William, um homem de 40 e poucos anos que reconhece que, quando está empolgado com alguma coisa, fala rápido demais. Ele sabe disso, sua esposa certamente sabe, assim como seus gerentes seniores, que querem que ele "desacelere um pouco". Por isso, nas tardes de sábado ele pratica falar em um gravador, recitar um discurso em cadência, quase como um pregador, ensinando a si mesmo a ritmar sua fala para que, ao compartilhar seus pensamentos, os outros tenham tempo de absorvê-los. Ele é um gestor de sucesso, mas quer ser melhor. Enquanto seus amigos assistem às corridas de Fórmula 1 na TV nos dias de folga, ele está se aprimorando, uma fala de cada vez.

Autoaprendizagem enche o nosso poço do conhecimento. Ela fornece os recursos para avaliar opções e tomar decisões, as habilidades para encontrar e coletar informações ou buscar novas iniciativas, e a segurança de que podemos aprender tudo que é necessário para avançar na vida.

Autoaprendizagem demanda tempo, mas não necessariamente dinheiro. Durante anos, a biblioteca local foi o maior recurso que tive para minha auto-orientação em comunicação não verbal. A internet coloca um universo de informações ao seu alcance – de vídeos com tutoriais fáceis de seguir a artigos científicos confiáveis e podcasts envolventes. Também é possível obter orientações sobre recursos simplesmente informando às pessoas nas mídias sociais o que você está buscando.

Qual será seu aprendizado? É uma pergunta que deve despertar entusiasmo e que podemos nos fazer a qualquer momento da vida. Autoaconselhamento é um presente que você dá a si mesmo. Com ele, você cria uma dinâmica própria, uma descoberta que leva à seguinte enquanto mapeia seu próprio caminho, forma seu próprio caráter e decide quem você será e o que você defende.

Se você realmente quer ser excepcional, comece a aprender hoje. Comece a construir seu arcabouço pessoal de conhecimento. Dê um passo à frente. Assuma o controle! Divirta-se planejando o que quer e precisa saber e como vai chegar lá. Há tantas maneiras de aprender: ler por conta própria, conversar com outras pessoas bem informadas sobre o que você procura aprender, ouvir podcasts, assistir a tutoriais, inscrever-se em um curso, participar de organizações ou grupos on-line. Delicie-se com a sensação de saber para onde sua busca de aprendizado o leva. Confie que portas se abrirão para você. Crie esse aprendizado para si mesmo. Ao fazer isso, os excepcionais lhe darão boas-vindas, porque eles entendem e respeitam o compromisso que você assumiu.

EQUILÍBRIO EMOCIONAL: O ANDAIME DA ESTABILIDADE

Uma das melhores agentes do FBI com quem já trabalhei foi Terry Halverson Moody. O escritório podia estar um caos – promotores exigindo isso e aquilo, ligações incessantes da sede, perguntas da mídia que poderiam expor operações delicadas, chefes microgerenciando, entrevistas se acumulando –; mesmo assim, ela sempre se mantinha calma. Eu a admirava por isso e por sua capacidade de equilibrar sua vida. Como esposa, mãe, agente especial do FBI e minha parceira (isso por si só não era tarefa fácil), ela parecia ter abraçado desde cedo em sua vida o único componente poderoso e importante que todos os indivíduos excepcionais compartilham: o equilíbrio emocional. As emoções devem ser mantidas em equilíbrio em todos os momentos. Ou você controla as emoções, ou as emoções dominarão você.

Embora a agente especial Moody estivesse abaixo de mim na hierarquia do FBI, ela era anos-luz mais experiente quando se tratava de lidar com as demandas e os estresses da agência. Esses eventos cotidianos em um ambiente de alta pressão, que mantêm nossas emoções sempre prontas para que possamos agir, também podem nos deixar irritados, mal-humorados ou imprudentes.

Ironicamente, era durante as situações verdadeiramente de alta pressão que eu permanecia mais relaxado. Nas operações da SWAT, tornei-me mais sereno e focado, confiante no meu treinamento – as emoções foram deixadas de lado. Motor de avião em chamas a 3.000 pés de altitude? Sem problemas: desligue a bomba de combustível, mude para a frequência de emergência (121,5), declare emergência, desligue a chave principal, procure um campo de pouso de emergência, mantenha um ângulo adequado para planar, coloque o extintor perto das pernas (por onde o fogo provavelmente passará), navegue até o aeroporto mais próximo, continue atualizando os locais de pouso alternativos (estradas, plantações), destranque as portas caso precise ser resgatado, evite outras aeronaves, procure sinais luminosos do aeroporto liberando sua aproximação e plane (conduza o avião da melhor forma possível) até encontrar um local de pouso seguro. Isso eu poderia fazer e fiz em Porto Rico durante um voo noturno angustiante. Era o estresse do trabalho diário – as inconveniências, interrupções, distrações, demandas exigentes – que me desequilibravam emocionalmente. As emoções estavam mudando quem eu era, se sobrepondo a meus padrões de bom comportamento, fazendo com que eu fosse menos gentil, dando respostas verbais ríspidas quando desafiado, sendo menos paciente. Só de saber que a sede estava chamando era o suficiente para me irritar. Isso afetava minhas relações com os outros.

Felizmente, a agente Moody apareceu na hora certa. Sentada na minha frente, ela dizia: "Respire fundo antes de atender à ligação." "Focalize a solução do problema, mesmo que a pessoa que está ligando seja um pé no saco." *Abaixe seu tom de voz*, ela sinalizava com a mão quando me via agitado por causa de mais uma demanda irracional. Quando encerrava a ligação, me aconselhava: "Respire lentamente. Repita, agora mais devagar." Então dizia: "Agora, faça isso de novo." E, quando eu começava a relatar a ligação, ela me advertia: "Não xingue nem pragueje", "Levante-se e alongue-se" ou "Vamos dar uma volta antes de conversarmos".

Se ela sentisse que eu estava ficando mais chateado, me dava um olhar maternal muito necessário e dizia: "Joe, vá correr. Só falo com você depois de voltar." E eu voltava. Voltava bem menos irritado. Mesmo durante o almoço, ela percebia minha urgência de retornar ao trabalho e insistia que eu desacelerasse: "A boca é para comer. Não é um triturador de madeira."

Nos dias em que eu não prestava atenção aos seus conselhos, ela me lembrava que, se eu tivesse um ataque cardíaco, ela não me ressuscitaria, porque eu não a tinha ouvido – uma barganha difícil, então eu desacelerava.

Eu sabia que minhas emoções estavam tirando o melhor de mim, e isso era insalubre, improdutivo e começava a dificultar a vida das pessoas ao meu redor. Sim, eu estava trabalhando em um dos casos de espionagem mais importantes da história dos Estados Unidos – que acabou se transformando em uma provação de dez anos –, mas não podia continuar emocionalmente desequilibrado. Haveria um preço a ser pago e, por fim, isso aconteceu, como contei em meu livro *Três minutos para o Juízo Final*. Três dias depois de fazer a primeira prisão nesse caso de espionagem, meu corpo entrou em colapso. Meu sistema imunológico estava comprometido, contraí o vírus Epstein-Barr, precisei ser hospitalizado e entrei em um estado de ansiedade e depressão que durou quase um ano.

Por que estou dizendo isso? É um alerta e um lembrete de que podemos estar envolvidos em algo que é importante, emocionante, salvando vidas ou mudando o mundo, mas, se as emoções não estiverem sob controle, elas nos afetarão negativamente ou, na pior das hipóteses, nos destruirão. Todos nós poderíamos usar uma agente Moody para nos treinar e alertar antes de perdermos o rumo. Essa experiência que me colocou no hospital não foi o primeiro sinal de alerta – a agente Moody me dava muitos deles –, mas foi aquele evento singular que disse: você precisa se reconstituir emocionalmente de uma maneira melhor.

Muito da nossa vida gira em torno das emoções, por isso me surpreende que não dediquemos mais tempo a esse tema, principalmente quando se trata das duas áreas que mais nos consomem: relacionamentos interpessoais e trabalho.

Quando somos jovens, se não soubermos controlar nossas emoções, comportamentos rudes podem acabar nos moldando, o que não é nada bom. Todos nós conhecemos um pirralho mimado ou uma pessoa imprudente com pouco controle emocional. Birras, rancores, ciúmes mesquinhos, comportamentos impulsivos, crises intencionais para chamar atenção e outros atos tóxicos que se impõem aos outros podem se tornar rotina. Com o tempo, essas reações têm a chance de se tornar ainda mais nocivas, levando a assédio, bullying e mesmo a agressões físicas.

Tenho certeza de que você já viu no trabalho pessoas que parecem estar agindo como criança. Não estão. Elas estão se comportando como adultos que não aprenderam a autorregular suas emoções. Mau humor, ataques verbais, bullying ou atitudes impulsivas que vemos na idade adulta ocorrem simplesmente porque elas não têm autorregulação.

Ao chegar à fase adulta, a maioria de nós já aprendeu a controlar as emoções graças aos pais, aos profissionais de saúde, aos professores, etc. Mesmo assim, esse controle pode ser apenas superficial se as emoções não forem gerenciadas ativamente, podendo arruinar o melhor de nós se não formos cuidadosos – mesmo quando instintivamente as conhecemos bem. Elas podem e vão nos afetar mental e fisicamente, além de impactar nossas relações interpessoais, nosso desempenho e nossos relacionamentos profissionais.

Por que as emoções exercem uma atração tão poderosa? Em geral, a maneira como respondemos ao mundo exterior e mesmo aos nossos pensamentos é elaborada primeiro pelo *sistema límbico* no cérebro – a mesma área responsável pelas emoções, como observei em meu livro *O que todo corpo fala*. Esse sistema perfeitamente sofisticado que avalia e responde ao mundo de modo rápido, sem que pensemos muito, está programado em nós para nos manter vivos. Como uma área mais primitiva do cérebro que compartilhamos com todos os mamíferos, o sistema límbico é altamente responsivo a ameaças imediatas, mas tem limitações a longo prazo.

Diante de uma ameaça, *o cérebro límbico* ou emocional entra em ação, congelando nossos movimentos para nos tornar menos perceptíveis aos predadores e, ao mesmo tempo, nos permite avaliar a situação para que possamos entrar em modo de defesa, modo de proteção, modo de fuga ou modo de luta.

Esses estados de tensão, sejam eles gerados por um predador, por alguém nos assustando, por notícias ruins ou por um chefe tóxico, subconscientemente despertam nossos recursos fisiológicos em segundos por meio do sistema nervoso simpático. Em um instante, a adrenalina é liberada para facilitar uma reação rápida, a glicose surge em nosso corpo para fornecer energia e o cortisol entra em ação para coagular o sangue se formos mordidos ou feridos. Não precisamos pensar nessas ações. Simplesmente acontecem. Esse sistema também evoca nossa capacidade de gritar, berrar, reclamar e lutar ferozmente – em um estado emocional exaltado.

Ao longo de centenas de milhares de anos, nós, seres humanos, contamos com o sistema límbico para nos manter vivos, porque raiva, apreensão, medo e mesmo fúria, diante de um predador e aplicados no momento certo, nos ajudaram e ajudam a administrar um mundo cheio de ameaças.

Esse legado gravado no nosso DNA sempre esteve conosco; no entanto, em um mundo onde provavelmente não é necessário matar um urso ameaçador ou afugentar um grande felino, o sistema límbico pode funcionar contra nós. Muita adrenalina ou muito cortisol devido a estresse ou agitação emocional ao longo do tempo nos desgastam e afetam o sistema imunológico – como aconteceu comigo. Mas talvez o mais importante nisso seja pagarmos um preço alto durante a estimulação emocional – causada por um predador, uma discussão, uma conexão de voo perdida, um telefonema perturbador, "nosso" candidato não sendo eleito ou a pressão para concluir um projeto –, e esse preço são os pensamentos racionais e mesmo as memórias.

Quando isso acontece, há um "sequestro emocional" – um fenômeno em que as emoções, tão úteis para a sobrevivência, superam nossa capacidade de pensar de maneira lógica. Isso não é bom ao administrar negócios ou lidar com pessoas. É por isso que esquecemos tarefas ou compromissos durante o estresse, passamos por apagão mental durante um teste, não somos capazes de lembrar números de telefone ou não conseguimos encontrar as chaves em nenhum lugar.

Ao longo do tempo, se não atentarmos para a regulação das nossas emoções e não assumirmos o controle de nós mesmos quando estressados, o que sentimos dentro de nós pode superar a lógica, a racionalidade e o bom senso e se tornar nossa resposta padrão. Como uma criança, ficamos descontrolados; fazemos birra; tomamos atitudes impulsivas, disparatadas, nocivas; ou atacamos os outros. Isso faz com que nos evitem, não nos respeitem ou percam a confiança em nós.

Tome a impulsividade como exemplo. Essencialmente, ela é a incapacidade de regular nossos desejos e intervir de maneira lógica dizendo a nós mesmos "Não é uma boa ideia" quando estamos em vias de prejudicar a nós e os outros. Basta analisar o que aconteceu com o preço das ações da SpaceX quando seu fundador, Elon Musk, decidiu fumar maconha durante um podcast. Da noite para o dia, os investidores perderam a confiança nele ao se questionarem se ele era capaz de controlar seus impulsos. Afinal de contas, se você investe dezenas de milhões na visão empresarial de um indivíduo, espera que a pessoa pelo menos saiba que não pega bem participar de uma entrevista fumando um baseado. Um ato impulsivo pode dizer ao mundo para tomar cuidado, porque essa pessoa pode não ter controle emocional.

Talvez como você, eu vivi experiências com pessoas incapazes de controlar seus impulsos emocionais. Já tive chefes que gritavam quando as coisas não saíam como eles queriam. Colegas de trabalho que se transformavam em valentões quando o serviço era estressante, infernizando os mais frágeis. Já vi homens adultos fazendo birra, batendo os pés e esperneando porque uma comissária de bordo pediu que colocassem a bagagem no compartimento superior; e ouvi impropérios lançados tão indiscriminadamente e tão desproporcionais à situação que me levaram a crer que o objetivo era apenas ferir os outros, não corrigir uma situação.

Como comandante de equipe SWAT, uma das coisas que sempre analisei nos candidatos durante o processo de seleção era a capacidade de manter a calma sob pressão – especialmente depois de uma operação ter sido planejada e aprovada. Já é desafiador o suficiente manter o foco no objetivo e ao mesmo tempo falar com o posto de comando, com os pilotos de vigilância no alto, com os operadores invisíveis da SWAT atrás de uma parede e com os atiradores de prontidão, sabendo que estão mirando centímetros à minha frente – todos amontoados no meu fone de ouvido enquanto civis gritam lá longe e estou prestes a arrombar a porta da frente, esse "gargalo letal" onde tantos agentes já morreram. Nesses casos, é inviável ter alguém em minha equipe que esteja muito ansioso, metralhando perguntas, imaginando em voz alta se não há uma maneira melhor de operar nesse estágio final ou fazendo qualquer outra coisa que evidencie seu descontrole sob pressão. Como disse o general Patton: "O momento de se aconselhar em relação aos seus medos é antes de tomar uma importante decisão de batalha. Esse é o tempo que você tem para ouvir todos os temores que possa imaginar. Depois de coletar todos os fatos e aflições e tomar sua decisão, esqueça todos esses medos e vá em frente." Se o medo o controla, você está fora de controle. É nessas situações que identificamos um bom agente de equipe SWAT: alguém inteligente, que faz perguntas, é meticuloso, consciencioso – e então, uma vez tomada a decisão e sob pressão, deixa de lado qualquer dúvida e encontra a calma interior.

Reconheço em mim aqueles momentos em que as emoções me dominaram ou estavam prestes a dominar, e é algo em que trabalho o tempo todo. Sou introspectivo o suficiente para saber quando fui dominado pelas minhas emoções e, francamente, odeio quando isso acontece. Aprendi a pensar no que disse ou fiz, a pensar em como evitar isso da próxima vez e, com o rabo entre as pernas, a pedir desculpas com profundo arrependimento por meu comportamento irrefletido ou ofensivo.

O estresse pode ser a explicação para a falta de autorregulação, mas não é uma desculpa. O que diferencia os excepcionais não é que eles não tenham respostas emocionais – afinal, são humanos como nós –, mas que eles autorregulam muito bem suas emoções. Como um músculo, eles condicionaram essa capacidade e estão sempre trabalhando para mantê-la em sua melhor forma, para que esteja presente (especialmente) nos dias e momentos estressantes. Dominar nossas emoções é um desafio para muitos de nós, certamente para mim e talvez para você também. É por isso que incluí esse assunto no primeiro capítulo deste livro, porque a falta de controle é algo que pode impedir você de ser excepcional.

Estamos todos sujeitos a agitações emocionais às vezes, é claro, seja por demandas de trabalho implacáveis e irracionais, pressões em casa ou catástrofes que acontecem. Mas são a impulsividade contínua, a falta de consideração e as explosões emocionais que podem acelerar a perda de confiança e respeito dos outros. E podem minar e inviabilizar até mesmo os indivíduos mais criativos ou habilidosos entre nós.

Bobby Knight, um talentoso jogador de basquete que mais tarde treinou, de forma memorável, o time da Universidade de Indiana, foi um dos treinadores mais inovadores e bem-sucedidos da história do esporte. Mas havia um lado sombrio em Bobby Knight. Ele não conseguia controlar suas emoções. O brilhante treinador que popularizou a "movimentação ofensiva" abrindo oportunidades para jogadas dinâmicas e temporadas vitoriosas – porque enlouquecia os defensores com a tarefa impossível de tentar se mover mais rápido que uma bola passada – também foi acusado de agredir um policial em Porto Rico durante os Jogos Pan-Americanos, de lançar uma cadeira do outro lado da quadra em um jogo contra o time da Universidade de Purdue, de dar uma cabeçada em um jogador em outro jogo e de repetidamente xingar e repreender jogadores, treinadores, árbitros, alunos e professores.

Com o tempo, o comportamento de Knight não teria mais como ser perdoado. Seu legado foi interrompido quando o presidente do time da Universidade de Indiana, Myles Brand, deu um basta a isso. Em 2000, demitiu Knight por causa de sua natureza combativa e de um "padrão de comportamento inaceitável". Em outras palavras, ele estava cansado de um treinador que não conseguia controlar suas emoções. Ponto final.

Alguns dizem que foi muito pouco, muito tarde e que a maioria de nós teria sido demitida muito antes se fizesse algo parecido com o que ele fazia no trabalho. Sem dúvida. É uma lição para todos de que as emoções não controladas vão nos prejudicar com o tempo. A falta de autorregulação emocional pode destruir uma carreira ou um relacionamento.

Por que alguém deveria seguir ou respeitar um adulto que faz birra, que é emocionalmente instável ou descontrolado? Não deveríamos. Quando trabalhei para pessoas que gritavam e berravam sempre que as coisas não saíam do jeito delas, elas perdiam meu respeito e o dos meus colegas. Começávamos a questionar seus instintos e, como resultado, nossa produtividade caía.

O primeiro segredo para o controle emocional é reconhecer que as emoções podem e vão nos afetar, e então aprender a reconhecer quando estiverem emergindo e querendo nos dominar. Comece com algumas perguntas simples sobre seus hábitos emocionais:

› Que emoções considero mais difíceis de administrar (preocupação, medo, tristeza, raiva)?
› O que tende a me irritar (muitos prazos apertados, pouco sono, quando uma pessoa x faz ou diz y, quando determinadas coisas acontecem)?

› Quando sou tirado do sério, como me comporto (grito, ofendo as pessoas, fico de mau humor, esmurro as coisas, me retraio, desconto na comida, na bebida, nas drogas)?

Depois de ter uma noção do que o irrita emocionalmente e de como você costuma reagir, aumente seu limiar contra esse ataque emocional procurando estratégias que possa implementar para lidar com o estresse. Isso pode ser uma excelente autoaprendizagem, uma vez que há uma infinidade de estudos científicos e literatura sobre redução do estresse. Ou comece com algo mais familiar:

› Pense nas pessoas que você conhece que lidam bem com as coisas – elas não perdem a calma; permanecem focadas e firmes sob pressão; tratam os outros com respeito, mesmo quando a paciência delas é testada.
› O que elas fazem nessas situações? Observe e seja específico.
› Como você pode adaptar as estratégias dessas pessoas às situações que o desafiam emocionalmente?
› Procure artigos, livros e vídeos que abordem a regulação emocional ou o controle da raiva.
› Busque ajuda profissional para controlar a raiva – é algo que só traz benefícios.

Tive sorte, ao longo da minha jornada, de ter pais, líderes e companheiros que me ajudaram. Às vezes precisamos do auxílio de profissionais, seja um terapeuta, um médico, um especialista em controle da raiva ou um líder religioso. Não há vergonha nisso. É preciso coragem para dizer "Preciso encontrar um caminho melhor" e então buscar formas saudáveis e sustentáveis de lidar com a questão.

Distanciar-se das emoções não significa deixar de senti-las. Significa aplicar nossas habilidades racionais para medir nossa temperatura interior e canalizar as emoções de forma produtiva. Por onze semanas em 2018, a equipe feminina de vôlei da Universidade Brigham Young foi a número 1 do país. Quando lhe perguntaram sobre o sucesso notável do time, Lyndie Haddock-Eppich, a estrela entre as jogadoras, respondeu que havia uma "ética de trabalho muito forte em toda a equipe. Isto me chamou a atenção: "Somos uma equipe sem drama. Começamos a trabalhar e fazemos o que precisamos fazer. Acho que foi isso que nos tornou tão fortes."

Não é que as jogadoras não tenham sentimentos. Elas têm e são imensamente apaixonadas pelo que fazem. A diferença é que suas emoções são canalizadas para algo produtivo.

Devemos nos distanciar de nossas emoções para pensar com clareza, resolver as questões e, como o diretor de voo da NASA Gene Kranz disse aos engenheiros durante o voo espacial da *Apollo 13*, "dominar o problema" para que o problema não nos domine.

Seguir as advertências de um amigo, afastar-se para pensar, ouvir música, orar, ligar para alguém, exercitar-se ou praticar ioga – qualquer que seja sua estratégia, certifique-se de que esteja pronta e à mão. Como o time da BYU descobriu, ao suprimir o drama, o resultado será eficiência, harmonia e, com trabalho árduo, sucesso.

Para mim, pode ser fazer qualquer coisa – como distanciar-me fisicamente de alguém que me confronta, recorrer ao humor, respirar fundo, fazer uma longa caminhada, conversar com um amigo, escrever minha resposta em uma folha de papel onde expresso tudo (certificando-me de que nunca seja enviada). Aprendi esse último truque com ninguém menos que Thomas Jefferson, que dava vazão à sua raiva no papel, deixava-o descansar durante a noite e, no dia seguinte, ficava grato por nunca tê-lo enviado pelo correio. Então vá em frente, escreva a mensagem ácida que você precisa colocar para fora – mas não se deixe levar pelo impulso de logo enviá-la; espere, pelo menos, 24 horas antes de fazê-lo. Você ficará feliz por ter esperado e por poder jogá-la fora antes de deixar que a situação que o irritou lhe cause um dano maior. Eu sei do que estou falando – por causa do número de vezes que essa atitude me salvou.

Outra estratégia que aprendi e usei para evitar perder o controle por causa de emoções é canalizá-las imediatamente para ações construtivas. No meio da minha carreira, Sue Adams, uma fantástica agente especial do FBI e famosa instrutora da Academia do FBI em Quantico, me ligou e disse: "Queremos que você venha lecionar aqui permanentemente." Eu respondi que adoraria. Mas então, três semanas depois, ela ligou pedindo desculpas e dizendo que estava retirando a oferta porque eu não tinha mestrado.

Era uma oportunidade de ouro. Naquele momento eu podia sentir o sangue fervendo. Mas recorri ao exemplo de indivíduos excepcionais: não se irrite, não lamente, opte por ações focadas e construtivas. E eu optei. Em dois dias já estava conversando com o secretário da Universidade Salve Regina, em Rhode Island, que oferece um dos melhores programas de pós-graduação em Relações Internacionais do país. Ao optar pela ação positiva, consegui afastar toda a decepção. Essa decisão me apresentou muitas portas que mais tarde se abriram para mim dentro e fora do FBI.

Ao longo dos anos, eu tinha visto o grande Michael Jordan jogar basquete e aprendi com ele que, quando as coisas não saíam do jeito que esperava, ele voltava na partida seguinte com um jogo melhor: mais focado, ainda mais entusiasmado, jogando melhor, mais forte e inteligente, verdadeiramente dedicado a alcançar seu objetivo de fazer mais cestas e superar o outro time. O maior jogador de basquete da história fez isso por meio de ação focada e construtiva.

Controlar-se emocionalmente não significa que você seja um robô, insensível a contratempos ou a outros eventos emocionais. Trata-se de saber administrar emoções e impulsos. Já tive insultos lançados contra mim e minha família porque éramos refugiados e não sabíamos falar inglês, ou por causa do trabalho que eu estava fazendo. Já fui chamado de todos os nomes imagináveis. Chorei nos funerais de colegas agentes mortos no cumprimento do dever. Senti repugnância e fúria quando fui afrontado por um assassino de crianças depois que o juiz lhe deu uma sentença branda. Mas aprendi a dar as costas, a me concentrar no que eu poderia fazer ou no que precisava ser feito para que fosse diferente da próxima vez. Focado no meu autodomínio, aprendi que *poderia relaxar* e me concentrar no que vem depois. O segredo é planejar – um plano de ação objetivo e construtivo. Talvez fosse sobre isso que Mark Twain estivesse falando quando nos aconselhou a não nos deixarmos levar quando formos insultados – ou "trolados", como dizemos agora. Tal conselho merece mais do que nunca ser repetido: "Nunca lute com um porco; os dois ficarão sujos e o porco irá gostar disso." Siga em frente. Concentre-se em algo positivo e construtivo.

Especialmente ao lidar com perdas pessoais ou grandes contratempos, ter autodomínio é reconhecer quando você não está completamente em si e recuar brevemente para lidar com suas emoções antes de resolver um problema. Se houver tempo para se recompor, faça isso. Se precisar de 24 horas para pensar sobre uma decisão, peça. Nem tudo pode esperar, mas muitas coisas podem. Ser forte significa saber como agir sob estresse de modo que isso não afete negativamente seu trabalho e seus relacionamentos.

Quando a agente Moody e seu marido, também agente, se mudaram, eu acabei retornando a muitos hábitos ruins. Mas então eu voltava à realidade – com a ajuda de bons amigos, familiares e pessoas que me inspiram em minha vida e na história – e me realinhava, repensava e me dedicava a ter um plano para administrar minhas emoções.

Nem sempre fui bem-sucedido, mas tentei, por meio de autoaprendizagem, espelhar aqueles indivíduos de temperamento equilibrado que admiro para poder dominar minhas emoções. Posso dizer que sou muito melhor nisso agora do que há 30 anos. Está sendo – e sou – um trabalho em andamento.

As próximas seções irão ajudá-lo a aumentar sua capacidade de atingir a calma mobilizando as enormes capacidades cognitivas do cérebro, de modo a fornecer alternativas à resposta límbica quando o descontrole emocional não lhe for útil. Custe o que custar, os excepcionais colocam isso em prática, porque sabem que ninguém ganha quando você se descontrola emocionalmente – na realidade, você pode ser aquele que mais tem a perder.

Conscienciosidade: o maior indicador de sucesso

Você pode ser um artista, empresário ou cientista extraordinário, mas isso não o torna uma *pessoa excepcional*. Indivíduos excepcionais não são apenas magistrais no que fazem ou pelo que conhecem. Eles são excepcionais por causa da maneira como vivem suas vidas e como tratam os outros. São influentes da maneira que mais importa: o que despertam em nós, como se comportam em relação aos outros, como se importam com outras pessoas e fazem sacrifícios em benefício delas. Autodomínio vai além do que fazemos: é sobre quem somos como pessoas. Muito disso se resume ao que chamamos de conscienciosidade.

No estudo dos traços de personalidade, considera-se a conscienciosidade um dos "Cinco Grandes Fatores" que, juntamente com extroversão, amabilidade, neuroticismo e abertura a experiências, ajuda a determinar a adequação de alguém para ter sucesso socialmente, na escola e no ambiente de trabalho. Mas de todos os indicadores de sucesso que os pesquisadores estudaram, do QI ao histórico familiar, a conscienciosidade é o que mais se destaca.

Pessoas conscienciosas têm a capacidade de se alternar entre realidades empíricas e emocionais. Elas podem combinar seus conhecimentos, habilidades técnicas e os fatos da situação com a compreensão da dinâmica adicional de seus sentimentos e dos sentimentos dos outros. Essa habilidade as torna extremamente perspicazes e eficazes, capazes de aproveitar todo o seu potencial e incentivá-lo nos outros.

Uma maneira de entender a conscienciosidade é observar como as pessoas conscienciosas se comportam:

> Realizam tarefas atentando para suas responsabilidades com os outros, com a comunidade e com o meio ambiente.
> Estão cientes das consequências de suas ações.
> Podem adiar o lazer quando outras coisas são mais importantes.
> Têm a humildade de saber que nem sempre estão certas.
> São confiáveis, disciplinadas, persistentes e bem-intencionadas.

Antes de prosseguir, analise a lista acima e faça a si mesmo estas duas perguntas:

1. Em qual dessas áreas sou forte?
2. Em quais posso melhorar?

Em conjunto, essas características permitem que indivíduos conscienciosos sejam firmes em seus planos e ações. Eles são capazes de se dedicar ao aprendizado e ao estudo e sentem prazer em estar preparados e organizados. Têm a capacidade de iniciar e terminar projetos, persistindo independentemente dos obstáculos. Para eles, o futuro está cheio de possibilidades, e muitas vezes eles já têm planejadas as coisas que querem alcançar, fazer ou ver – frequentemente desde tenra idade. Costumam se importar com a aparência, têm boas maneiras e são empáticos com os outros. Sua confiabilidade e sua organização têm um efeito positivo não apenas neles, mas também nas pessoas ao seu redor.

Observe que não mencionei o nível de inteligência deles. Isso porque a conscienciosidade não envolve inteligência ou nível de instrução. Trata-se de cumprir suas promessas e responsabilidades para consigo mesmo e para com os outros, vivendo uma vida cheia de propósito.

Muitos especialistas em negócios e capitalistas de risco me disseram que empresas promissoras geralmente fracassam não por ausência de boas ideias ou de um produto digno, mas pela falta de conscienciosidade de seus líderes, que são incapazes de permanecer focados, cedem a atos impulsivos ou precipitados, ou buscam necessidades egoístas que interferem no cumprimento de compromissos. Como um investidor me disse: "O fator mais importante que verifico para mim e meus colegas investidores quando se trata de capital de risco é: até onde essa pessoa ou esse grupo de pessoas parece ser capaz de cumprir seus objetivos? Quando percebo qualquer sinal de falta de conscienciosidade – e isso inclui chegar atrasado a nossas reuniões –, começo a hesitar. Começo a duvidar."

A conscienciosidade, então, não é apenas um traço de bom caráter ou um imperativo moral – é também uma necessidade dos negócios.

Isso é um choque de realidade. Se você falha com frequência, pode não ser pelos motivos que imagina. Pode ser apenas pelo seu nível de conscienciosidade. Se suas respostas às perguntas anteriores revelaram áreas em que você pode melhorar sua conscienciosidade, tenha certeza de que não está sozinho. Você se surpreenderia com o número de pessoas que não terminam tarefas – pessoas inteligentes e talentosas que perdem o rumo com muita facilidade. Elas começam com boas intenções, mas depois se distraem. Isso não é um problema moderno causado pelo ritmo frenético e estressante da vida contemporânea. De fato, é algo que sempre atormentou a humanidade. Se Leonardo da Vinci estivesse vivo hoje, eu me pergunto quais seriam as avaliações on-line de seus clientes. Gênio indiscutível, sem igual no mundo da arte, ele também era um perfeccionista que se distraía facilmente, famoso por não terminar projetos encomendados, por não concluir trabalhos, não devolver dinheiro ou não justificar atrasos de vários anos. Ele levou mais de dez anos para terminar a *Mona Lisa*. Isso seria inaceitável hoje. Entre seu perfeccionismo e sua curiosidade quase compulsiva que o compelia a explorar tudo – desde estudar o comportamento dos redemoinhos de água perto da costa até dissecar um cadáver humano, estudar como os pássaros voam e determinar o comprimento da língua de um pica-pau –, ele simplesmente era incapaz de permanecer, como diríamos hoje, focado no trabalho. Sim, ele era imensuravelmente brilhante e seus talentos o levaram longe. Mas, mesmo assim, as pessoas chegavam ao limite ao lidar com ele.

A capacidade de permanecer focado, cumprir promessas, atender expectativas e não se distrair com insignificâncias ou caprichos pessoais é crucial. Tem-se pouca paciência com quem não toma iniciativa, está sempre atrasado, não atende a ligações ou e-mails, atrapalha projetos com uma análise interminável ou um perfeccionismo pedante, cria atrasos ou drama, ou exerce o poder de forma abusiva. Para alcançar qualquer coisa – abrir um negócio, administrar uma fazenda, criar filhos ou gerenciar uma empresa –, a conscienciosidade é uma característica essencial quando se trata de ser excepcional. Ter em mente as cinco habilidades ajudará você a desenvolver e internalizar hábitos que sustentem uma vida conscienciosa.

Sem amarras: desafiando os limites que nos são impostos

Em uma viagem de negócios a São Francisco, o motorista do serviço de locação de automóveis perguntou se poderíamos ouvir no rádio as notícias sobre um atleta da África Oriental que acabara de vencer uma maratona. Quando o nome do vencedor foi anunciado, o motorista disse: "Sou da mesma tribo dele."

"Você deve estar muito orgulhoso", comentei.

"Estou", respondeu, olhando para mim pelo espelho retrovisor e acrescentando, com uma risada, "eu mesmo era um bom corredor na minha época."

Sempre tive curiosidade de saber por que tantos grandes maratonistas são da Etiópia e do Quênia, então decidi perguntar. Eu esperava muitas respostas – genética, dieta saudável, fisiologia, altitude, disciplina –, mas não a que ele me deu:

"Não tínhamos rádio, nem televisão, nem jornais quando eu era criança", respondeu.

Foi uma explicação curiosa, que eu nunca tinha ouvido antes, então perguntei o que ele queria dizer com aquilo. "Quando eu era criança", disse ele, "corríamos para todos os lugares sempre, e o mais rápido possível, porque tínhamos responsabilidades a cumprir."

Eu ainda não entendia. Ele riu com paciência e deu um belo sorriso antes de dizer: "Ninguém nunca nos disse quais eram os recordes mundiais de velocidade. Não tínhamos limites impostos sobre nós quando crianças e não os impúnhamos a nós mesmos. Apenas corríamos para todos os lugares o mais rápido que pudéssemos. Não havia cercas, nem sinais de trânsito, nem linhas de chegada. Não tínhamos sapatos – nosso único foco era chegar lá rapidamente e antes da criança ao lado. Subir uma montanha, sem problemas. Até a próxima aldeia a 13 quilômetros de distância, sem problemas. Dias frios, sem problemas. Correr por horas a fio, sem problemas. Ninguém dizia para parar e descansar ou que não poderíamos continuar correndo, ou que já havíamos corrido demais."

Uau, pensei. *Nunca esperaria isso.* Mas essas foram suas palavras, sua reflexão sobre uma época em que, quando crianças, ele e seus amigos simplesmente corriam, corriam e corriam livremente. Sem limites autoimpostos, sem pausas induzidas por regras e sem restrições determinadas por outras pessoas, eles conseguiam ser excepcionalmente bons.

Talvez nunca saibamos ao certo por que tantos grandes corredores vêm dessa região da África. Tenho certeza de que genética e corrida em elevada altitude têm muito a ver com isso – mas não posso ignorar o que o motorista me disse. Não existia, como ele contou, "nenhuma linha de chegada", nenhum limite de tempo. Com certeza isso é um fator. E como não seria?

Tendemos a absorver as mensagens e as "regras" limitantes da sociedade, das instituições e das outras pessoas. Acredito que é possível deixar de lado essas expectativas autorrestritivas. Por meio de práticas, pensamentos e comportamentos, você pode reconfigurar seu cérebro e, ao fazê-lo, mudar quem você é e o que pode alcançar, e, assim, se abrir a novas possibilidades.

Reserve algum tempo para responder a estas perguntas de maneira honesta:

> Quais expectativas os outros têm em relação a mim?
> Considero essas expectativas opressivas ou motivadoras?
> Quais estão alinhadas com meus objetivos e interesses?
> Que expectativas tenho em relação a mim mesmo?
> Existem maneiras de limitar meu potencial?
> De que treinamento, informação, conhecimento ou habilidades eu precisaria para alcançar meus objetivos e buscar meus interesses?
> O que pode estar me impedindo? O que eu poderia fazer para seguir em frente?

Não deixe que as expectativas dos outros o limitem intelectual, física ou emocionalmente. Não estabeleça medidas em sua autoaprendizagem e no que você procura conhecer. Não restrinja suas ideias sobre o que você pode alcançar. Não deixe que ninguém decida do que você é capaz – imagine que não há linhas de chegada. Experimente, esforce-se e descubra por conta própria.

Podemos mudar a nós mesmos tão profundamente se não há limites estabelecidos? Sim, e há pelo menos um exemplo que mostra ser possível não apenas reconfigurar o cérebro, mas mudar profundamente nossas fisiologia e anatomia. Considere o povo bajau do Sudeste Asiático.

Segundo os pesquisadores, esses nômades do mar, como são conhecidos, passam até 60% do dia na água, mergulhando em busca de peixes, ouriços-do-mar, lesmas-do-mar, polvos e bivalves sem equipamento apropriado. Ao longo das gerações, eles se adaptaram tanto à necessidade de mergulhar fundo e por longos períodos de tempo que seus baços cresceram 50% mais do que os de seus vizinhos não mergulhadores na Malásia (ou, nesse aspecto, de qualquer um que leia estas palavras), para carregarem mais glóbulos vermelhos ricos em oxigênio. Isso permite que mergulhem a profundidades de mais de 60 metros e permaneçam submersos por treze minutos seguidos. Por outro lado, a maioria de nós mal consegue prender a respiração por 45 segundos; até mesmo um filhote de baleia precisa vir à tona para respirar pelo menos a cada três a cinco minutos.

Os cientistas teorizam que, à medida que os bajaus se adaptaram ao longo dos séculos às suas necessidades aquáticas, os resultados foram alterações não apenas em suas atitudes em relação ao oceano, mas também em sua fisiologia real. Por necessidade, sem dúvida, mas talvez também por estarem livres de restrições autoimpostas, esses nômades aquáticos se permitiram, por meio de uma relação destemida com o mar, se transformar em supermergulhadores a ponto de seus corpos realmente mudarem. Essa capacidade fenomenal agora faz parte do DNA deles, permanentemente programada, tornando-os inigualáveis quando se trata de resistência a mergulhos.

Então vale a pena perguntar: o que você poderia alcançar se não estabelecesse limites para si mesmo?

Demonologia: avaliando as falhas que nos detêm

Em minhas palestras, muitas vezes peço ao público que escreva o que eles acreditam ser seus pontos fracos ou as coisas que querem melhorar. Algumas pessoas parecem confusas sobre o que escrever, enquanto outras rabiscam rapidamente uma ladainha de falhas que mais parece uma lista de compras. Em ambos os casos, me pergunto quão realisticamente nos vemos. Poderia uma pessoa realmente ter tão poucas falhas ou tantas assim? Podemos nos ver como verdadeiramente somos? E, se sim, o que fazemos com essa informação?

O poeta e diplomata James Russell Lowell disse: "Ninguém pode produzir grandes coisas se não for totalmente sincero ao lidar consigo mesmo." Indivíduos excepcionais são construtivamente autocríticos. Eles se preocupam em ser e fazer o melhor. Essa autoanálise, que chamo de *demonologia*, permite que definam um curso de vida melhor para si mesmos. Talvez isso explique por que você está lendo este livro. Não importa sua idade ou sua experiência de vida, há um mundo melhor esperando ser criado por você se estiver disposto a fazer o seguinte:

› Analisar a si mesmo de forma realista.
› Refletir sobre como você pode mudar.
› Examinar como você se vê e se relaciona com o mundo ao seu redor.
› Adotar medidas construtivas para corrigir ou melhorar constantemente seus comportamentos.

Por que passar por tudo isso? Porque, quando começamos a mudar a nós mesmos, causamos um efeito positivo não apenas em nós e na nossa satisfação com a vida, mas também nos outros. Essa é a base da influência.

Em geral, a autocorreção acontece de duas maneiras: ou tomamos a iniciativa de mudar por meio da introspecção e do exercício das habilidades de autodomínio discutidas neste capítulo... ou esperamos que a vida nos ensine uma lição da forma mais difícil. A melhor escolha (isto é, a menos dolorosa) parece óbvia. Mas pense em quantas pessoas esperam ter um infarto antes de levar a sério exercícios e dieta. É surpreendente até que ponto as pessoas chegam antes de enfrentarem o que as impede de controlar suas vidas. Às vezes, nem mesmo uma crise desencadeia introspecção e autocorreção duradouras.

É aqui que os indivíduos excepcionais se destacam. Eles usam fracassos, erros e dificuldades para obter insights sobre si mesmos e se autocorrigir se necessário, para que possam fazer melhor da próxima vez. Esses eventos dolorosos podem funcionar como momentos pedagógicos valiosos, levando-nos à ação e ao desejo de melhorar.

No fundo do seu mesencéfalo há duas estruturas idênticas que, para os primeiros anatomistas, pareciam cavalos-marinhos, por isso cada estrutura foi nomeada a partir do latim: hipocampo. Essas estruturas notáveis retêm, entre outras coisas, tudo de negativo que afeta nossa vida – é por isso, por exemplo, que você só precisa aprender a não tocar no fogão quente uma vez.

Com nossos fracassos, aprendemos a não repetir os mesmos erros se prestarmos atenção às memórias que estão armazenadas no hipocampo. Erros e fracassos também servem a outro propósito: eles nos mantêm humildes – isso nos desperta compaixão pelas dificuldades e aflições que nós e os outros vivemos. Mesmo assim, cabe a nós aprender com nossos erros, gafes e falhas.

Quando conheço pessoas que dizem que parecem ter problemas o tempo todo – não duram muito tempo no emprego, sempre namoram o "tipo errado" e assim por diante –, imediatamente penso: *Eis alguém que teve muitas experiências pedagógicas, mas nunca se corrigiu*. Embora certos eventos possam ser frustrantes, até mesmo dolorosos, indivíduos excepcionais não apenas aprendem, mas se autocorrigem. Repetidamente. Eles vão se autocorrigir por toda a vida.

Por que esperar pela próxima calamidade? Vá em frente: comece essa autoconscientização agora.

Tudo que você precisa fazer para iniciar o processo é parar e pensar: *Há algo que estou fazendo que contribui para o que está acontecendo? Como posso mudar para melhor?* Ninguém vai resolver seus problemas. Ninguém vai salvá-lo de si mesmo. Você precisa fazer isso. O que significa analisar como e por que você faz as coisas e isolar os demônios que podem refreá-lo.

"Por que você é tão nervoso?"

Essas foram as primeiras palavras que falei para o novo funcionário dos correios atrás do balcão.

Eu estava no correio local para pegar a correspondência que ficou retida por algumas semanas enquanto eu estava fora, de férias. Não pude deixar de notar na fila que Michael, o novo funcionário que atendia os clientes na minha frente, parecia não ter nada além de impaciência e desprezo estampados no rosto enquanto cumpria seus deveres. Às vezes ele era até abertamente hostil, como quando disse a um cliente: "Não sou pago para tomar suas decisões."

Não sinto nada além de desdém por valentões e não me importo de dizer isso. Se a gerência não iria fazer nada, eu faria. Quando chegou minha vez, ignorei as gentilezas obrigatórias de "Feliz Ano Novo" e perguntei sem hesitar: "Por que você é tão nervoso?"

Ele olhou fixamente para mim. Isso foi bom. Já fui encarado por psicopatas. O rapaz, em comparação, era só um bichinho de pelúcia. Fitei um ponto específico em sua testa (uma técnica que descobri que distrai valentões e psicopatas, pois o que eles querem é que você olhe nos seus olhos – mas isso seria uma recompensa, e eu não recompenso valentões ou psicopatas; eu vejo através deles). Então fiz minha melhor cara de *Estou esperando sua resposta*. Como não respondeu, eu disse: "Cinco dólares em selos, por favor." Seus olhos se afastaram de mim e ele colocou rudemente uma cartela de selos no balcão. Ignorei o gesto imaturo, paguei minha compra, agradeci e fui embora.

Alguns dias depois, na porta lateral do correio, vi Michael ajudando a descarregar uma van cheia de correspondência, então me aproximei. Fiz isso porque teríamos que lidar um com o outro por quem sabe quanto tempo. Eu esperava que pudéssemos manter uma boa relação.

Dessa vez fiz contato visual com um sorriso, encostei-me na parede como se o conhecesse toda a minha vida e perguntei novamente: "Por que você é tão nervoso?"

Acho que ele percebeu que eu não queria briga. Enquanto descarregava as caixas, não apenas se desculpou, mas se abriu. Ficou claro então que havia muitas razões para todo o seu nervosismo. Não vou entrar em detalhes, mas, em famílias difíceis, muitas vezes não é uma única coisa que está errada, mas várias – e não são pequenas.

Enquanto Michael falava, senti que ele estava ansioso. Arfava, exalava o ar com as bochechas infladas, catarticamente, e sua boca estava seca. Perguntei se alguém no trabalho sabia o que ele acabara de me contar. Ele respondeu que não e, como não tinha férias nem estava de licença médica, não conseguia cuidar das coisas em casa. Então simplesmente conversamos e deixei que ele desabafasse.

Não me lembro quanto tempo fiquei lá; não deve ter sido muito, porque o pager não tocou (sim, tínhamos pagers naquela época – nada de celular), e o meu tocava pelo menos 20 vezes por dia. Eu disse a Michael que situações anormais causam reações anormais e que, no dia em que o encontrei, ele tinha sido realmente desagradável. Mais uma vez, ele se desculpou. Agradeci e disse que todos nós temos dias ruins.

Mas havia mais uma coisa. Pedi que ele pensasse sobre como queria ser conhecido: como um idiota com quem ninguém gosta de lidar ou como aquele cara legal dos correios com quem todo mundo tem prazer de conversar, que ganha presentes dos clientes no Natal?

Michael parou o que estava fazendo. Não tenho certeza de quais emoções ele estava sentindo, mas, por um momento, pareceu que estava prestes a chorar. Então voltou imediatamente para o trabalho. Pedi que pensasse no que eu disse porque sua carreira estava só começando e agora era o momento de responder à pergunta.

Enquanto me afastava, ele falou algo que jamais esquecerei: "Ninguém nunca nos disse no treinamento para pensar sobre como queremos ser conhecidos."

"Também nunca me disseram isso no FBI", respondi.

O fato é que nenhuma organização questionará você sobre isso. Esse é o tipo de pergunta que só os excepcionais fazem.

Como você quer ser conhecido? Poucos lhe farão essa pergunta, se é que alguém fará. Mas é a única pergunta que importa. Porque essa é a única coisa na vida que você pode moldar.

Como você quer ser conhecido? Há muitos adjetivos para escolher: *eficiente, preciso, engenhoso, capaz, inteligente, esperto, esforçado, criativo, amável, alegre* – para citar alguns. Aposto que você não vai escolher palavras como *indiferente, sarcástico, mesquinho, arrogante, grosseiro, rabugento* ou *preguiçoso*.

Quem você é não tem nada a ver com onde você estudou, quanto você ganha ou qual o seu cargo. Talvez você limpe as mesas em uma lanchonete, como eu limpava quando estava começando, ou pinte casas (fiz isso também), ou gerencie uma dúzia de indivíduos altamente capacitados (sim, também fiz isso). Seu trabalho, seja ele qual for, é o que você faz. Mas você é muito mais do que aquilo que faz. Quem você vai *ser*? Portanto, a pergunta que devemos fazer a nós mesmos, se nos importamos, se queremos ser excepcionais como indivíduos ou como líderes, é esta: como quero ser conhecido?

Não sei o que Michael fez nem como fez, mas certamente foi difícil. Com o tempo, aquela pessoa outrora austera que eu conhecera inicialmente passou a sorrir quando me via. Ele sorria não apenas para mim, mas para os outros na fila, e, ao falar com os clientes, não se ouvia mais o tom incisivo na sua voz: falava com bondade e paciência. Na verdade, comecei a querer conversar com ele todas as manhãs. Acabamos descobrindo que tínhamos algumas coisas em comum.

Como ele tratava seus clientes com gentileza, eles, por sua vez, também o tratavam da mesma maneira. Um ano mais tarde, quando me aproximei do balcão para enviar alguns cartões para as festas de fim de ano, notei um pacote de biscoitos embrulhado para presente ao lado do monitor do computador de Michael. Quando nos cumprimentamos, ele imediatamente olhou para os biscoitos como se dissesse: *Olha o que alguém me deu de Natal!*

E você, o que me diz? Como quer ser conhecido? Há coisas que quer trabalhar em si mesmo? Você é impaciente, intolerante, inquieto, despreparado, mal-humorado, imprudente, mandão, grosseiro, procrastinador, passivo-agressivo, vitimista ou _____ [preencha o espaço como quiser]? Você pode trabalhar cada um desses aspectos. Afinal de contas, eles estão dentro da sua cabeça. Você pode se esforçar e conseguir, ou pode não fazer nada e permanecer o mesmo. É preciso estar disposto a se olhar profundamente e a agir de modo poderoso para mudar. A escolha é sua. Ninguém além de você tem a capacidade de salvá-lo de seus demônios. "Apenas quando um homem doma seus demônios", escreve Joseph Campbell em *O herói de mil faces*, "é que ele se torna o rei de si mesmo, se não do mundo."

Posso falar sobre um dos meus demônios: impaciência. Trabalho nisso permanentemente, sobretudo quando ela se inflama. E eis outro deles que surpreende muitas pessoas: embora eu viaje pelo mundo e fale para plateias de centenas ou mesmo milhares de pessoas em eventos públicos, ainda acho isso estressante. Sou altamente introvertido e, em muitos aspectos, tímido. Não gosto de grandes grupos. Tenho dificuldade com conversas-fiadas e prefiro estar apenas com poucos amigos. Embora ensinar me traga grande satisfação, palestrar é, para mim, um trabalho árduo e exaustivo. Esse sempre foi um dos meus demônios, mas, se eu quisesse ajudar outras pessoas a aprender sobre comunicação não verbal e comportamento humano, precisaria fazer algo para resolver a questão. Comecei falando para pequenos grupos (menos de uma dúzia) repetidas vezes e até me voluntariando para fazê-lo. Inicialmente foi muito difícil. Mas a prática mostrou que eu poderia fazer isso mesmo que me deixasse nervoso e, assim, gradualmente, passei a me sentir seguro ao falar para grupos maiores. Não me interprete mal, eu ainda fico nervoso, e muitas vezes isso pode ser percebido nos primeiros minutos das minhas apresentações, mas tudo bem. É um dos meus demônios; no entanto, tenho estratégias para lidar com ele. Compenso meu nervosismo preparando-me meticulosamente, sabendo a fundo o que vou ensinar e me mantendo atualizado sobre as pesquisas mais recentes, usando técnicas pedagógicas que me serviram bem, como envolver os membros da plateia e me certificar de sempre introduzir algo novo e interessante para eles. Essas estratégias me dão segurança, apesar de ficar nervoso. Então, à medida que a sessão se desenrola e começo a saborear a troca de informações com o público, meu nervosismo evapora.

Não tem certeza de quais são seus demônios? Pense naqueles momentos em que a família, os amigos, os colegas de trabalho ou os chefes foram sinceros com você sobre seus erros ou falhas. Alguns tópicos lhe vêm à mente? Ou então reflita sobre as ocasiões em que, por motivos que você não conseguiu descobrir, os relacionamentos esfriaram, os clientes se distanciaram discretamente ou todos foram educados com você, mas, mesmo assim, não o convidaram a voltar. Se coisas assim continuam ocorrendo, talvez seja hora de se autocorrigir, e isso só pode acontecer quando dedicamos tempo a pensar sobre como nos comunicamos ou nos relacionamos com os outros; quão bem observamos as necessidades, fragilidades ou preferências dos outros e como respondemos a elas; e quais ações tomamos em relação aos outros diariamente: são pró-sociais e benéficas ou não? Essas são as mesmas características que vamos explorar nos próximos capítulos para colocá-lo na jornada que todos os indivíduos excepcionais fizeram e fazem.

Dedicar-se a este trabalho tornou-se ainda mais importante graças a uma mudança que ocorreu nos últimos vinte anos nas práticas de negócios. Hoje as organizações são muito menos tolerantes com comportamentos rebeldes, desordenados, imaturos, indisciplinados ou tóxicos do que no passado. Presto consultoria para empresas em todo o mundo e muitas comentam que é muito mais fácil identificar funcionários problemáticos agora do que no passado, pois existem listas de verificação de comportamento tóxico que podem indicar se um funcionário será adequado, subversivo ou afetará a harmonia do local de trabalho. Manter uma pessoa indisciplinada, subversiva ou tóxica na equipe é um obstáculo muito grande para a produtividade, o moral e a imagem pública – sem mencionar a potencial responsabilidade legal. Ou você age em conjunto, ou em breve será afastado. Basta ler as notícias para saber de alguém que foi demitido por causa de um comportamento pouco profissional.

Analisar a nós mesmos não é importante apenas no ambiente de trabalho. Nossos relacionamentos interpessoais também precisam de um exercício de avaliação de vez em quando, já que é fácil, ao longo do tempo, desenvolver hábitos ou comportamentos ruins que precisam ser corrigidos. Infelizmente, muitas pessoas pensam, sem razão, que cabe aos outros dizer se estão fazendo algo errado e que, se ninguém reclama, deve ser porque tudo que fazem está certo. Outras entendem que não estão se comportando de modo apropriado, mas, mesmo assim, se mostram indiferentes – esperam ou mesmo exigem complacência, compreensão constante, prazos estendidos, segundas chances, privilégios e perdão repetido. Outras ainda insistem que não é culpa delas, que tudo que acontece é culpa dos outros.

A realidade é que podemos ignorar nossa responsabilidade pessoal, ser capazes de mentir para nós mesmos, fingir ser o que não somos – mas, no fim das contas, não podemos fugir do que causamos aos outros. Nosso impacto sobre outras pessoas é a prova de quem realmente somos, a consequência da falta de autocorreção. Com o tempo, a mensagem passa a ser: "Amadureça ou eu pulo fora."

O momento é agora, não amanhã, para analisar a si mesmo. Faça sua autoavaliação da demonologia. Quais são seus defeitos? O que o detém? Decida-se pela autocorreção. Identifique seus pontos fracos. Faça uma lista. Assuma cada um deles e faça disso uma prioridade a ser trabalhada. Sim, pode levar anos. Continuo a trabalhar meus pontos fracos, mas porque sei que isso faz a diferença. Alguns dias são melhores que outros. E posso dizer que agora há mais dias bons do que ruins. É um processo. Mas algo que vale a pena se pretendemos entrar no reino dos excepcionais.

Todos nós temos demônios. O que importa é que continuemos a enfrentá-los. Não há nada de errado em admitir que se tem um ponto fraco. Aquelas coisas que nos inibem, frustram ou bloqueiam – não importa quão inteligentes, bem-sucedidos ou realizados possamos ser – precisam ser abordadas e corrigidas. Esse é o valor do ingresso para uma vida excepcional. Lembre-se da incapacidade de Leonardo da Vinci de terminar projetos encomendados – imagine quanto ele poderia ter alcançado se tivesse dominado seus demônios!

Indivíduos excepcionais são realistas quanto às suas imperfeições e as enfrentam face a face. Procure recursos que o ajudarão, como receber formação, aconselhamento, orientação ou ajuda por meio de livros e pesquisas para obter insights e estratégias de enfrentamento. Escolher melhores amigos, trabalhar sua oratória, ficar menos irritado ou ser mais organizado – qualquer que seja seu ponto fraco, existem infinitas maneiras de lidar efetivamente com ele.

Talvez você esteja relutante em correr o risco. E se falhar? O fracasso só é uma calamidade se não se aprende nada com ele. Como muitos líderes de sucesso dirão, quanto mais projetos de aprimoramento pessoal você assumir, mesmo que não acerte as coisas completamente, mais possibilidades positivas surgirão em seu caminho. Sun Tsé disse melhor: "Quanto mais oportunidades eu aproveito, mais oportunidades se multiplicam diante de mim."

Analise sua vida, reconheça seus demônios e enfrente-os, um de cada vez. Acima de tudo, seja honesto consigo mesmo. Houve momentos em que tive que dizer a mim mesmo: *Joe, você não está pensando direito – recomponha--se*. Não se trata de se autoflagelar. Trata-se de enfrentar uma verdade que, uma vez confrontada, torna você capaz de lidar com ela. Se você quer ser excepcional, aceite o desafio da demonologia. Encare a dificuldade, corrija o que está errado, dedique-se a se tornar melhor. A recompensa imediata? Uma versão melhor de si mesmo. Os benefícios futuros? Imensuráveis.

AUTODISCIPLINA:
O ANDAIME DA REALIZAÇÃO

Quando lecionei no departamento de criminologia da Universidade de Tampa, conheci o Dr. Phil Quinn, que foi meu mentor e chefe naquela instituição. Professor titular, além de chefe de departamento, ele também era psicólogo praticante e ex-padre cujas experiências e cujo treinamento lhe deram uma perspectiva iluminadora da vida.

Um dia, ao falar sobre como as pessoas não conseguem ter sucesso na vida, ele disse: "Na minha clínica particular, vejo o tempo todo pessoas que acham que sua vida está fora de controle. Sem exceção, descobri que elas administravam mal sua vida, não tinham disciplina para fazer as menores coisas no prazo e então todo o resto se tornava insuportável."

Phil passou anos aconselhando pacientes e estudantes a alcançarem seu pleno potencial. Em sua opinião, o constante fracasso em fazer pequenas coisas no prazo era um indicador confiável de questões mais profundas, inclusive de angústia interpessoal. De acordo com minhas experiências na aplicação da lei e em consultoria de desempenho para empresas, também descobri que o fracasso em fazer pequenas coisas de maneira ordenada e pontual impede que muitas pessoas sejam capazes de realizar planos maiores na vida.

Pensei na afirmação do Dr. Quinn vinte anos mais tarde, enquanto ouvia um indivíduo extraordinário fazendo um discurso de formatura que se tornou viral, por sua simplicidade e seu poder sinceros. O orador era o almirante da Marinha americana William H. McRaven, que foi comandante dos SEALs, liderou o ataque a Osama bin Laden e depois se tornou chanceler da Universidade do Texas – ou seja, certamente era qualificado e digno de dar esse tipo de conselho. Em seu discurso, desafiou o público questionando-o sobre o que eles precisavam fazer se quisessem ser líderes e mudar o mundo.

O almirante McRaven disse o seguinte: "Se você quer mudar o mundo, comece arrumando sua cama." Os alunos riram, mas não por muito tempo. Ele continuou, dizendo que você não pode se tornar um SEAL se não arrumar sua cama perfeitamente todas as manhãs de acordo com os padrões da Marinha, não importa quão privado de sono, dolorido ou ferido esteja. Todos os dias. Sem desculpas.

Como se vê, cumprir a menor das tarefas diligentemente é um dos indicadores mais fortes e confiáveis do sucesso futuro, e essa é a essência da pesquisa sobre conscienciosidade. Por que esses guerreiros de elite precisam arrumar a cama como parte de seu treinamento básico? Porque, quando você faz pequenas tarefas com cuidado, está se valorizando e reforçando uma "sensação de orgulho" sobre como você cumpre seus deveres na vida. Incorporar habitualmente dedicação às pequenas coisas que fazemos todos os dias gera uma tendência positiva. E uma tendência, alimentada adequadamente, pode transformar seu destino.

O domínio sobre os comportamentos cotidianos permite que pessoas excepcionais construam os andaimes do conhecimento e da estabilidade emocional que discutimos neste capítulo. Isso lhes permite manter a autoaprendizagem enquanto cumprem outras responsabilidades; também os ajuda a manter as várias partes de sua vida em equilíbrio, mesmo quando estão lutando emocionalmente; e eleva a qualidade da sua presença no mundo. De fato, para "mudar o mundo", devemos primeiro mudar nossas próprias práticas. Como o almirante McRaven acrescentou: "Se você não consegue fazer as pequenas coisas direito, nunca será capaz de fazer direito as grandes coisas."

Disciplina e atenção ao fazer as pequenas coisas diferenciam os excepcionais. Eles não fazem nada pela metade nem pegam atalhos. É tentador pensar que não há problema em fazer algo pela metade se ninguém estiver olhando. Mas, invariavelmente, toda vez que penso em fazer isso – mesmo que seja reduzir meu treino em apenas cinco minutos –, lembro as advertências de meus orientadores para não enganar a mim mesmo. Entretanto, há uma razão maior para um hábito de vida "sem atalhos": serve para não cairmos em tentações maiores quando elas se aproximarem.

Enquanto escrevo, promotores federais anunciam o indiciamento de vários indivíduos, incluindo estrelas de TV (Felicity Huffman e Lori Loughlin), por supostamente pagarem suborno para colocar seus filhos nas melhores universidades. Que erro lamentável esses pais cometeram ao pegar esse atalho, roubando de seus filhos o crescimento pessoal e a satisfação que advêm de fazer diligentemente as muitas pequenas coisas necessárias para alcançar o sucesso suado nos estudos, no atletismo e no serviço aos outros.

Ordem e prioridades

Praticamos a diligência dia a dia colocando nossa vida em ordem. Isso começa com a priorização do que é importante.

Peter F. Drucker, autor do best-seller *O gestor eficaz*, disse melhor: "Talvez nada distinga melhor os gestores eficazes quanto o cuidado e o afeto valiosos que dedicam ao tempo."

Ricos ou pobres, o dia chega igual para todos – temos somente 1.440 minutos para concluir tudo que precisamos fazer. O que fazemos com cada minuto importa ao longo da vida. E aí está a diferença. Enquanto a maioria das pessoas pensa no que quer fazer em um dia, os excepcionais pensam no tempo como uma mercadoria valiosa, e para eles o tempo é medido em minutos.

Pessoas excepcionais usam o tempo de maneira ponderada. Na verdade, elas se perguntam: "O que pode e deve ser feito nestes preciosos minutos para que eu possa realizar mais, alcançar meus objetivos pessoais ou profissionais, ou ter mais tempo para minha família?" Elas têm a capacidade de priorizar o que é mais importante e movimentar-se conforme as circusntâncias e complexidades variáveis. Quando confrontadas com diversas opções, podem rapidamente fazer uma triagem para identificar e assumir a tarefa mais importante.

Nos primeiros socorros, realizamos a triagem aplicando as questões triviais de atendimento – certificar-se de que as vias respiratórias estão desobstruídas, checar se a respiração ocorre sem assistência e se o coração está batendo de maneira regular. Isso é relativamente fácil de lembrar e pode ser ensinado até para crianças. No entanto, quando há muitas vítimas apresentando perda catastrófica de sangue ou lesões nos órgãos, é muito mais difícil fazer essa triagem de emergência. Contudo, todos os socorristas e médicos de emergência são capazes de realizá-la com base no que aprenderam.

Mas na vida não há sala de aula para ensinar como lidar com crises. Temos que aprender a fazer a triagem diária do que é urgente, significativo, importante, interessante ou insignificante. É um processo que só pode ser aprendido na prática, por tentativa e erro. Quando deliberadamente nos propomos a fazer uma triagem do que é necessário a cada dia, estamos construindo nossa base de sustentação para quando as complexidades da vida aumentarem. Pensar sobre o que é mais importante e o que devemos fazer primeiro exige esforço, mas definir prioridades torna-se mais fácil com a prática.

Definir prioridades não significa atender a qualquer chamada que chegue primeiro, responder ao e-mail mais recente ou garantir que sua caixa de entrada (digital ou física) esteja vazia no fim do dia. Trata-se de assumir o controle de sua vida por meio das escolhas deliberadas que você faz sobre quando, onde e como direcionará sua atenção e sua energia.

Na faculdade, fui abençoado por ter um professor que mudou minha vida com seus conselhos sobre como definir prioridades. Ele disse que, antes de dormir, escrevia em um pequeno cartão retangular as coisas que queria realizar no dia seguinte, em ordem cronológica. No café da manhã, revisava a lista, fazendo as mudanças necessárias. Então, seguindo a ordem priorizada, controlava criteriosamente seu dia. Ele também poderia rapidamente mudar ou adicionar prioridades à lista à medida que o dia se desenrolasse.

Esse sábio professor era Stephen R. Covey, que escreveu o best-seller *Os 7 hábitos das pessoas altamente eficazes*. Ele não era mundialmente famoso em 1972, quando eu estava na faculdade, mas era bem conhecido no campus por ser um grande orador. Ele disse que esse ato por si só – pensar nas prioridades e anotá-las – contribuiu mais do que qualquer outra coisa para seu sucesso e para o sucesso de muitos executivos que orientou.

Naquele momento, decidi que, se fazer uma lista todos os dias era bom o suficiente para o Dr. Covey, era bom o suficiente para mim. Desde então, carrego no bolso um cartão onde listo por ordem de prioridade tudo que devo fazer a cada dia. Acredito tanto nesse método simples que imprimo no alto dos cartões o meu nome como um lembrete de que essas são minhas responsabilidades, minhas prioridades, meus valores e que devo executar tudo. É um contrato diário que devo cumprir como qualquer outro com o qual me comprometo.

Quando faço apresentações, muitas vezes me perguntam sobre o que passei a chamar de minha Lista de Ações Diárias. Fico feliz em mostrar meus cartões e compartilhar como eles funcionam. Eles não foram ideia minha, mas certamente me beneficiei imensamente deles, assim como muitos executivos que os tornam parte da rotina diária.

Por quê? Porque funciona e é muito simples. Faz você visualizar o que deve ser feito e em que ordem. O simples ato de pensar sobre isso permite que meu subconsciente me ajude a começar o trabalho intenso de organizar meus pensamentos e decidir como vou realizar o que preciso fazer. Disciplinou minha mente para que eu possa realizar mais coisas e definir corretamente as prioridades.

Também há algo poderoso em anotar suas prioridades à mão, pois isso lhes atribui mais importância. Embora eu use o smartphone e outros dispositivos para monitorar várias responsabilidades, quando se trata de definir as prioridades diárias fundamentais, acho os cartões mais acessíveis, mais fáceis de revisar rapidamente e mais confiáveis – e de quebra ainda mostro meu comprometimento pessoal, feito de próprio punho, quase como uma assinatura.

JOE NAVARRO

Sei que esse método simples e barato funciona porque os dias em que não consigo concluir nada são invariavelmente aqueles em que decidi "dar um jeito" e não me incomodar em anotar as coisas. A vida é muito complexa para não planejar cada dia; eu poderia me decepcionar e também decepcionar aqueles ao meu redor, porque, sem essa lista, me distraio facilmente. Só quando a crio e priorizo e repriorizo as tarefas ao longo do dia é que consigo fazer as coisas e alcançar todo o meu potencial.

E é um prazer olhar para o cartão no fim do dia e ver que tudo que me propus a fazer foi cumprido. Como na Fórmula 1, essa é a minha volta da vitória. De acordo com Joseph LeDoux, em seu livro *Synaptic Self* (Eu sináptico), o cérebro tem um mecanismo de recompensa para nos motivar quando alcançamos um objetivo. Talvez seja por isso que já me peguei sorrindo sozinho ao saber que realizei tudo a que me propus naquele dia.

Definir prioridades e não as perder de vista leva ao autodomínio e lhe dá controle sobre sua vida por meio das escolhas deliberadas que você faz, dia a dia, hora a hora, quando canaliza sua energia e seu esforço. A forma como organizamos nossos compromissos define quem somos.

Priorizar pouco ou nada é uma decisão que você pode tomar, mas não espere os mesmos resultados.

Caso você não defina o que é mais importante, outros farão isso por você. Se essa ideia não for atraente, comece agora a mudar as coisas, definindo suas prioridades para o restante do dia. Então repita isso amanhã, depois de amanhã e todos os dias.

Prática deliberada: o poder da mielinização

No terceiro dia depois que chegamos à Academia do FBI, iniciamos o treinamento com armas de fogo. Era 1978. Éramos uma turma pequena, apenas 21 dos mais de 8.000 candidatos. A primeira pergunta que nosso instrutor de armas fez foi: "Quantos de vocês já receberam treinamento com armas de fogo?" Oito levantaram a mão, inclusive eu. Tínhamos passado por esse tipo de treinamento em um departamento de polícia ou nas Forças Armadas.

Eu me senti muito bem sendo um daqueles oito. *Isso pode me colocar à frente do jogo*, pensei. Talvez até desse para pular o treinamento.

Estava completamente errado.

Todos nós havíamos treinado de maneiras distintas e, como logo ficou evidente, adquirimos hábitos terríveis que tornavam o manuseio e o disparo de armas simplesmente medíocres.

Iríamos aprender a atirar do jeito do FBI: com um disparo rápido, dinâmico e eficaz com o revólver que tínhamos recebido, um Smith & Wesson com cano de 2,5 polegadas. Iríamos fazê-lo com segurança e destreza. E todos nós deveríamos ter uma pontuação acima de 92% para passar no treinamento.

Mas primeiro precisávamos desaprender as maneiras erradas que se tornaram arraigadas em nossos corpos e mentes.

A *prática deliberada ou de mergulho profundo* – ensaiar pequenas partes de um processo até a perfeição – agora é reconhecida como o componente mais importante para alcançar a grandeza atlética ou artística. Como Rachel Cossar, autora de *When You Can't Meet in Person* (Quando você não pode estar lá pessoalmente) e ex-bailarina profissional, me disse em uma entrevista: "No balé, um detalhe tão minucioso como segurar a mão do seu par com precisão no momento da transição de um movimento para o seguinte é ensaiado centenas de vezes para que possa ser executado com rigorosa perfeição. Algo que é insignificante ou aparentemente desimportante para o público é altamente significativo para a expressão artística ou para a execução técnica dos bailarinos."

Vá para a pista de corrida de uma faculdade, como eu fiz, e você verá velocistas trabalhando cada movimento: agachando-se e colocando os pés nos blocos de largada. Posicionando as mãos precisamente na linha de partida (na borda – não em cima), dedos afastados e levemente flexionados. Sentindo a pressão das solas dos tênis de corrida contra os blocos de plástico. Percebendo e ajustando meticulosamente o ângulo das costas – dorso alto, cabeça baixa, projetando-se sobre a linha de partida; a tensão nas panturrilhas, nos músculos isquiotibiais e nos glúteos; os ombros prontos para liberar toda a força concentrada nos braços no momento da largada.

E farão isso repetidamente, suor pingando sob o sol forte da Flórida antes mesmo de começarem a correr. Eles sabem que, em uma corrida que pode ser decidida por milésimos de segundo, a consistência e a perfeição dos movimentos são essenciais. Sempre faça tudo de modo perfeito e, como me disse um corredor, você fará "uma boa largada. Você não poderá vencer se não fizer uma boa largada – isso simplesmente não acontece".

Converse com especialistas de qualquer área e lhe dirão que "talento" é algo que você trabalha. Esses homens e mulheres podem ser abençoados com o talento para a corrida, mas é a prática aperfeiçoada que o desbloqueia.

Eles aproveitam a capacidade inata que têm. Somos feitos para o autoaperfeiçoamento, e o cérebro pode fazê-lo de forma tão eficaz que nossas ações se tornam automáticas, ignorando o pensamento consciente, liberando a mente para operar instantaneamente enquanto o corpo faz aquilo que ele já sabe de cor.

Cada vez que assumem essa posição, os velocistas estão reforçando o que os neurocientistas chamam de *mielinização*. Simplificando, mielinização é o processo de superfortalecer ou fortificar as conexões entre as células cerebrais (neurônios) e os espaços especiais de comunicação entre elas (sinapses). As fibras nervosas do cérebro são basicamente circuitos elétricos por onde os impulsos fluem e os neurotransmissores, como a acetilcolina e a serotonina, são liberados. Estes, por sua vez, são convertidos em atividades fisiológicas, como respiração mais profunda ou contrações cardíacas rápidas, conforme necessário, ou em movimentos físicos mais visíveis (uma largada perfeita) ou mesmo comportamentos que refletem nosso humor.

Quanto mais praticamos algo, mais mielinização ocorre em torno dos circuitos que facilitam esse processo. Quanto mais mielinização em torno de um circuito, mais robusto, focado e rápido será o sinal transmitido, e menores as chances de esse circuito ser interrompido ou corroído ao longo do tempo. É por isso que, se passarmos tempo suficiente andando de bicicleta na infância, sempre poderemos voltar a pedalar, mesmo décadas mais tarde.

Esse mesmo processo ocorre dentro do cérebro quando a musicista clássica de renome mundial Ana Vidović pratica seu violão. Selecionando um pequeno fragmento de música, talvez não mais do que cinco notas, ela pratica a sequência repetidamente em uma velocidade muito lenta. A cada repetição, o cérebro, em coordenação com os dedos, gera a mielinização necessária para reforçar sua capacidade de lembrar a sequência e executá-la com perfeição. Levar o público ao aplauso é apenas um dos benefícios da mielinização – mas há ainda mais: ela permite que o intérprete adicione talento artístico a um processo complexo que, de certa forma, se tornou automático, perfeitamente executado sem exigir muito do pensamento consciente.

A mielinização constrói a maravilhosa estrutura neurológica que permite desenvolver nossas habilidades e expressar nosso potencial em seu mais alto nível. É por isso que os cirurgiões praticam por horas incontáveis como suturar habilmente um ferimento. Tal prática é o que diferencia os excepcionais, permitindo que executem com eficiência algo difícil ou delicado várias e várias vezes. É por isso que um bom ensino, uma boa orientação e o incentivo dos pais – de preferência desde tenra idade – são tão importantes para o aprendizado e para a execução adequada de qualquer habilidade.

A mielinização só funciona se dividirmos os processos em partes gerenciáveis, possíveis de serem trabalhadas, com repetição disciplinada, para seu aperfeiçoamento. Leonardo da Vinci costumava passar horas trabalhando na menor das pinceladas para refinar um único cacho de cabelo em uma pintura. Até hoje, seus cachos voltados para a esquerda, muitas vezes feitos com uma única mecha de alguns poucos fios de cabelo penteados, são tão excepcionais, tão perfeitos, que são usados para autenticar suas obras.

Infelizmente, hábitos ruins podem se tornar tão arraigados quanto os bons – basta analisar meu treinamento com armas de fogo. No entanto, é possível treinar novamente o cérebro para nos ajudar a melhorar algumas áreas importantes da nossa vida – por exemplo, como responder ao estresse e a situações difíceis, como melhorar as práticas de trabalho, como enfrentar o medo ou lidar de forma mais eficaz com outras pessoas.

Um dos meus clientes na cidade de Tianjin precisou reunir gente de toda a China para trabalhar em um de seus mais novos hotéis. O setor de hotelaria é hoje um dos maiores empregadores da economia chinesa. Assim como nos Estados Unidos, ao reunir funcionários de diferentes partes do país fica evidente uma série de diferenças regionais e culturais, incluindo como as pessoas se vestem, falam e gesticulam.

Muitas dessas diferenças tiveram que ser resolvidas rapidamente para que o hotel abrisse a tempo. Concluí que a maneira mais fácil era se valer da mielinização, escolhendo uma tarefa pequena para que eles experimentassem, validassem e tivessem sucesso, e depois usassem esse aprendizado em outras coisas que precisavam dominar.

Primeiro pedi que apontassem para o relógio e depois para mim. Depois sugeri que tentássemos algo um pouco diferente. Pedi que abrissem a mão, dedos juntos ou levemente flexionados, e usassem toda a mão para apontar – para mim, um para o outro e para objetos próximos – em vez de usar o dedo indicador como a maioria das pessoas costuma fazer.

O que não perceberam é que, quando eu apontava para eles e eles apontavam uns para os outros com a mão aberta, eles sorriam.

Expliquei ter descoberto em minha pesquisa ao longo dos anos que, quando apontamos para objetos e pessoas com a palma da mão aberta, elas parecem apreciar o gesto mais do que quando simplesmente apontamos com o dedo indicador.

Essa informação é primordial para o ramo hoteleiro, uma vez que é fundamental garantir que os hóspedes tenham experiências agradáveis e positivas a todo momento – e que a equipe esteja constantemente oferecendo assistência e orientação a esses hóspedes. Como vamos explorar nos próximos capítulos, entender os pequenos mas cruciais detalhes que impactam positivamente é importante para empresários de qualquer área de atuação.

Nos minutos seguintes, praticamos apontar para os elevadores, para os banheiros, para uma cadeira onde um hóspede poderia se sentar, para onde ficava a piscina, para onde o cavalheiro tinha ido e para os folhetos no balcão. Repetidamente ensaiamos esse gesto simples e os encorajei a continuar treinando ao longo do dia, mesmo nos intervalos, conforme a oportunidade surgisse. No fim do dia, todos já indicavam corretamente o que era pedido, com a palma da mão aberta – inclusive apontando para mim no corredor, só de brincadeira.

Um gesto tão simples, mas que fez os outros se sentirem bem apenas pela forma como foi executado. E como foi gratificante voltar alguns meses depois e ver todos, do porteiro ao pessoal da recepção, do concierge às camareiras, sinalizando alguma coisa ou alguém dessa maneira – transformando um pequeno movimento em algo especial. Fiquei ainda mais feliz ao saber que eles usavam, em tudo, o método de prática focada repetida, desde como atender ao telefone, abrir a porta do carro e cumprimentar os hóspedes recém-chegados até entregar as toalhas à beira da piscina. Prova positiva de como, com a prática dedicada, a mielinização ajudará você a passar da simples realização de uma tarefa que qualquer um pode fazer ao bom desempenho dela – o que, por sua vez, influencia positivamente os outros.

Escrevi anteriormente sobre como a agente Moody me ajudou a controlar minha tendência a ser impaciente e ficar irritado com o cotidiano estressante do trabalho. Ela não me dizia apenas para "relaxar". Ela me atribuía pequenas tarefas: respirar fundo, comer mais devagar, dar uma caminhada ou fazer uma corrida. Demorou um pouco, mas, com a prática, consegui **adotar** essas técnicas para estabilizar minhas emoções, primeiro lidando com **aborrecimentos** menores, como interrupções ou atrasos, depois em situações mais estressantes. As emoções são poderosas, mas até elas podem ser bem administradas por meio da prática deliberada.

Existe algum hábito ruim que você queira abandonar ou algum bom que deseje adotar? Pense em como essas ações podem ser divididas em pequenas partes. Em seguida, trabalhe nelas, uma de cada vez, criando novas e mais robustas vias neurais.

Por exemplo, digamos que todos os dias depois do trabalho você tire os sapatos, pegue uma cerveja, se jogue no sofá e ligue a TV. Três cervejas e um documentário da Netflix mais tarde (talvez com sua comida favorita entregue em algum momento), você já está pronto para dormir. Acorda no dia seguinte e faz tudo de novo. Essa é a vida sedentária que a maioria dos médicos não recomenda. E se você quisesse mudar? Como seria se aplicasse esse método?

A codificação antiga no cérebro pode ser modificada dividindo seu comportamento habitual em partes que possam ser trabalhadas e, assim, moldadas um pouco de cada vez.

Comece pensando com antecedência no que fará depois do trabalho e crie um plano para mudar a rotina. O que é necessário para que seja diferente?

Talvez, em vez de tirar os sapatos na sala de estar, você precise cognitivamente se obrigar a caminhar até o quarto, tirá-los e imediatamente vestir roupas de ginástica, incluindo os tênis de corrida. Essa ação precisa ser planejada e executada, mas, uma vez realizada, ela prepara o cenário para que todo o restante aconteça. O que se faz é passar dos padrões automáticos ou subconscientes para uma percepção consciente e, a partir daí, colocá-los sob seu controle.

Em seguida, em vez de uma cerveja, você bebe água ou um energético. À medida que se hidrata, você se concentra em apreciar os efeitos da bebida em seu corpo, que provavelmente estará desidratado. Essa ação também precisa ser incorporada à mente consciente para ser executada, o que, a princípio, pode parecer desconfortável – afinal de contas, hábitos estão sendo interrompidos. No entanto, queremos reconfigurar o cérebro, e isso exige esforço.

Se quiser, você se recompensa pegando o celular e dando play nas notícias do dia, em um podcast ou audiolivro interessante ou em uma música que aprecie. Depois sai de casa com a intenção de se exercitar, seja fazendo uma caminhada ou uma corrida leve.

A partir de então, a cada dia, ao religar os circuitos, você já pensa em realizar cada etapa dessa rotina. Lentamente você aumenta a distância de treino para que, com o tempo, corpo e mente comecem a ansiar pela nova atividade física. Por meio desse processo, reforça-se (mieliniza-se) gradualmente uma nova rede que se torna autorrecompensadora. Você queima calorias, fortalece os músculos, aumenta a frequência cardíaca por meio de exercícios aeróbicos, movimenta as articulações (que se tornam mais flexíveis), fica menos sedentário e se sente cada vez melhor. Com o tempo (o período varia de acordo com cada pessoa), o processo não precisa mais ser pensado – o subconsciente assume o comando. Nesse ponto, aquele código antigo de conduta já terá sido substituído por um novo e mais eficaz. Esse é o poder da mielinização.

Demorou um pouco para que eu e meus colegas em treinamento nos desapegássemos das técnicas ultrapassadas que haviam sido reforçadas muitas vezes no treinamento anterior – bem-intencionado, mas inferior. Às vezes atirávamos pior do que aqueles que estavam sendo treinados corretamente pela primeira vez. Tivemos que reaprender e remielinizar cada movimento por meio da prática focada.

Recebemos armas vermelhas de treinamento para praticar em nosso quarto. Eles nem queriam que puxássemos o gatilho no início, mas que simplesmente praticássemos sacar a arma do coldre.

E assim aprendemos os passos: desabotoar calmamente a jaqueta; afastá-la com um único movimento do braço dominante enquanto se gira ligeiramente o corpo para torná-lo um alvo menor; agachar-se um pouco e segurar o cabo da arma com perfeição para que a eminência tenar (musculatura logo abaixo do polegar) funcione como uma força estabilizadora. Em seguida, sacar a arma com um movimento rápido para cima, trazendo a mira traseira até o nível dos olhos, precisamente a 40 centímetros do rosto, o braço dominante levemente flexionado para absorver o impacto do coice enquanto a mão de apoio estabiliza a mão dominante segurando-a com firmeza pela lateral. Tudo isso antes mesmo de o dedo indicador tocar a trava de segurança.

Inicialmente, somente sacar a arma já era problemático porque o coldre era diferente de qualquer outro que eu já havia usado. Praticávamos cada movimento separadamente por uma hora, com extrema lentidão; em seguida realizávamos a sequência completa; depois aumentávamos a velocidade. Com o tempo, o lento tornou-se rápido. Conseguíamos completar a sequência em um segundo ou menos. Sem hesitação, sem erros. Não havia um modo alternativo de sacar a arma – apenas o do FBI. Tínhamos confiança para fazê-lo corretamente na chuva, na neve, no escuro, no carro, sob comando, ao prender alguém, quando um alvo surgisse do nada, enquanto estivéssemos no chão – a qualquer hora, em qualquer lugar. A prática, de fato, tornou-se perfeita. Um treinamento inestimável, ou melhor, um retreinamento, que nunca me decepcionou em meus 25 anos de carreira.

A mielinização fazia sua mágica desfazendo nossos maus hábitos. Para os agentes que nunca haviam disparado uma arma, ela criou caminhos neurais impecáveis, robustos e desobstruídos, canais de alta velocidade dentro do cérebro para realizar essa ação de suma importância com precisão constante.

Portanto, concentre-se em um hábito que deseje mudar ou algo que queira aperfeiçoar. Divida-o em pequenas partes que possa praticar e refinar. Você estará colocando a mielinização para trabalhar a seu favor. Nosso cérebro, sabemos agora, é suficientemente plástico para que possamos mudar ou aperfeiçoar nossos comportamentos em qualquer idade. Esse processo acontece por meio da prática direcionada e do milagre da mielinização.

Perseverança
O que impulsiona nossa capacidade de praticar algo com tamanha dedicação? Perseverança. Não basta se inscrever em um curso, comprar um livro, participar de um webinar ou assistir a um vídeo. É preciso assistir às aulas, fazer as tarefas, corrigir os erros, ler (e reler) o livro.

Pessoas excepcionais perseveram. Elas param para pensar, para digerir as informações que coletaram. Mas não perdem o rumo. Podem falhar muitas vezes, mas continuam. Thomas Edison falhou milhares – não centenas, milhares – de vezes ao produzir a primeira lâmpada sem garantia de sucesso. Ele estava, afinal de contas, tentando criar algo que não existia. Mas nunca desistiu. Nem os irmãos Wright – sim, aqueles dois mecânicos de bicicletas que nem sequer tinham um diploma universitário e muito menos formação em engenharia aeronáutica –, que inventaram e aperfeiçoaram o voo motorizado. Hoje o mundo é iluminado e podemos voar por causa de três homens que encarnaram a conscienciosidade, a autoaprendizagem e, sobretudo, a perseverança.

Há 30 anos, James Dyson, que tinha essas mesmas características, inquieto para melhorar o mundo e sempre curioso, estava frustrado com os aspiradores de pó da década de 1970, porque, com o uso repetido, eles perdiam progressivamente a força de sucção, exigindo a compra de novos sacos de depósito de pó.

Assim como os que vieram antes dele, ele decidiu inventar o que não existia. Montou, testou, refinou e ajustou nada menos que 5.127 protótipos, que acabaram se transformando no primeiro aspirador de pó Dyson. Os aparelhos Dyson, de secadores de mãos e de cabelo a aspiradores de pó, agora são encontrados em todo o mundo – mas essa jornada nunca foi certa e nunca foi fácil. Por que temos esses aparelhos hoje, e por que Sir James Dyson é bilionário? Por causa da única coisa que garantiu que ele triunfasse de alguma forma: como Edison e os irmãos Wright, ele foi perseverante.

Muitas coisas que desfrutamos como sociedade foram descobertas, criadas, aprimoradas ou inventadas por indivíduos que enfrentaram os mesmos desafios que muitos outros, com a diferença de que perseveraram.

Depois de realizar milhares de entrevistas, descobri que, se há um atributo que distingue os excepcionais, é a perseverança, a resiliência.

AS RECOMPENSAS DO AUTODOMÍNIO

Winston Churchill é conhecido por ter liderado a Inglaterra durante seu momento mais sombrio, quando o povo britânico enfrentou o maior perigo já visto no mundo até hoje – o avanço da Alemanha nazista na Europa Ocidental. O motivo de ele ter sido escolhido para liderar o governo, mesmo tendo sido difamado por décadas por ostentar o poderio bélico do país e incitar guerras, está ligado ao que ele escolheu fazer aos 21 anos. Mais tarde, essa decisão o tornaria a única pessoa na Inglaterra capaz de fazer o que era necessário para salvar a nação.

Churchill teve uma educação rigorosa em Harrow e, mais tarde, na Real Academia Militar de Sandhurst; no entanto, em seu primeiro posto na Índia como subalterno, sentiu que isso não era suficiente. Desde tenra idade, de alguma forma entendeu que desempenharia um papel incomum na política nacional. Assim, enquanto estava alocado no exterior trabalhando, mas com bastante tempo para estudar e ler, ele começou sua autoaprendizagem – com a ajuda da mãe, que lhe enviava tudo que podia para enriquecer seus estudos.

Estudou não somente ética, algo em que até então não se havia aventurado, e os filósofos gregos – Sócrates e Platão eram os favoritos –, mas também economia. Leu vorazmente os oito volumes de Edward Gibbon de *Declínio e queda do Império Romano* e a obra-prima de 12 volumes de Thomas Babington Macaulay sobre a história da Inglaterra. Por conta própria, lia de três a quatro livros por vez para evitar o "tédio". Leu *A riqueza das nações*, de Adam Smith; *A origem das espécies*, de Charles Darwin; *Bartlett's Familiar Quotations* (Citações familiares de Bartlett), de John Bartlett; *Modern Science and Modern Thought* (Ciência moderna e pensamento moderno), de Samuel Laing; *Constitutional History of England* (História constitucional da Inglaterra), de Henry Hallam; e muitos mais. Note-se que não eram os hábitos de leitura de uma pessoa comum.

Ele memorizava poemas que recitaria de cor décadas depois. Foi assim que Churchill desenvolveu a paixão pelas palavras e uma compreensão profunda de seu poder. Como observou em seus escritos: "É claro que o *Annual Register* é valioso somente por seus fatos. Um profundo conhecimento sobre ele poderia armar-me com uma espada afiada. Macaulay, Gibbon, Platão, etc. devem treinar os músculos para brandir essa espada com a maior eficácia possível." Todo esse conhecimento, associado à sua paixão pelas palavras, aprimorou a mente de Churchill para que fosse excepcional. E essa mente excepcional salvaria a Inglaterra.

Quando a guerra chegou, o país voltou-se para a única pessoa em toda a Inglaterra que tinha as credenciais, a preparação, a seriedade, a determinação, a força e a sabedoria para enfrentá-la – em essência, tudo que era imediatamente requerido de um líder naquele momento para atender aos desafios que uma guerra mundial exigia.

Como observou Edward R. Murrow, famoso correspondente de guerra americano que estava na Inglaterra quando Churchill se tornou primeiro-ministro: "Chegou a hora de ele mobilizar a Inglaterra e enviá-la para a batalha, uma ponta de esperança para os ingleses e o mundo. [...] Isso reanimou os corações de uma imensidão de pessoas que se sentiam desamparadas." Foi a certeza de Churchill, baseada em sua experiência e em seu treinamento e expressa em suas notáveis palavras, que influenciou profundamente e deu esperança aos ingleses. Sua voz singular e persuasiva também convenceu o presidente americano Roosevelt a fazer algo, mesmo que fosse apenas abastecer com suprimentos um país em crescente desespero.

Churchill mostrou-se à altura daquele momento histórico por causa do extenso aprendizado que havia iniciado quando tinha apenas 21 anos e servia na Índia. Mais de 40 anos de serviço ao país, estudo, pesquisa, escrita e curiosidade intelectual construíram os alicerces inigualáveis de conhecimento, fortaleza emocional e autodisciplina que Churchill trouxe à tona no momento mais sombrio da Inglaterra. Foi isso que permaneceu como a fonte de sua força – e que fez toda a diferença. Graças ao seu aprendizado arduamente conquistado, conseguia ver caminhos através da provação quando muitos de seus colegas clamavam pela paz com Hitler e Mussolini.

Churchill usou a autoaprendizagem com um propósito: destacar-se no serviço ao seu país. Quando essa oportunidade surgiria, ele não podia prever. Mas não é para isso que indivíduos excepcionais se preparam? Não pela certeza de uma época e um lugar em que suas habilidades serão necessárias, mas porque é a coisa certa a fazer.

O autodomínio é tanto o trabalho quanto a recompensa de uma vida bem vivida. Estou nesse caminho. Você também está nesse caminho – é por isso que está aqui. À medida que moldamos todo o nosso potencial, podemos aprender uns com os outros, assim como aprendi com muitos. Embora só você possa moldar seu futuro e construir esse alicerce único que reflete seus objetivos e interesses, como seu esforçado companheiro de viagem no caminho do autodomínio, ofereço estas perguntas para você considerar em cada área que abordamos:

APRENDIZAGEM

› Existe algo em sua vida que você queira saber mais ou estudar mais?
› Isso exigiria treinamento formal, leitura adicional, aulas on-line ou orientação?
› Você já cogitou fazer um curso, conversar com um especialista sobre seus interesses ou tentou colocar seus planos em prática?

› Se ainda não o fez, torne isso um objetivo. Faça pesquisas que o direcionem e, em seguida, defina uma data para começar.
› Que hábitos você poderia cultivar que o ajudariam a aprender sozinho e se expor mais plenamente ao que a vida tem a oferecer? Talvez ler meia hora por dia, pesquisar um tema de interesse. Vá a um museu em vez de ir ao cinema; assista a um documentário em vez de a um filme de ação; faça viagens educativas. Puxe conversa com um novo vizinho. Busque mudanças gradativas que construam esses hábitos instrutivos que o ajudam a experimentar a vida mais plenamente.

EQUILÍBRIO EMOCIONAL

› O que você faz quando está chateado? Esse padrão é produtivo, improdutivo ou um pouco dos dois?
› Você já reagiu exageradamente a uma situação e depois se sentiu mal por isso? Se isso acontece com bastante frequência, crie estratégias que você acha que funcionarão para ajudá-lo a reagir de maneira mais equilibrada.
› Se você se encontra frequentemente frustrado e zangado, deprimido e prostrado ou dominado pelo estresse e pela ansiedade, já considerou procurar aconselhamento? Não há nada de errado em consultar um profissional para nos orientar em tempos difíceis.

CONSCIENCIOSIDADE

› Quando se trata de bondade, confiabilidade, honestidade e respeitabilidade, você acha que tem algo a melhorar?
› O que você precisa fazer para melhorar a sua imagem nesses aspectos?
› A partir de hoje, diga a si mesmo: "Vou fazer estas coisas: _____ _____ para ser mais _____."

E, apenas no caso de você achar que é perfeito, pergunte aos outros em que eles acham que você deve melhorar.

SEM AMARRAS

› Identifique alguns limites ou restrições que colocaram em você sobre suas capacidades ou seu potencial.
› Decida fazer um pouco mais.

DEMONOLOGIA

› Quais são seus demônios? Ou seja: quais são seus pontos fracos? Faça uma lista.
› Se eles o incomodam ou o refreiam, o que você fará para enfrentá-los? Que estratégias você pode usar?
› Reveja sua lista de vez em quando. As coisas mudaram?
› Como você quer ser conhecido? Responda aqui e agora: _____
_____
_____
_____ . E então realmente viva desse jeito.

AUTODISCIPLINA

› Em que áreas você não tem disciplina? (Aqui, mais uma vez, se tiver dificuldades em encontrar uma resposta, pergunte a alguém que o conheça bem.)
› Como você mudaria isso gradativamente?
› Qual seria um objetivo realista?
› Acordar quinze minutos mais cedo faria alguma diferença? Que tal ler duas páginas a mais de um livro por dia? Treinar com um companheiro de exercícios? Comer menos? Manter um registro

do seu progresso em relação aos objetivos específicos? Arrumar a cama, o quarto, a cozinha, uma gaveta de cada vez? Comece pequeno.

ORDEM E PRIORIDADES

› De todas as coisas que você tem que fazer todos os dias, qual deve ter a maior prioridade?
› Comece sua Lista de Ações Diárias e coloque seu nome em destaque no topo. Esse é seu compromisso com você mesmo.
› Em sua Lista de Ações Diárias para hoje, escreva o que você decidirá realizar até o fim do dia.
› Siga em frente com sua lista por uma semana, um mês, um ano e veja se isso, por si só, muda quanto você tem feito a cada dia.

PRÁTICA (MIELINIZAÇÃO)

› Identifique algo que você quer realizar melhor. Fazer uma apresentação? Aprender a manobrar o carro para estacionar em uma vaga na rua? Treinar arremesso, técnica de levantamento ou natação? Defina uma rotina de prática desacelerando o processo, analisando-o em pequenas etapas e praticando cada uma delas, sem pular para a próxima até que seja executada perfeitamente. Com o tempo, acelere.
› Se você tem medo de falar em público, pratique subir ao palco com confiança. Faça contato visual, pare e se oriente; deixe o público se acostumar com você e comece com um simples "Bom dia". Então pare e faça tudo de novo, até que seu ritmo e seu comportamento aumentem com confiança. Eu ouvi a grande dama Helen Mirren uma vez dizer que subir ao palco ou começar uma cena é o desafio mais difícil de um ator. Trabalhe nisso.

PERSEVERANÇA

› Você parou de fazer algo que queria fazer, como escrever um diário, malhar, manter contato com amigos, acompanhar os eventos atuais, ser voluntário, melhorar seu trabalho ou seus relacionamentos familiares, economizar mais dinheiro? Seja o que for, dedique-se a isso, mesmo que sejam apenas quinze minutos por dia, ou dê um pequeno passo à frente no processo.
› Perseverança não significa fazer grandes movimentos e depois perder o impulso. Trata-se de manter-se firme a longo prazo. Como alguém disse uma vez, o maior navio do mundo pode fazer um círculo completo se você mover o leme apenas um grau.
› Não há problema em fazer uma pausa, mas não se deixe distrair. Volte para o seu propósito.

Albert Einstein, que sabia algumas coisas, disse: "Tente não se tornar um homem de sucesso, mas um homem de valor." O autodomínio não significa fazer algo perfeitamente na primeira tentativa. Isso é sorte, não autodomínio. O autodomínio vem de dias, semanas, meses, até anos de trabalho, pensamento, estudo e hábito. Vem da persistência, mesmo quando não acertamos. Vem de fazer nossa cama metafórica (como nos ensinou o almirante McRaven) de todas as maneiras que importam. Colocar nossos pés nos blocos de corrida todas as manhãs. Prender a respiração e mergulhar fundo, mesmo quando não temos certeza se podemos.

Desenvolver hábitos de autodomínio é uma das maneiras mais profundas e gratificantes de se valorizar. Nunca se é velho demais para aprendê-lo. À medida que ganha domínio sobre si, você ganha domínio sobre muitos outros aspectos de sua vida – sua mente, seu corpo, suas intenções mais nobres.

Dar passos em direção ao autodomínio em meio a altos e baixos da vida nem sempre é fácil, mas isso torna o esforço e a vitória ainda mais preciosos. Na verdade, a beleza do autodomínio é que ele não é entregue a você. É conquistado dia a dia e, uma vez conquistado, não pode ser tomado. É uma busca que pode mudá-lo profundamente para melhor. E, quando você embarca nessa busca, algo ainda mais notável acontece.

O autodomínio conquista confiança, cooperação e admiração dos outros – é a ferramenta mais poderosa com a qual um empresário pode contar e que lhe garante o maior retorno do investimento. Ninguém diz: "Quero ser como a pessoa mais comum que possa existir." Procuramos aqueles que são excepcionais para que possamos copiá-los. Procuramos aqueles que têm domínio sobre si mesmos porque nos inspiram a melhorar nossa vida. *Isso é poder. Isso é o que queremos dizer com ser excepcional. Tudo começa com o autodomínio.*

DOIS

Observação

VER O QUE IMPORTA
___

Aumentando nossa capacidade de observar as necessidades, as preferências, as intenções e os desejos dos outros, bem como seus medos e suas preocupações, estamos mais bem preparados para decodificar pessoas e situações com rapidez e precisão, ganhando clareza para fazer o que é melhor, o que é certo e o que é eficaz.

> *Você vê, mas não observa.*
> – SHERLOCK HOLMES,
> "UM ESCÂNDALO NA BOÊMIA"

O Cessna 150 tinha acabado de atingir 2.500 pés – que eu monitorava no altímetro enquanto apreciava a vista do lado de fora das janelas da cabine – quando meu instrutor de voo, Bob Lloyd, bateu na minha cabeça com uma prancheta.

"A que distância estamos do aeroporto?", gritou ele.

Comecei a procurar o aeroporto. A prancheta desceu na minha cabeça de novo.

"Para onde estamos indo?"

Meu olhar saltou para o painel de instrumentos, procurando desesperadamente o indicador de direção. Mais uma vez, a prancheta.

"O motor acabou de parar", anunciou Bob, fechando o carburador do Cessna 150 e colocando-o em ponto morto – basicamente transformando o avião em um planador pesado e não muito eficiente. "Onde é possível fazer um pouso de emergência agora? *Agora!*"

Bob girava constantemente o manche de direção para a esquerda e para a direita, levando o avião de um lado para outro enquanto aumentava o volume da frequência do rádio da torre do aeroporto de Opa-locka para fazer sucessivas chamadas pedindo para aterrissar a aeronave.

Enquanto tentava me orientar nesse ambiente barulhento e vertiginoso, Bob me entregou o microfone e disse: "Declare emergência. O que você vai dizer ao CTA [controle de tráfego aéreo]?"

Naquela época, o microfone bem poderia ter sido um tijolo ou qualquer outro objeto, porque eu era um zero à esquerda, não sabia nada. Eu suava, minha mente girava, o estômago embrulhava, os músculos do peito estavam tensos, o coração parecia que iria sair pela boca. Não conseguia nem pronunciar as simples palavras oficiais internacionalmente usadas para o pedido de socorro e que milhões conhecem: "Mayday, Mayday, Mayday!" Não conseguia nem lembrar o número da aeronave – que estava colado no painel bem na minha frente.

Como um bom instrutor de voo deve fazer, Bob Lloyd criou um ambiente de *complexidade*: uma carga de eventos produtores de ansiedade que sobrecarregam (e estimulam) nossa capacidade de observar, pensar e agir sob estresse. Ele estava testando minha habilidade de, como dizem os pilotos, "voar, navegar, comunicar".

"Se você quiser ser piloto, é melhor saber onde você está o tempo todo, para onde está indo, o que pode vir a machucá-lo aqui dentro e onde pode pousar a qualquer momento", Bob berrou tão alto que sobrepassou o barulho do motor Lycoming à medida que assumia os controles e acelerava. "Você precisa de consciência situacional o tempo todo!"

Ele repetiu isso outras duas vezes, de maneira cada vez mais enfática, enquanto baixava o volume do rádio: "Consciência situacional! Consciência situacional!!! *Saber* onde você está. *Conhecer* seu entorno."

Quando ouvi essas palavras de Bob Lloyd pela primeira vez, eu ainda não estava no terceiro ano do ensino médio. Nunca esqueci. Elas foram uma advertência e um desafio, um mantra e uma metáfora: estar sempre consciente, saber o que está ao nosso redor em todas as situações, mas, principalmente, naquelas que importam. Não me dei conta na hora, mas foi enquanto suava e tentava não vomitar naquele cockpit que aprendi que apenas olhar não era ter consciência. Para tê-la, é preciso *observar*. E para ter sucesso na vida, seja como pai, parceiro, profissional ou líder, deve-se ser capaz de estar extremamente atento. Neste capítulo dividiremos a observação em suas partes componentes, exploraremos como ela contribui para um desempenho excepcional e faremos exercícios para ajudá-lo a aumentar seus poderes de observação e usar essa capacidade inata para seu máximo efeito.

OBSERVAÇÃO:
COMO TRANSFORMAR INFORMAÇÃO EM INSIGHT

Olhar é algo que todos fazemos. É como sobrevivemos. Nós olhamos para ver se podemos atravessar a rua com segurança... se devemos levar um guarda-chuva... qual fila do supermercado está andando mais rápido... o que nosso vizinho está fazendo. Durante todo o dia olhamos.

Olhar é uma experiência passiva útil, porém pode ou não fornecer informações completas. Observar, por outro lado, é ativo. Requer esforço – no entanto, os resultados são mais esclarecedores e úteis.

Ao observar, você decodifica o mundo ao seu redor em um nível multissensorial em tempo real. Ao observar, todos os seus sentidos estão ativados – visualmente, é claro, mas você também ouve sons e palavras; sente cheiros no ar; a pele demonstra como estão o vento e a temperatura naquele momento; os milhões de neurônios no intestino enviam sinais para o cérebro sobre a consciência do seu corpo, momento a momento, em relação ao ambiente em que você se encontra – em uma mistura requintada e fluida de impressões que trazem profundas informações. Essas impressões se interconectam em níveis consciente e subconsciente como peças de um quebra-cabeça 3-D, dando a você uma compreensão sutil das situações. Ao caminhar na rua, você percebe as mãos das pessoas: algumas estão ocultas, outras carregam coisas, umas são mantidas junto ao corpo e outras balançam com o andar. Você vê quem parece cansado, preocupado, alerta ou tenso. Nota quem está com pressa para fazer entregas e quem está deixando o tempo passar. Vê o que as pessoas estão vestindo, e isso revela um pouco quem podem ser: o macacão de um carpinteiro, as riscas de um paletó em Wall Street, para qual time torcem e o esporte que preferem, quão influenciadas são por tendências, a indiferença quanto a normas sociais.

Em um restaurante, você percebe a mesa onde os adolescentes estão concentrados em seus celulares enquanto os pais conversam com o garçom; e pode dizer qual funcionário está estressado e quem está se esforçando para atender os clientes exigentes.

No supermercado, você examina um frango embrulhado em plástico e acha sua aparência um pouco estranha, então o cheira e decide não comprá-lo.

Você não vê apenas a vizinha entrar no carro para ir trabalhar: percebe *como* ela entrou no carro. Ela andava mais lentamente? Suas costas pareciam um pouco curvadas hoje?

Essas são as diferenças entre olhar e observar.

O mundo está constantemente transmitindo informações. Os verdadeiramente argutos – os excepcionais – estão sintonizados com elas.

Você pode estar pensando: *Como posso fazer isso quando já estou sobrecarregado de informações?*

Há uma maneira. De início, é necessário um pouco mais de esforço para construir hábitos de observação e desenvolver esse conjunto de habilidades – o que você pode começar a fazer por meio das informações e dos exercícios deste capítulo. Garanto que, com o tempo, torna-se mais fácil.

O mundo está cheio de pessoas sem consciência das situações à sua volta. Observe-as saindo do avião, descendo da escada rolante ou subindo nela. Elas simplesmente param de repente – talvez para esperar por alguém ou para verificar seus celulares em busca de mensagens ou direções –, obrigando os que vêm atrás a desviar delas para seguir seu caminho ou evitar uma aglomeração na escada rolante, por exemplo.

O YouTube tem milhares de vídeos de pessoas distraídas topando com portas de vidro, parquímetros, ursos – ou outros contratempos igualmente surpreendentes. Rimos delas e de nós mesmos quando acontece conosco. Mas a falta de consciência pode trazer sérias consequências. Muitos acidentes de trânsito são causados por pessoas enviando mensagens de texto pelo celular enquanto dirigem. Tal fato tem levado a polícia a apreender os aparelhos como evidência de direção desatenta.

O que está por trás dessa insensatez? Uma sociedade em ritmo acelerado? Quantidade esmagadora de informações? Nossa necessidade neurológica de novidades antigamente alimentada, em grande parte, por mudanças em nosso ambiente e agora sustentada pelo estímulo digital constante? Talvez isso tudo e muito mais.

Parece contraintuitivo, mas observar, e não apenas olhar, é um poderoso antídoto para a sobrecarga de informações, pois força você a filtrar os irresistíveis, perturbadores e fugazes "ruídos" da vida para poder se concentrar nas informações mais importantes. Focando no crucial ao invés de nos "ruídos", você pode conduzir sua análise com muito mais rapidez e precisão. Isso é a essência do extraordinário livro de Daniel Kahneman *Rápido e devagar: duas formas de pensar*. Observando, aprimoramos a habilidade de saber o que procurar para nos informarmos melhor e com mais eficiência. Consequentemente, depois de aprender a observar corretamente, há menos sobrecarga, porque uma rápida varredura dos olhos fornece as informações de que você precisa – se souber o que procura.

A observação também é uma proteção contra ser pego de surpresa quando uma situação se torna complexa repentinamente – como aconteceu comigo na cabine do Cessna. Ela permite manter a calma quando se está sob pressão e garante que você detecte e responda ao que é mais importante.

Por fim, ela ajuda a tomar medidas mais apropriadas e produtivas, permitindo que você responda melhor às necessidades dos outros enquanto cuida de coisas importantes para você.

Seja você pai, professor, gestor ou um executivo atarefado, se estiver despreparado para observar as circunstâncias que o rodeiam, então se tornará aquele jovem piloto em treinamento: em desvantagem quando as coisas apertam, quando a complexidade de alguma situação se instala. As consequências podem variar desde passar por um simples inconveniente ou constrangimento até negligenciar seus deveres ou colocar todo mundo em perigo: você, outras pessoas e organizações inteiras.

Não seremos capazes de liderar adequadamente a nós mesmos ou os outros; a compreender a mudança; a discernir as necessidades, os desejos, aspirações, intenções, preferências, preocupações ou medos dos outros se não observarmos as situações à nossa volta. Em 2020, Ellen DeGeneres foi fortemente criticada por não perceber o que os convidados de seu programa de TV – como Brad Garrett – claramente percebiam: um ambiente de trabalho tóxico no programa. Ela então foi forçada a se desculpar publicamente. Essa situação é um lembrete para os executivos em relação ao que pode acontecer quando não procuram observar seu entorno.

A boa notícia é que nascemos observadores; a questão é que perdemos o contato com essa habilidade à medida que crescemos e as exigências da vida clamam por nossa atenção – superficial. A ciência é inflexível ao afirmar que, ao sermos mais observadores, somos capazes de mudar nosso cérebro. O cérebro não só está à altura desse desafio como também está preparado para isso por meio da neuroplasticidade.

A neuroplasticidade é a capacidade que o cérebro tem de criar novas conexões neurais e mudar o entrelaçamento das vias e dos circuitos, permitindo não só aprender coisas novas, mas também fazê-lo de maneira mais rápida. Quanto mais usamos o cérebro e quanto mais o expomos a novas experiências, mais eficiente ele se torna à medida que reforçamos ou reprogramamos e criamos novas conexões sinápticas. Em essência, quanto mais observamos e decodificamos o mundo ao nosso redor, mais fácil se torna fazê-lo.

De fato, como disse o famoso neurologista espanhol Santiago Ramón y Cajal – um dos primeiros a explorar a neuroplasticidade –, "qualquer pessoa pode, se quiser, ser escultora de seu próprio cérebro".

Podemos ativar e aprimorar essas conexões de forma proativa construindo uma infraestrutura que nos torne capazes de observar nosso entorno de maneira mais rápida e abrangente, tão essencial e fundamental para o sucesso e a influência dos indivíduos excepcionais. E isso não é tudo. Ter a habilidade de observar enriquece nossa vida e agrega maior valor ao ambiente de trabalho e aos nossos relacionamentos. Analise qualquer profissão e descobrirá que os melhores observadores geralmente são mais bem-sucedidos, uma vez que o poder de observação permite que vejam além do que os outros veem – isso é o que os diferencia.

COMO RECUPERAR UMA HABILIDADE NATURAL

Tão logo nascemos e encontramos o olhar de outro humano, começamos nosso processo de observação. A característica mais sublime do rosto de um bebê são seus olhos. Quando se fixam no rosto dos pais, eles já estão coletando informações, alimentando a área do cérebro denominada *córtex visual*. Todas as vezes que o bebê está acordado, os movimentos ao seu redor são rastreados e conexões neurais são criadas. Gradualmente, ele aprende a detectar a menor nuance facial. Em poucos meses, os bebês podem diferenciar pessoas, imitar comportamentos como arquear as sobrancelhas e até perceber o humor dos que estão à sua volta, como a famosa pesquisadora Ellen Galinsky descreve em seu livro *Mind in the Making* (Mente em formação).

A partir de então, inicia-se a base para adquirir uma vida inteira de informações visuais, que, sim, crescerá, mas somente se permanecermos ativos e curiosos em relação ao mundo que nos cerca. Novas conexões sinápticas serão produzidas e reforçadas enquanto uma "poda neural" acontece ao longo dos anos. Em outras palavras, se não usarmos nosso cérebro, se não o expusermos a uma variedade de coisas, suas conexões neurais, por uma questão de economia, começarão a desaparecer por falta de uso. Quanto mais trabalharmos o cérebro, maior será o número de conexões neurais; quanto menos o trabalharmos, mais conexões desaparecerão.

Embora as informações cheguem em abundância através deles, os olhos não são a sua única fonte de entrada. Com pouco controle sobre o corpo, a principal ocupação dos bebês quando acordados é exercitar os sentidos, o que explica por que colocam tudo em seu órgão sensorial secundário: a boca, onde até os dedos dos pés vão parar. À medida que conhecemos a face de nosso pai ou nossa mãe, começamos a associá-la a emoções, ao seu tom de voz e ao seu cheiro. Mesmo no útero, no terceiro trimestre da gravidez, o feto se acostuma com a voz da mãe – seu ritmo, sua melodia e seu sotaque. Os bebês aprendem isso tão bem que, quando nascem, seu choro imita a cadência da voz da mãe. Em outras palavras, um bebê alemão vai chorar em um compasso diferente do de um bebê francês, porque, enquanto ainda está no útero, ele já produz as conexões sinápticas de que precisará para se adaptar mais prontamente ao mundo.

É no impulso pela sobrevivência e pelo desenvolvimento que as outras fontes sensoriais de informação entram em cena. O bulbo olfativo detecta os odores únicos da pele materna. A nuca, a aréola do seio e os mamilos produzem cheiros distintos que o bebê associa a bem-estar e alimentação, enquanto a boca do bebê, cheia de nervos, registra o calor da pele da mãe e o sabor do leite materno. As mãos e os dedos minúsculos – agarrando, empurrando, puxando – transmitem informações ao cérebro pelo tato e, ao longo do tempo, essas informações são reconhecidas pelo toque no rosto do pai ou pelo dedo passando pela cobertura de um bolo de aniversário.

Esses processos de observação cuidadosa, conexão sináptica e revigoramento neural que se desenvolvem por meio da repetição prosseguem à medida que crescemos. Ao aprender a andar, a criança passa a ser capaz de seguir uma borboleta pelo quintal ou de perseguir um esquilo. Uma caixa de papelão pode representar uma satisfação imensa para as crianças, que se entretêm observando seus cantos perfeitos, suas extremidades exatas e como ela se mantém colada.

Desde o momento em que entrou na escola, você passou a observar as pessoas ao seu redor, aprendendo a perceber quem realmente é amigo e quem deve ser evitado. É por meio da observação que começamos a compreender quem são aqueles que verdadeiramente fazem parte da nossa rede de apoio – primeiro os da nossa família, depois os que conhecemos à medida que nos aventuramos pelo mundo fazendo amizades.

Também observamos atentamente ao aprender e realizar algo novo ou ao praticar um hobby ou um esporte. Quando inconscientemente olhamos para o rosto de quem amamos ou para um bebê, passamos do simples olhar a uma observação atenta. Notamos as belas nuances dos seus traços faciais: os olhos *simpáticos*, com suas pupilas dilatadas demonstrando interesse, as dobrinhas, a coloração, até os poros da pele – uma vez que o que realmente fazemos ao observar é incorporar informações que nos ajudarão a entender quando esse ser tão querido está doente, perturbado, chateado ou simplesmente precisa da nossa atenção. Portanto, observar nos prepara para a responsabilidade mais significativa de quem é excepcional: a empatia e o cuidado com o outro.

Nossos ancestrais caçadores-coletores observavam atentamente seu ambiente. Sabiam sempre onde estavam; onde havia água; onde não andar ou atravessar; onde se localizavam as plantas medicinais; e onde a caça e as frutas silvestres comestíveis, nozes, grãos e mel podiam ser encontrados. Eles sabiam onde morava o perigo, sempre alertas quanto aos esconderijos de cada espécie, atentos às fezes frescas em uma trilha, aos movimentos irregulares, às pegadas ou aos chamados de alerta de animais próximos. À noite, podiam guiar-se pelas estrelas ou pela vegetação que roçava sua pele. Suas narinas estavam sempre atentas aos cheiros almiscarados e ao odor de urina dos animais, fornecendo informações sobre o que seus olhos não alcançavam e que poderiam levá-los ou alertá-los quanto aos perigos que talvez encontrassem à medida que atravessavam terrenos hostis.

No interior da floresta amazônica ainda existem pessoas que vivem dessa forma, praticamente inacessíveis ao mundo moderno e esplendidamente em sintonia com seu habitat. Para elas, a observação é uma questão de sobrevivência. Entretanto, se você perguntar, elas responderão que estar atento não é difícil, desde que você saiba o que procura. De certa forma, como disse Santiago Ramón y Cajal, eles esculpiram o cérebro para atender necessidades muito específicas.

Analise as pinturas rupestres encontradas por toda a Europa, algumas datadas de mais de 44.000 anos a.C. (nas cavernas de Lascaux e Chauvet, na França, e de Altamira e Cantábria, na Espanha). Os animais eram ilustrados com extrema atenção aos detalhes por esses primeiros artistas, capazes de desenhá-los por viverem entre eles, estudando seus movimentos, sua musculatura e seus padrões de vida. Com total reverência a cada espécie, eles viam, ouviam, tocavam, provavam, cheiravam e literalmente viviam na pele desses animais. Essa intimidade permitiu que retratassem com confiança e graciosidade toda a vitalidade e beleza deles. Essa habilidade não veio de uma escola de arte, e sim da escola da vida, que nos permite recorrer ao que está profundamente enraizado na mente pela observação precisa e sustentada.

O olhar atento permitiu que os seres humanos entendessem o tempo. As análises cuidadosas dos maias sobre o movimento das estrelas e dos planetas permitiram que desenvolvessem um calendário mais preciso do que o que você e eu usamos hoje.

O ato de observar sempre esteve presente nos avanços da ciência e da medicina. Voltando aos anos 1400, em muitas partes do mundo (China,

Índia e África), vaqueiros e agricultores constataram que as mulheres ordenhadoras que contraíam a varíola bovina não eram infectadas posteriormente pelo outro tipo de varíola, muito mais letal e que, por vezes, matava mais de 35% dos infectados.

Por curiosidade, observação e comprovação, eles descobriram que poderiam se proteger contra a varíola mortal infectando-se com a varíola bovina, menos perigosa. Pensamos nas vacinas como uma prática médica moderna; no entanto, as sociedades inteligentes, de certa forma, já as faziam, e muito antes de Cristóvão Colombo chegar ao Novo Mundo.

A observação ainda é a geradora de significativas oportunidades de avanço, criatividade, inovação, percepção e influência. Observar, questionar, pesquisar, testar e decodificar o mundo ao nosso redor: é assim que não apenas sobrevivemos, mas prosperamos sempre.

Com a prática, somos capazes de recuperar esse poder inato.

O SISTEMA LÍMBICO E A CONSCIÊNCIA

De onde se originam a observação e a consciência situacional? Você pode dizer que é dos olhos. Ou dos cinco sentidos. Proponho uma resposta diferente.

Já mencionei em outros lugares o grande trabalho de Paul Ekman, Joseph LeDoux, David Givens e Gavin de Becker (todos presentes na seção Bibliografia e Referências) ao relatarem que nossas emoções e respostas ao mundo são frequentemente regidas pelo nosso sistema límbico – primorosamente responsivo e que reage em vez de pensar. Esse sistema, tão imediato nas respostas às situações, é o segredo da nossa sobrevivência.

As estruturas que o compõem – incluindo o tálamo, o hipotálamo, o hipocampo e a amígdala – fazem parte do nosso cérebro de mamífero. Elas absorvem informações por meio dos sentidos, mas especialmente mediante o olfato e a visão. Respondem ao ambiente elevando a frequência cardíaca quando estamos sob pressão; ativando as glândulas sudoríparas para manter a temperatura corporal baixa; ou fazendo com que permaneçamos imóveis quando o perigo nos espreita. Isso acontece sem nenhum pensamento de nossa parte. É reativo – o que torna o sistema límbico eficiente e, muitas vezes, muito autêntico ao revelar quem somos.

É ele a razão pela qual nos aproximamos da beira do penhasco de forma cautelosa em vez de já ir direto nos debruçando para olhar para baixo – ele nos freia nesse momento. Por isso congelamos com barulhos altos e repentinos, para que nossos movimentos não desencadeiem o instinto de espreita/perseguição/ataque dos predadores, particularmente os grandes felinos de milênios atrás. As reações límbicas estão extremamente conectadas ao nosso paleocircuito. Um exemplo claro são as crianças cegas, que exibem respostas límbicas mesmo que nunca tenham visto qualquer tipo de comportamento adotado pelas pessoas ao seu redor. Nossas necessidades, emoções, intenções, nossos sentimentos e pensamentos são processados pelo cérebro límbico e expressos em nossa linguagem corporal. As reações são imediatas, seguras, testadas ao longo do tempo e universais.

O sistema límbico também ajuda a nos comunicarmos em silêncio. Nunca é demais enfatizar a eficácia disso para nossa sobrevivência. Os primeiros hominídeos e até mesmo *Homo sapiens*, nossa espécie, sobreviveram evitando movimentos e ruídos perto de predadores. Quando alguém do grupo via uma leoa, sua reação de congelamento e seu olhar de medo eram suficientes para avisar todos os outros de qualquer perigo iminente sem que tivesse de vocalizar e revelar sua posição. Esse sistema tornou-se tão resiliente e imprescindível para nós que, embora tenhamos desenvolvido a capacidade de falar há muito tempo, nosso principal meio de comunicação permanece sendo o não verbal. Na verdade, ainda escolhemos parceiros, demonstramos emoções, expressamos amor com base principalmente em elementos não verbais.

Nossas respostas límbicas, especialmente as relacionadas a conforto e desconforto, gostar e não gostar, confiança ou desconfiança, geralmente são manifestadas de maneira não verbal e de forma imediata e precisa. Quando queremos ficar em silêncio e alguém faz barulho, franzimos a testa e apertamos os olhos para demonstrar incômodo. É uma reação instantânea que reflete e comunica exatamente nossos sentimentos.

Quando entrei para o FBI, eu já estudava a linguagem não verbal havia cerca de uma década. Para um investigador, ser capaz de perceber em tempo real as pessoas expressando reações não verbais, como estar contente ou descontente, à vontade ou agitado, confiante ou não, era como ter uma vitrine que me permitisse enxergar a mente do indivíduo sob investigação. Conseguia ver quais perguntas o deixavam à vontade e quais lhe causavam estresse. Um simples questionamento como "Onde você estava ontem à noite?" – que, para a maioria das pessoas, é fácil de responder e provavelmente não causa tanto estresse – às vezes desencadeia inúmeros movimentos faciais (um movimento de mandíbula, a contração dos lábios) naqueles que talvez tenham algo a esconder ou que, por algum motivo, se inquietam com a pergunta. Como investigador, observar essas reações me proporcionava ainda mais razões para buscar detalhes adicionais ou, ao menos, uma explicação do motivo pelo qual eu notava sinais de desconforto psicológico no interrogado. Sua linguagem corporal falava comigo antes mesmo de eu ouvir o que tinham para dizer: a língua contraída contra a bochecha, o pressionar dos lábios, o engolir com força seguido da cabeça baixa – tudo sugeria que a pergunta que eu tinha acabado de fazer era de alguma forma problemática. Para um investigador, isso vale ouro. É semelhante a notar uma mancha no teto após uma tempestade – seguir essa pista pode levá-lo a vazamentos no telhado.

Mas esses insights também se aplicam às pessoas em geral, em todas as esferas da vida. Como essas demonstrações de conforto e desconforto são universais, ultrapassam diferentes culturas, elas oferecem ao observador uma ampla visão sobre os outros. Para os negócios isso é inestimável. Uma varejista de vestidos de noiva muito bem-sucedida em Londres me disse que atribuía o sucesso comercial à sua capacidade de ler os clientes. A exuberância do vestido escolhido pela noiva às vezes ia de encontro ao que os familiares demonstravam por meio dos seus gestos. Encontrar o vestido mágico que deixasse todos felizes era muitas vezes um desafio a ser desvendado pela linguagem corporal, uma vez que ela contrastava com as palavras ditas. Ser capaz de discernir o que realmente sentiam em relação a cada vestido a ajudava a navegar por uma área em que a estética pessoal, as tendências da moda, as tradições familiares e as restrições orçamentárias frequentemente batiam de frente.

A linguagem universal dos elementos não verbais, que nos revelam o que está na mente, é inestimável. Na Grã-Bretanha e em Bornéu, a reação de um bebê que não gosta de determinada comida será a de franzir a testa ou morder os lábios. Quando recebemos más notícias, nossos lábios se comprimem, apresentando outra versão para o franzir de testa da rejeição. Quando perdemos um voo, o que fazemos então é massagear o pescoço ou a testa da mesma forma que um pai massageia as costas do bebê para acalmá-lo e reconfortá-lo. Quando pedem que trabalhemos mais um fim de semana, nossos olhos se estreitam e os cantos da boca se comprimem, demonstrando nosso desagrado.

Por outro lado, em qualquer parte do mundo as pupilas dilatadas de um bebê expressam seu prazer e sua alegria ao ver a mãe. Quando encontramos alguém de quem realmente gostamos, as sobrancelhas se curvam (desafiando a gravidade), os músculos faciais relaxam e os braços se estendem buscando um abraço, expressando, assim, nossa afinidade e nosso carinho pela pessoa. Na presença de alguém que amamos, imitamos seu comportamento (isopraxismo) e inclinamos a cabeça para ela. O sangue flui para os lábios, tornando-os mais volumosos e quentes, enquanto as pupilas se dilatam como se quisessem absorver ainda mais a imagem da pessoa amada nesse momento tão prazeroso.

Em todas as demonstrações de conforto e desconforto, estamos transmitindo ao outro a forma como nos sentimos ou em que estamos pensando – com uma precisão que o cérebro límbico aperfeiçoou ao longo de milhares de anos. Nossos gestos são silenciosos, mas poderosos.

Portanto, embora você possa ter silenciado o poder de observação e consciência situacional em algum momento ao longo da sua vida, não se engane: o mundo sempre fala alto e claro ao sistema límbico; no entanto, é preciso escolher ouvi-lo.

É por isso que, quando um funcionário responde "Claro, posso trabalhar neste fim de semana", mas, ao dizer isso, ele contrai os olhos e inclina levemente a cabeça, você pode ter certeza de que há problemas não ditos aí. Quais são? Pode ser qualquer coisa, desde *"Que notícia inesperada... vai estragar meus planos para o sábado"* até um *"Estou cansado de ser chamado para trabalhar enquanto os outros aproveitam o fim de semana"*. Você pode não saber ao certo, mas entende que sua pergunta causou desconforto – especialmente se seu funcionário demonstrou claramente levando a mão aos olhos.

Cabe a você entender o que fazer com os elementos não verbais que observa. Discutiremos isso em mais detalhes nos próximos capítulos. Mas o mais importante agora é perceber a resposta autêntica de desconforto límbico de uma pessoa, especialmente quando não é expressa em palavras. Mais adiante neste capítulo vou compartilhar 12 reações não verbais extremamente precisas que revelam forte desconforto psicológico. Elas podem fornecer uma tremenda vantagem na compreensão dos outros e melhorar sua capacidade de identificar problemas ou questões delicadas.

CONSCIÊNCIA SITUACIONAL:
A OBSERVAÇÃO ENCONTRA A EXPERIÊNCIA

Quando saio de casa para passear com meu cachorro, sinto o ar. Se está seco e refrescante, significa que uma frente fria está se aproximando.

Atravesso a rua prestando atenção nos carros que se aproximam e vendo se há alguém perto de mim; ao mesmo tempo, vejo pessoas ao longe correndo e se exercitando. Passando pela primeira casa à minha esquerda, vejo luzes acesas lá dentro. Parece que alguém se levantou mais cedo do que o normal.

Passo por um antigo Volvo estacionado não na frente de uma casa, mas entre duas. Hum... estranho. Todos na nossa rua estacionam na entrada da sua garagem. Percebo folhas e detritos acumulados ao redor dos pneus. O para-brisa está sujo. Há bastante lixo lá dentro. O carro parece estar abandonado. Eu me pergunto por que está ali.

Mais adiante, noto alguém sentado em um carro com o motor ligado. Na luz refletida do seu celular, vejo que é uma mulher. Ela olha para a porta da frente da casa próxima, depois volta para o celular. Ela me olha, desvia o olhar. Nessa casa, moram crianças em idade escolar. Talvez esteja esperando para lhes dar carona. Um gato se esconde quando me aproximo; felizmente, meu cachorro não o vê.

Essa é uma caminhada diária que se faz com consciência situacional e possui três componentes:

1. Consciência do nosso ambiente: visões, sensações, cheiros, sons, etc.
2. Consciência de como os indivíduos estão se comportando nesses ambientes.
3. Consciência da nossa base de conhecimento (experiências de vida, formação profissional, escolaridade, autoaprendizagem).

Os dois primeiros vêm da observação. O terceiro depende da nossa neuroplasticidade natural, que se baseia em nosso passado para compreender o presente e antecipar o futuro – tudo no tempo necessário para detectar um carro empoeirado estacionado na rua. Eles operam por meio de fusão dinâmica em tempo real. Mas, para isso, devemos nos dar a oportunidade de criar essas conexões, e não ignorá-las.

Na minha caminhada matinal, permito que o ambiente fale comigo. Tudo que nesse momento importa, eu noto e decodifico. O clima, minha segurança (onde atravessar; a presença e as atividades de outros pedestres), onde passear com meu cachorro com menos trânsito, o que está acontecendo na rua, o que meus vizinhos estão fazendo habitualmente ou de forma diferente. Tudo é importante para mim. Minha formação policial e a vivência na área há muitos anos me permitem perceber detalhes e irregularidades que outros não conseguem ver, como o Volvo estacionado e o acúmulo de folhas ao redor dos pneus, possivelmente indicando que o veículo foi abandonado. Minha consciência situacional vem de minhas observações em tempo real, juntamente com minha base de conhecimento. Estou eliminando os ruídos para focar nos detalhes.

Indivíduos excepcionais absorvem as informações da vida de maneira intencional e resoluta. Não é um ônus. Não é trabalho extra. Essas informações estão aí para serem observadas e decifradas. Depois dão mais um passo: comparam o que observam com o que sabem. A partir desse processo adicional, eles podem fazer avaliações mais detalhadas e tomar melhores decisões.

E se as circunstâncias não permitirem que você veja e observe algo ou alguém? Então você dará um próximo passo para alcançar seu objetivo. Eis o que um executivo de uma marca famosa de roupas em Nova York me sussurrou enquanto caminhávamos em direção à plataforma de carregamento: "Para ter sucesso, preciso entender os objetivos que pretendo alcançar com meu negócio, mas também preciso estar a par do que meus funcionários sabem. Essas pessoas [e apontou para elas na plataforma] estão por dentro de informações que também preciso saber, desde problemas de entrega até caminhoneiros não confiáveis, ou quando algum policial está na iminência de multar um dos nossos caminhões estacionado em fila dupla. Elas são meus olhos e ouvidos e conto com elas para me informar sobre o que está acontecendo em locais onde não posso estar." De um jeito ou de outro, os excepcionais encontram uma forma de observar. São essas atitudes que podem levar ao sucesso.

RUMO A UMA VIDA EXCEPCIONAL

Talvez você nunca tenha considerado o ato de observar como uma ação capaz de dar sentido a uma simples caminhada matinal. Ou talvez pensasse que somente os observadores treinados podem ser tão atentos a detalhes.

É verdade que terceirizamos a ação de observar para muitos além de nós mesmos. Queremos que, antes que se torne um problema, o dentista observe que a linha da gengiva parece estar recuando; que o policial investigue o veículo estacionado atrás da loja às 2h da manhã e que normalmente não estaria lá; que o professor se dê conta de que Maria aproxima muito o livro dos olhos para ler, sugerindo que ela tem problemas de visão. Ou terceirizamos nossa observação para os dispositivos eletrônicos quando, por exemplo, peço a Alexa ou Siri que informe o tempo em vez de olhar lá fora. Por querer aliviar nossa carga de trabalho, ao fazer isso, prestamos um desserviço a nós mesmos – ficamos menos observadores e mais acomodados.

É isso que diferencia o indivíduo comum do excepcional. Os excepcionais consideram extremamente importante ter essa maior consciência de si mesmos, dos outros e do seu entorno. Eles se destacam porque se dispõem a olhar, a investigar, aprofundar, testar e validar o que veem e, ao fazê-lo, aprender com mais precisão sobre si mesmos, os outros e o mundo.

Nos negócios, a arte da observação é um requisito essencial e oferece uma vantagem competitiva que vai além dos números e do preço atual das ações.

A Nokia já chegou a dominar a indústria de telefonia móvel. Dominar! Até que não mais, como disse Stephen Elop, CEO da empresa, em uma coletiva de imprensa em 2013 ao anunciar a venda da sua divisão de telefonia móvel para a Microsoft: "Não fizemos nada de errado, mas, de alguma forma, perdemos." Seis anos antes, metade dos celulares do mundo era fabricada por eles. Mas, em apenas seis anos, o valor da empresa caiu 90%.

Como algo assim pôde acontecer?

Alguém deveria ter batido na cabeça deles com uma prancheta e dito: "Olhe ao seu redor." Não que os executivos da Nokia não soubessem que os telefones da Apple existiam; sabiam, mas falharam ao não observar o que estava acontecendo pelo mundo. Naquele momento, fazia-se a transição de uma interface humana para outra – a interface de pressionar botões para uma mais rápida e requintada: simplesmente tocar em uma tela.

A Nokia cometeu outros erros bem documentados, com certeza (por exemplo, a relutância em abandonar fornecedores estabelecidos; a fixação em hardware em vez de software). Mas a falha em interpretar as potenciais implicações do fenômeno da vida real acontecendo fora da sede corporativa – que as pessoas preferiam tocar a tela e não pressionar botões – foi um grande passo em falso.

Pessoas excepcionais buscam ativamente a verdade. Qualquer um que aceite a responsabilidade de liderar outras pessoas – como gerente ou executivo corporativo em uma empresa ou como líder em uma comunidade, nação, escola, equipe esportiva, equipe médica ou em casa – tem esse compromisso maior. E em seguida testam e validam essa verdade. Fazemos isso por meio da observação.

Se isso parece desafiador, pense no preço pago pelos líderes que não encaram a realidade, não buscam a verdade ou a evitam. Muitas vezes, isso pode ser a ruína de uma empresa. Muitas vezes também, esse preço pode ser pago por nós mesmos, quando depositamos nossa confiança nesses líderes – investidores e acionistas, funcionários, estudantes, atletas, pacientes, amigos ou familiares.

Queremos que as pessoas que trabalham conosco e aqueles que nos lideram – cujas decisões afetam nossa segurança e nosso bem-estar – sejam praticantes exemplares da consciência situacional. Pense no seguinte: você entraria em um jato comercial se o piloto tivesse as mesmas habilidades de consciência situacional que eu tinha na adolescência ao pilotar aquele Cessna? Claro que não. Você confia no fato de que o piloto é treinado na consciência situacional ao longo de inúmeras horas de simulação e voo real, incluindo treinamento de emergência. Para nossa tranquilidade e segurança, queremos e esperamos que ele seja altamente qualificado. É por essa razão que a história do capitão Chesley B. "Sully" Sullenberger pousando o avariado avião da US Airways, um Airbus A320, no rio Hudson e salvando todas as 155 vidas a bordo naquele voo 1549 é tão convincente; por isso a repetimos, nos maravilhamos, nos sentimos seguros e inspirados por ela. Esse é um exemplo impressionante de uma consciência situacional exímia – consideramos que pessoas com essa capacidade são extremamente tranquilizadoras graças à sua preparação, às suas habilidades e à sua capacidade de observação.

Como indivíduos excepcionais conseguem isso? Eles selecionam as informações que absorvem e as transformam dentro de cada situação. São pessoas que têm o que chamo de consciência esclarecida.

CONSCIÊNCIA ESCLARECIDA: O CAMINHO PARA O ENTENDIMENTO EXCEPCIONAL

Fomos recebidos na sua modesta casa em Caruaru, cidade no interior do estado de Pernambuco. É uma mulher discreta, graciosa, de pele envelhecida, macia como papel de seda, as veias visíveis no dorso das suas mãos delicadas. Ela é famosa por seus bordados requintados – a *reticella* ou *point coupé*, um processo detalhado de produzir rendas ou bordados que exige que fios individuais sejam extraídos de linho fino. É um trabalho meticuloso que exige precisão e paciência. Suas mantas bordadas são procuradas por pessoas de todo o Brasil. Ao analisar seu trabalho, percebemos que essa pessoa foi tocada por anjos. Dona Severina é cega desde a infância.

Seus dedos são tão sensíveis que, com uma agulha na mão, ela pode contar os fios, separá-los do tecido bordado e extraí-los completamente ou apenas o suficiente para criar um desenho. Certamente você seria perdoado se pedisse uma lupa para acompanhar seu trabalho, pois achei difícil enxergar como ela puxa esses fios delicados e faz minúsculos, quase cirúrgicos, nós, criando suas obras-primas apenas com a ajuda do toque.

"Meus dedos são meus olhos", disse ela com um sorriso, sem dúvida familiarizada com minha perplexidade.

Quando soube que minha esposa e eu havíamos saído dos Estados Unidos para vê-la, dona Severina nos recebeu em sua casa. Descobrimos que é excepcional não só no bordado: ela trouxe ao mundo 16 crianças, das quais 12 sobreviveram, e cuidou delas sem a ajuda de ninguém durante a maior parte de sua vida. Pudemos sentir seu amor pelas duas filhas crescidas que ainda moram com ela dando-lhe assistência. Quando uma delas se levantou da cadeira, apenas pelo som do seu andar e de onde estava sentada, dona Severina sabia quem era, chamando-a então pelo nome para ver se o café estava pronto. Ela nos pede para encostar e relaxar; de alguma forma, sente que estamos inclinados para a frente em seu sofá já gasto.

Quando o café chega, ela ouve minha colherzinha mexendo o açúcar mascavo e vibrando contra a pequena xícara e diz baixinho para a filha mais nova: "Minha filha, traz um guardanapo para ele." Com isso chega um guardanapo bordado à mão para eu colocar a colher com mais tranquilidade no pires. Dona Severina sente o mundo ao seu redor com tanta facilidade que me sinto envergonhado por suas habilidades.

Conheci e trabalhei com muitos observadores capacitados, mas essa mulher despretensiosa, vivendo uma vida de cuidados, propósitos, contra tantas adversidades, triunfando pelo aprimoramento dos seus dons pessoais, era uma das mais observadoras e astutas que já conheci. Foi durante aquele breve encontro em 1984 que compreendi que existe ainda um nível mais elevado do que a mera consciência. Dona Severina possui uma consciência esclarecida. Quando a observação e a consciência situacional são combinadas com curiosidade e cuidado, o resultado é uma consciência esclarecida – o reino da verdadeira excepcionalidade.

A consciência esclarecida é a capacidade de observar e decodificar o mundo ao nosso redor de acordo com o contexto, com o mínimo possível de parcialidade, por meio do uso de todos os nossos sentidos disponíveis, de modo que, pelas nossas experiências, pelo aprendizado e pelo conhecimento acumulados, possamos extrair conclusões poderosas que forneçam insights imediatos, significados, pistas ou mesmo ações a serem tomadas para o nosso benefício e o dos outros.

Isso não é nenhum tipo de alquimia da nova era. É uma metodologia testada e comprovada. É o piloto Sully Sullenberger observando atentamente suas opções imediatas, aplicando em minutos décadas de experiência em aviação nas tomadas de decisão de vida ou morte enquanto luta para controlar um jato A320 caindo do céu com 155 vidas literalmente em suas mãos. É a renomada primatologista Jane Goodall, que passou milhares de horas observando primatas, sempre de maneira amorosa, em uma selva infestada por mosquitos da malária, transformando a forma como vemos nossos primos mais próximos e, portanto, a nós mesmos. É o inventor Thomas Edison, que deixou a escola aos 6 anos de idade, mas que gerou mais de mil patentes por suas invenções, como iluminação elétrica, distribuição de energia, fonógrafos e gravações de som, mineração, produção de cimento, filmes e telegrafia – para citar algumas poucas – mediante observação, teste e validação, de forma incansável e repetidamente. É Marie Curie, que, com seu marido Pierre, descobriu o rádio e o polônio e suas propriedades radioativas, e a capacidade dos raios X de ver através da pele, levando a pesquisas sobre seu uso para combater tumores e cânceres. São os dois irmãos de Ohio, Orville e Wilbur, que consertavam bicicletas para ganhar a vida, mas começaram a se perguntar como os pássaros voavam, o que os levou, ao longo de anos de aprendizagem arriscada e meticulosa, a inventar o primeiro avião motorizado totalmente manobrável, que tiraria os humanos do chão. Por fim, é uma artesã brasileira já idosa discernindo instantaneamente o que é necessário quando ouve o tilintar da colher batendo na xícara de porcelana, som que, para a maioria das pessoas, nada traz de significativo.

Nós somos os beneficiários daqueles com consciência esclarecida. Mas eles diriam que também o são. E como não seriam? A questão é essa. A consciência esclarecida não é um ônus, mas um presente que nos damos – e também ao mundo. Tal fato talvez explique por que a ex-primeira-dama e ativista social Eleanor Roosevelt disse: "Acho que, no nascimento de uma criança, se uma mãe pudesse pedir a uma fada madrinha para dotá-la do presente mais útil, esse presente seria a curiosidade."

A consciência esclarecida permite absorver tudo que é conhecido e experimentado, o antigo e o novo, e, dessa forma, aprofundar sua compreensão sobre as pessoas por meio da sua dedicação e do seu interesse contínuo, livre de preconceitos. De início, não de maneira perfeita, mas aperfeiçoando-se, aos poucos, com a prática.

Em poucas palavras, funciona assim:

› Você resiste à tentação de atribuir padrões e explicações de imediato. Não é o momento de tentar ser o aluno mais inteligente da turma levantando a mão para dar a resposta. Em vez disso, faz uma pausa e deixa o que ainda está por vir falar com você.
› Já livre de ideias preconcebidas, você faz perguntas neutras sobre o que observa:
- O que estou observando?
- O que isso pode significar?
- Como o contexto interfere?
- Existem antecedentes a considerar?
- De que forma isso pode ser importante e útil?
- Como se relaciona com o que já sei?
- Devo buscar mais informações ou conhecimento?
- Isso pode ser melhorado?
- Alguma coisa precisa de atenção especial?
- Todos estão à vontade?
- Preciso dar uma resposta?

Conduzir ou, particularmente, fazer um negócio crescer requer muitas perguntas abrangentes; e, para os excepcionais, quanto mais perguntas, melhor. Questionamentos, curiosidade, validações constantes estão no cerne das empresas de sucesso.

E se a Nokia tivesse buscado essa compreensão maior, essa consciência esclarecida? E se, sem preconceitos em relação ao próprio produto, tivesse procurado o que era tendência ou um modo mais inteligente de interagir com os celulares? E se tivesse perguntado: existe um jeito melhor?

Nenhum líder ou empreendedor pode exercer influência, aproveitar oportunidades e tendências ou superar potenciais obstáculos e perigos se não conseguir ir além da observação e entrar no reino da consciência esclarecida.

Esse tipo de consciência pode assumir várias formas. Muitas vezes, ao longo da minha carreira no FBI, tive que olhar para além do que era dito, questionar o que sabíamos, reexaminar informações antigas e explorar novos caminhos para determinar a verdade. Em um caso de espionagem, uma mulher que havia trabalhado como datilógrafa para o Exército americano na Europa e tinha algum tipo de autorização secreta tornou-se suspeita, pois muitos dos documentos desaparecidos vinham de sua unidade. Durante nossas primeiras entrevistas, ela contou uma história relativamente crível. E, como a evidência estava nas mãos dos soviéticos, era impossível para nós corroborar ou refutar o que ela informava.

Poderíamos acreditar no que nos diziam ou poderíamos examinar outros aspectos nos quais ainda não havíamos focado.

Quando se trata de espionagem, poucas pessoas têm acesso a tudo que é necessário para atingir a meta que lhes foi designada e são tão pobres de caráter que estão dispostas a trair seu país. Então fizemos uma pergunta diferente: quem nessa investigação reunia oportunidade, personalidade, história pregressa e vontade de infringir as leis?

Começamos, sistematicamente, a seguir essa linha de investigação. Quem teve acesso a esses documentos classificados? Quem sabia quais documentos seriam mais valiosos? Quem tinha liberdade para viajar e levar os documentos? Quem precisava de dinheiro para drogas e álcool ou um estilo de vida extravagante? Quem tinha um histórico de quebrar regras, não cumprir exigências ou cometer infrações menores repetidamente? Quem era hábil em mentir e tinha traços de psicopatia – indiferente, sem remorso, disposto a colocar os outros em risco?

No final, apenas uma pessoa se encaixava nessa descrição. Uma única pessoa era tão fria e calculista que estava disposta a trair seu país por dinheiro. Então persistimos e, com o tempo, sua história começou a desmoronar, até que finalmente ela admitiu o crime. De fato, por tudo que admitiu ter feito, ela pintou o quadro de uma pessoa sem moral, sem julgamento e respeito à lei. Sua história inicial fazia sentido superficialmente, mas a consciência esclarecida informava que é preciso ter determinadas características para cometer um ato de espionagem repetidamente. Ela exibia todos esses traços: tinha um estilo de vida imprudente, abusava das drogas, infringia as regras com frequência, mentia, trapaceava e muito mais. Selecionando o que sabíamos sobre sua experiência e expandindo nosso raciocínio com base no que relatava, pudemos fazer as perguntas certas e seguir o curso que acabou revelando a verdade.

A consciência esclarecida pode vir à tona sempre que você escolher atentar aos fatos ao seu redor. Todos nós participamos de reuniões rotineiras, muitas vezes a contragosto. Frequentemente a pessoa que lidera o encontro chega, faz uma contagem rápida para garantir que todos estejam presentes e, em seguida, passa para o assunto principal.

Muitas informações são perdidas pela maneira que nos são passadas.

Quando participo de uma reunião, faço questão de discernir o que está acontecendo antes mesmo de entrar na sala. O que todos estão fazendo? Estão tendo conversas privadas e sérias ou batendo papo descontraidamente? Alguém parece estressado ou preocupado? Quando a porta se abre, quem entra na sala primeiro? Quem está com pressa e quer terminar logo a reunião? Quem está dando prioridade ao celular em vez de se conectar com as pessoas ao seu redor?

Na sala emergem também informações adicionais: quem está de pé ou sentado ao lado de quem? Quem está ocupado enviando e-mails ou passando a mão na testa enquanto pondera sobre alguma mensagem de texto? Existem sinais indicativos de que pode haver problemas, discórdias ou ansiedade – como lábios apertados, braços ou mãos contraídos, pessoas evitando contato visual (e com quem?), pessoas sentadas lado a lado, mas afastadas uma da outra? Alguém se mostra ansioso com medo de ser escolhido para falar primeiro? Há problemas não resolvidos da reunião anterior?

Mesmo as reuniões virtuais podem fornecer muitas informações se analisarmos os gestos e as expressões dos participantes – dos inquietos aos distraídos: aqueles com lábios contraídos ou passando a mão no pescoço (esfregando ou puxando a pele sob o queixo) e que falam sob tensão ou demonstrando preocupação, ou os que estão mexendo a mandíbula sinalizando descontentamento crescente. Eu diria que as reuniões virtuais exigem que sejamos observadores ainda melhores, uma vez que, consciente e inconscientemente, nosso cérebro está ainda mais atento para entender cada pequena janela de informação visível na tela. Não estamos apenas tentando decifrar um ao outro; nosso cérebro também está atento querendo decodificar o que justifica Phil estar tão perto da câmera, a razão pela qual aquele quadro ao fundo está torto, o motivo de Len estar vestindo a mesma camisa três dias seguidos e por que Zoe tem um pôster de Barry Manilow na porta. Nosso subconsciente é compelido a "fazer hora extra", avaliando os vários locais (sala de estar, escritório, cozinha, etc.) ou imagens que aparecem na tela, além de monitorar as palavras e os gestos de todos os participantes. Não é à toa que as pessoas me dizem que se sentem exaustas depois de uma reunião virtual.

Em qualquer reunião da qual participo, se observo que parece haver problemas ou algo diferente do normal, vejo que tenho opções de ação e oportunidades de aprendizagem e insights onde antes não havia nenhuma. Posso optar por solicitar feedbacks durante o encontro para ver se os que demonstram desconforto colocarão na mesa suas preocupações. Se houver alguma relutância, posso convidá-los a expor suas preocupações nessa hora ou deixar as coisas seguirem e então encontrá-los individualmente para tentar entender o que está acontecendo. Decidir como jogar é resultado da observação esclarecida, pois essa decisão deve ser tomada no momento certo com base na maior consciência contextual, que vem com a prática de nossas habilidades de observação, juntamente com o conhecimento da situação e dos indivíduos envolvidos. Não queremos deixar pessoas mais reservadas sentirem-se desconfortáveis, pressionadas quando solicitadas a expor suas preocupações na frente de outras pessoas. A política interpessoal também pode entrar em cena quando outros ridicularizam ou excluem a pessoa que expressa diferenças ou discordância. Entretanto, a ideia é fornecer a oportunidade para que outros sejam ouvidos ou validados – e às vezes é importante que o grupo veja e experimente esse processo. Não há uma resposta única, pois a dinâmica de cada situação é tão singular quanto o novo dia que nasce. No entanto, quanto mais você usar suas habilidades de observação para entender essas dinâmicas, mais sua perspicácia e seu sucesso na avaliação em tempo real aumentarão e estarão à sua disposição quando precisar, permitindo que você traga todo o seu conhecimento, sua habilidade e consciência do contexto para alcançar um objetivo.

Além de demonstrações de desconforto (as mais comuns estão listadas em "Como observar reações não verbais", na p. 109) e relutância em falar, observar o que alguém se adianta em dizer fornece informações sobre suas prioridades ou seus sentimentos. Também é reveladora a pessoa que sempre inventa desculpas para um desempenho abaixo da média. Como uma médica na elegante cidade de Coral Gables me disse: "Notei que havia problemas com o gerente da clínica quando comecei a ouvir suas desculpas para não me apresentar imediatamente as informações financeiras que eu solicitava." Com o tempo, a cirurgiã percebeu que esse gerente estava desviando dinheiro e a razão pela qual ela não tinha as informações pedidas era porque ele precisava de tempo para inventar uma mentira plausível. Algo tão inábil quanto a demora dele em apresentar o que foi pedido em várias ocasiões acabou sendo a primeira pista de que algo estava errado.

A consciência esclarecida permite que eu perceba o que está acontecendo – não com certeza absoluta, mas com maior percepção das situações em vez de seguir em frente com meus objetivos preestabelecidos. É esse tipo de desatenção que contribui para a desarmonia e reforça a convicção, às vezes correta, de que os gestores não se importam ou não *captam* o seu entorno mais a fundo.

Muitas vezes, se um problema acaba no RH, é porque a gerência não estava suficientemente atenta. Um representante regional de um grande centro de serviço de fotocopiadoras contou-me como um antigo gerente não havia percebido que enviar dois representantes em viagem juntos invariavelmente causava problemas, porque havia muito atrito pessoal entre eles. Depois que o novo gerente analisou mais de perto a questão e percebeu que essa não era uma estratégia inteligente, bastou uma simples correção: mudar todas as duplas. A tensão no escritório diminuiu, assim como as reclamações dos clientes. Esses dois representantes dominavam seu ofício, mas simplesmente não se davam bem e nunca se dariam. Com base na experiência do novo gestor, a solução não foi forçar uma mudança de atitude, mas propor uma solução viável e sustentável. Três anos depois, o arranjo ainda funcionava bem.

Alvin Toffler disse uma vez sobre o futuro: "Os analfabetos do século XXI não serão aqueles que não sabem ler e escrever, mas aqueles que não são capazes de aprender, desaprender e reaprender." Quanto melhor observamos, mais rápido aprendemos. Quanto mais complexo o ambiente, mais crucial é a aprendizagem. O que é a vida hoje senão complexidade? Muita coisa acontece em um dia na escola, em nossas cidades cada vez mais tensas, em nosso espaço global digitalmente interconectado. Devemos observar e decodificar constantemente o que acontece ao nosso redor – seja vendo o que os clientes querem, navegando por uma crise ou percebendo que mudanças são necessárias para atender necessidades, carências e desejos da sociedade – para que possamos nos manter competitivos, prontos para qualquer momento decisivo que venha a surgir.

Quando me tornei adulto, as notícias locais e até o que acontecia no mercado financeiro em Nova York passaram a me interessar mais – se não exclusivamente. Mas isso foi há muito tempo. Com meu trabalho de consultoria, e por causa da diferença de fuso horário, o que acontece em Sydney, Pequim, Atenas, Roma, Berlim, Amsterdã, Londres e Québec geralmente precede os eventos daqui. Há novas demandas sendo colocadas sobre nós para entender o que também está além de nós – exigindo uma visão expansiva, porém focada e imparcial, que é exatamente a pedra angular da consciência esclarecida.

Isso soa imponente, talvez até intimidador, eu sei. No entanto, a consciência esclarecida começa com a aceitação de algo que cada um de nós possui e exercita desde o momento em que nascemos – algo, como você verá, que também é uma característica essencial para se tornar excepcional.

CURIOSIDADE:
O PORTAL DA CONSCIÊNCIA ESCLARECIDA

Como esses ovos grandes saem de uma galinha? Essa foi a pergunta que intrigou Jane Goodall aos 5 anos. Como conta, ela entrou no galinheiro e esperou horas para ver isso acontecer – sem avisar a mãe, que, angustiada, pensou em chamar a polícia para reportar o desaparecimento da filha. Essa busca por informações lhe estimulou outras perguntas e depois mais e mais. A curiosidade dela era e continua sendo ilimitada.

Essa mesma curiosidade levou Goodall do seu quintal ao Zoológico de Londres, dali ao Museu Britânico e por fim à África, aos 20 e poucos anos.

Lá o renomado antropólogo Louis Leakey ficou tão impressionado com a curiosidade e as habilidades de observação daquela jovem que, embora ela não tivesse diploma universitário, ele a contratou imediatamente.

Por meio dessa curiosidade, Jane Goodall descobriu que os macacos criam ferramentas, têm emoções e ciúmes tolos, podem ser cruéis, mas ao mesmo tempo amorosos, leais e carinhosos – são capazes de chorar seus mortos por dias. Ela alterou nossa compreensão dos primatas por meio de sua curiosidade. Nesse processo, mudou a forma como fazemos pesquisas e como os seres humanos veem a si próprios.

O perfil de Goodall é inspirador por causa do exemplo que fornece a todos nós. A curiosidade tem um valor próprio. Benjamin Franklin também a tinha, e de maneira ilimitada. Isso o levou a descobrir que o raio era eletricidade. A partir dessa observação, inventou o para-raios de modo a levar essa eletricidade diretamente para o solo, longe de estruturas de madeira que, ao pegarem fogo ao serem atingidas por raios, chegavam às vezes a incendiar bairros inteiros, já que ninguém sabia como controlar sua fúria – até que sua curiosidade permitiu que ele revelasse um dos mistérios do Universo. Franklin cedeu livremente sua invenção ao mundo para torná-lo um lugar mais seguro. Quando, anos depois, ele chegou à França como primeiro embaixador americano, seu presente para a humanidade fez dele um "popstar" de seu tempo – tudo por causa de sua curiosidade.

Aliás, ao navegar de Boston para a França como embaixador, Franklin estava curioso para saber por que os rios dos Estados Unidos congelavam nessas latitudes do norte, mas as correntes oceânicas eram relativamente quentes. Ao mergulhar um termômetro na água a cada hora, ele descobriu que a água quente vinha do sul. Sua curiosidade o levou a fazer a primeira observação científica do que hoje conhecemos por Corrente do Golfo – aquela rotação circular da água que começa no Caribe, percorre a costa leste dos Estados Unidos e depois circula no sentido horário em direção às Ilhas Britânicas. A curiosidade de um homem ajudou a explicar não apenas a migração de peixes, mas também as tempestades violentas e mortais que ocorrem com tanta frequência no Atlântico Norte.

Na minha vida, considero minha curiosidade uma bênção. Eu não estaria escrevendo sobre linguagem corporal nem teria sido um agente eficaz do FBI se não fosse por ela. Minha curiosidade infantil sobre a razão de as pessoas manterem a mesma distância umas das outras ao fazer fila para entrar no cinema surgiu ao me perguntar por que os pássaros se enfileiram de modo equidistante em uma linha em forma de rede, o que, por sua vez, me levou a explorar como a violação do espaço pessoal pode causar problemas entre as pessoas. Minha curiosidade infantil sobre tudo que era não verbal me levou ao estudo da comunicação não verbal na faculdade e ao longo dos 45 anos seguintes, e, por fim, a dar palestras e a escrever livros sobre o tema.

Felizmente meus pais estimularam minha curiosidade e eu nunca me afastei dela, embora às vezes esportes, trabalho pós-escola e eventos sociais tomassem bastante do meu tempo. Isso acontece com todos nós. Curiosidade é algo que todos nós temos quando somos jovens. De fato, ela impulsiona boa parte da nossa aprendizagem inicial – embora muitos de nós percam gradualmente o contato com esse impulso ao longo do tempo, distraídos por responsabilidades cada vez mais exigentes ou mesmo por uma educação formal, o que é surpreendente, ou quando outros nos desencorajam totalmente de ir atrás da nossa curiosidade.

Mas, por estar arraigada em nós, ela pode, sim, ser revigorada. De fato, pesquisas mostram que a curiosidade tem o mesmo efeito no cérebro que a expectativa de um prêmio em dinheiro, um bife suculento (se você come carne) ou uma droga (se você usa). A dopamina é liberada pelo cérebro para nos fazer sentir bem quando antecipamos uma recompensa ou, surpreendentemente, quando exercitamos a curiosidade. A natureza nos premia por sermos curiosos.

A curiosidade lança um extraordinário ciclo de feedback para a aprendizagem; ela nos leva a fazer perguntas. Perguntas levam à exploração. Exploração leva a descobertas ou novidades. Novidades contribuem para nossa base de conhecimento, o que leva a mais curiosidade e a mais perguntas. O ciclo continua. Compreensão e insight são construídos novamente como andaimes no cérebro, permitindo-nos escalar alturas cada vez maiores de investigação à medida que os anos passam.

A curiosidade pode fazer parte de nossas atividades diárias, mesmo em tempos difíceis. Em 1941, em plena Segunda Guerra Mundial, quando a maioria das pessoas estava preocupada com outras coisas, George de

Mestral, engenheiro civil, durante uma caminhada, notou que carrapichos grudavam nas meias e nos pelos do seu cachorro com tanta aderência que eram difíceis de remover. O que ele observou, milhões de pessoas já tinham visto ao longo dos tempos e você pode ter experimentado também depois de uma caminhada na floresta. Mas ele era curioso.

Mestral colocou um dos carrapichos sob um microscópio e viu que tinha apêndices minúsculos semelhantes a ganchos que se ligavam a qualquer coisa espiralada ou parecida com pelos ou cabelos. Aplicando a essa observação sua base de conhecimentos em engenharia, ele decidiu reproduzir essa maravilha da natureza. Ao longo de oito anos, por meio de inúmeros experimentos em técnicas de aproximação para obter a combinação certa dos materiais, ele inventou o fecho de "laço e gancho" – que agora chamamos de velcro –, que prende de forma rápida e segura tudo, desde sapatos infantis até o kit de ferramentas que um astronauta carrega no espaço.

Um homem, sem a ajuda de ninguém, passeando com o cachorro, com um pouco de curiosidade, inventa algo que todos nós usamos. Imagine se todos mostrássemos tanta curiosidade. Quantas pessoas passavam por lá e simplesmente olhavam, mas somente ele observou. Exercitar a curiosidade o levou ao nível da consciência esclarecida: olhar além, explorar, decodificar e entender. O resultado: inovação. Não se inova se não se observa.

Infelizmente, a curiosidade não é ensinada na escola ou na faculdade, mas deveria. Ela é capaz de revelar oportunidades ocultas e inimagináveis. Os excepcionais são exploradores justamente porque abraçam a curiosidade. Goodall, Franklin, Mestral, Edison, Pasteur, Curie, Galileu e tantos outros alcançaram a grandeza não por serem mais inteligentes do que os outros, mas pela curiosidade.

Dar liberdade de ação a ela é maravilhoso. E é possível também colocar sua curiosidade para trabalhar por você. Como agente do FBI, eu tinha que estar preparado para entrevistar pessoas do mundo todo – essa é a natureza do trabalho de contrainteligência. Você nunca sabe quem vai entrar pela porta. Pode ser alguém das Filipinas que foi abordado por um cidadão chinês para trabalhar em um centro de pesquisa nos Estados Unidos ou um desertor russo em busca de refúgio. Assim, no início da minha carreira decidi desenvolver minhas habilidades de comunicação exercitando a curiosidade amigável – sem ideias preconcebidas, vieses ou preconceitos – para aprender sobre os outros. Faço isso desde então.

Procuro entender os outros. Quero que eles se abram comigo. As pessoas farão isso se você demonstrar uma curiosidade que lhes seja amigável. Quando acham que estão sendo interrogadas, avaliadas ou julgadas ou se sentem inferiores, elas se calam. Como agente, essa era a última coisa que eu queria.

Muitas vezes, usando alimentos como uma forma de promover bem-estar e harmonia, ganhei a confiança dos outros ouvindo e sendo genuinamente curioso sobre de onde vinham e como era sua vida nesse lugar de origem. Para trabalhar nas reservas indígenas no Arizona, por exemplo, tive que mergulhar fundo para aprender sobre sua cultura e ser capaz de ter empatia e me comunicar de forma eficaz. Nenhuma das minhas leituras e, certamente, nada da televisão ou do cinema me educou tanto quanto compartilhar um pão com os índios Havasupai e conhecer sua cultura e seus costumes. Sentar-me com refugiados palestinos na Jordânia abriu meus olhos para a perspectiva do que eles chamam de *al naqba* (a catástrofe) – o êxodo em massa de árabes palestinos quando o Estado de Israel foi criado. Ouvir as lamentações de um atleta armênio que perdeu sua família pelas mãos dos turcos otomanos durante o Genocídio Armênio, entre 1915 e 1917, deixou claro o horror do que os seres humanos podem fazer a outros seres humanos. Por meio da minha escuta amigável, eles se entregavam a mim em confiança e as informações que me passavam em troca preenchiam centenas de folhas de papel.

Em muitos dos casos, não conseguia ajudá-los quando a conversa pendia para seus problemas pessoais ou ressentimentos: havia pouco que eu pudesse fazer em relação à alta taxa de alcoolismo nas reservas indígenas ou quanto a uma condenação pendente por homicídio, mas eu conseguia compreender suas perspectivas, mesmo que de maneira imperfeita, porque reservava um tempo para ouvi-los, para perguntar, de modo amigável, como eles viam a realidade. Desde aquela época até hoje, meu trabalho nunca foi o de convencer ninguém de nada. *Faz parte* do meu trabalho como ser humano pensante e sensível praticar a curiosidade amigável para que eu possa entender melhor as diferentes realidades da vida. Em meu trabalho, sempre consegui extrair, mesmo daqueles indivíduos mais desconfiados ou extremamente hostis, algo de valor exercendo minha curiosidade amigável. Passei horas falando sobre a vida de um preso antes de abordar o crime do qual fora acusado. Foi essa curiosidade amigável – uma abordagem afável que busca apenas entender – que, na maioria das vezes, ajudou as pessoas a se sentirem à vontade para se abrir.

As interações diárias – mesmo em uma corrida de táxi – podem ser um laboratório de aprendizado, graças à curiosidade amigável. No táxi, costumo começar perguntando ao motorista: "Como está seu dia hoje?" Dependendo da resposta, também pergunto: "Há quanto tempo você está de serviço?" Se está disposto a conversar, estou sempre interessado em saber como ele entrou no negócio. Se parecer conveniente, às vezes pergunto sobre a família dele ou de onde é, para, então, eu compartilhar meu histórico como refugiado nos Estados Unidos. Curiosamente, ninguém nunca se recusou a responder às minhas perguntas.

Eles falam sobre os alimentos de sua cidade natal dos quais sentem falta ou do país de origem; das coisas que valorizam, como a educação dos filhos ou os avós. É sempre esclarecedor e sempre me sinto melhor depois desses momentos. Talvez seja a descarga de dopamina ao aprender algo novo.

Você pode se perguntar: "Por que isso é importante? Eu nunca mais vou ver essa pessoa." É, talvez não. Mas se está fazendo essa pergunta é porque está perdendo o foco. Quando você se interessa pelos outros, eles, por sua vez, se interessam por você. Eles lhe oferecerão cortesias e privilégios que de outra forma você não receberia ou teria. Vi preciosas fotografias de família; me ofereceram doces do Líbano (muito bons) e orações para que minhas dores nas costas melhorassem; fui levado a maravilhosos restaurantes locais afastados, os quais eu nunca teria descoberto; me convidaram para jantares, encontros para um café, recitais e muito mais, tudo por causa do meu interesse pelos outros. Sem sombra de dúvida, sempre que pude conversar longamente com alguém, fiz uma nova amizade. E mais uma coisa: estou aprimorando uma habilidade poderosa – curiosidade amigável aliada à conversa –, um processo duplo que exploraremos nos capítulos 3 e 5 –, que sempre funcionou bem nos momentos em que mais precisei.

Em 1936, Dale Carnegie publicou *Como fazer amigos e influenciar pessoas*. Nove décadas mais tarde, alguns acham que suas ideias podem estar desatualizadas. Mas há sabedoria no que Carnegie disse. Se você quer ser interessante, interesse-se pelos outros. Como meu amigo e colega autor Robin Dreeke enfatiza em seu livro *It's Not All About Me* (Não é tudo sobre mim), torne-os o foco da conversa, e não você, e logo os conquistará.

Por meio da curiosidade amigável você aprende o que nenhuma aula da faculdade ensina: como se envolver, como se adaptar, interagir, lidar com controvérsias, superar medos ou suspeitas, inspirar confiança, estabelecer afinidade rapidamente e como permanecer em segundo plano, apenas ouvindo e aprendendo. O general Norman Schwarzkopf Jr. disse uma vez a um grupo de agentes do FBI que havia aprendido isso com seu pai, que estivera baseado no Irã na década de 1940. "Quanto mais você fala com pessoas de diferentes grupos e tribos, mais fácil se torna a comunicação", enfatizou, especialmente com pessoas que você vier a conhecer. Essa é uma lição para todos os empresários no nosso mundo interconectado. O que fazemos agora, apenas reservando tempo para conversar com os outros, pode nos preparar para o que quer que possamos encontrar no futuro.

Para ser excepcional, deixe a curiosidade entrar em sua vida e florescer. Reserve um tempo para ser curioso. Não apenas em uma área, mas em muitas – qualquer uma que lhe interesse, e algumas que você não tem certeza de que serão interessantes, mas das quais decide ficar a par apenas para ver do que se trata.

Bastam alguns simples passos de investigação, mesmo durante uma caminhada, como fiz recentemente. Seguro a mão de minha sobrinha Aja enquanto andamos pela plataforma de madeira sobre o lago. Estamos esperando que a tartaruga que estava na superfície respirando apareça novamente. Ativamos o cronômetro no meu relógio e aguardamos. Dessa forma, estamos praticando a paciência na observação, bem como o método científico. Por fim, depois de 47 segundos, sua cabeça emerge. Quase não há ondulações na água. Ficamos maravilhados com o silêncio com que ela se move. Deve ser por instinto de sobrevivência, especulamos, ou para se alimentar. Isso nos leva a pesquisar por quanto tempo uma tartaruga pode prender a respiração debaixo d'água, o que também nos aguça outras curiosidades: como um jacaré afunda suave e silenciosamente na água sem causar ondulações (perfeito para predação) ou, em outra caminhada, como um beija-flor do tamanho do meu polegar pode pairar e voar sem esforço para trás e para a frente em busca de néctar. Como isso é possível? Então voltamos e buscamos livros e fotografias on-line. Assim, o maravilhoso ciclo de feedback da curiosidade preenche aquele aspecto da humanidade que sempre nos motivou a olhar além, a viajar, explorar e imaginar. Tivemos uma "aventura" de aprendizado que Aja conta para a família, animada com seu novo conhecimento.

Essa informação resolverá algum dos problemas do mundo? Não. E não é por isso que fazemos essas coisas. Nós nos permitimos, por alguns momentos, observar, questionar, especular, expandir nossas mentes – uma aos 6 anos de idade; o outro, aos 66. É a pura alegria da vontade de conhecer o mundo que impulsiona nosso comportamento. Mas, ao nos permitirmos refletir e ponderar, estamos construindo esse precioso andaime neurológico que sustentará uma vida inteira de aprendizagem, de observação das nuances mais sutis, de mudanças e novidades que muito nos servirão no futuro.

COMO OBSERVAR REAÇÕES NÃO VERBAIS

Anos atrás, eu realizava um treinamento comportamental no hotel Ritz Carlton, uma bela instalação com a vista fantástica da Baía de Sarasota, na costa oeste da Flórida. O gerente e eu estávamos no saguão discutindo as melhores práticas comportamentais antes de a aula começar quando educadamente ele pediu licença e se retirou. Um casal tinha saído do elevador e ele pôde perceber que queriam algo enquanto olhavam em volta, lábios cerrados, aparentemente insatisfeitos. Outros talvez tivessem visto o que vimos, mas o gerente se antecipou à situação.

Apenas ver aquela linguagem corporal foi o suficiente para ele agir imediatamente, guiando o casal até o porteiro, que, então, os acompanhou pelo corredor.

"Que reação rápida", falei impressionado quando ele voltou. Então ele me respondeu dizendo o que líderes excepcionais seguem: "Se percebo que alguém precisa de algo e espero que venha até mim, eu falhei. Nossa equipe é treinada para prestar atenção em qualquer pessoa que demonstre precisar de assistência, e não esperar que venha até nós. Nós vamos até ela."

Pense por um instante nesse padrão de atendimento. Sim, é uma empresa de hotelaria; consequentemente você espera um serviço atencioso. Mas lembre-se dos hotéis onde esteve e que falharam nesse padrão. Provavelmente a maioria deles.

Observar comportamentos não verbais abre um mundo de informações que podem ajudar você a ser mais capaz, influente e eficaz. Ao ver o pé de alguém virar de repente em direção à porta enquanto ainda está conversando, saiba que ele está indicando que precisa ou quer sair, mesmo antes de dizê-lo. Ao se aproximar de um grupo conversando e perceber que os pés dessas pessoas não se movem e elas continuam a se encarar apesar de sua aproximação, você pode concluir com bastante precisão que elas não querem ser interrompidas. Ter esse nível maior de consciência lhe será bastante útil.

Embora existam muitos livros sobre linguagem corporal (ver a seção Bibliografia e Referências), incluindo o meu, eis 12 comportamentos que penso serem muito úteis em qualquer ambiente, seja no trabalho, entre amigos ou em casa. Das centenas de comportamentos que discuto em *The Dictionary of Body Language* (O dicionário da linguagem corporal), estes são importantes porque são particularmente precisos ao informar que algo não está correto, que há preocupação ou algum problema. As pessoas excepcionais se aprofundam na compreensão dos outros, e nada alcança isso de forma mais rápida do que pelas mensagens que captamos de um corpo e que chegam até nós na velocidade da luz, sem exageros. Mensagens que revelam, em tempo real, pistas sobre pensamentos, dúvidas, desejos ou apreensão dos outros. Portanto, eis 12 comportamentos que irão ajudá-lo a começar a alcançar essa maior consciência que os indivíduos excepcionais buscam, em casa ou nos negócios:

1. **Franzir as sobrancelhas.** A área entre os olhos e logo acima do nariz chama-se *glabela*. Quando a glabela é franzida, geralmente há um problema, preocupação ou aversão. Esse sinal universal pode acontecer muito rapidamente e ser difícil de detectar, mas é um reflexo preciso dos sentimentos. Algumas pessoas franzem a testa quando ouvem algo perturbador ou estão tentando entender o que está sendo dito. O sentimento é comunicado com o emoji ><.

2. **Tocar as pálpebras.** O toque momentâneo das pálpebras pode ser uma forma de cobrir os olhos para aliviar alguma tensão. Muitas vezes, quando alguém diz algo que não deveria, as pessoas próximas tocam ou coçam as pálpebras fechadas – isso é um bom

indício de que algo impróprio foi expresso. Frequentemente vemos isso acontecer com políticos quando um fala algo errado e o outro percebe. Quanto mais tempo os dedos tocam as pálpebras, maior é o estresse sentido. Tocá-las realmente ajuda a nos acalmar e liberar o estresse.

3. **Cobrir os olhos.** Cobrir os olhos repentinamente com a mão ou os dedos demonstra um comportamento de bloqueio associado a um evento negativo, como receber más notícias ou informações ameaçadoras, ou até mesmo uma forma de se acalmar. Também indica emoções negativas, preocupação ou falta de confiança. Podemos ver isso em pessoas que foram pegas fazendo algo errado. Curiosamente, crianças congenitamente cegas também cobrem os olhos em vez dos ouvidos quando ouvem algo desagradável. Esse comportamento está claramente bem estabelecido em nossos circuitos primitivos para bloquear a informação que chega (visual), mas o toque ou fechamento dos olhos também serve para nos tranquilizar ou acalmar.

4. **Torcer o nariz ("nariz de coelho").** Um dos sinais que transmitem o sentimento de desgosto geralmente envolve torcer o nariz, enquanto a pele se contrai em cima do nariz junto com o músculo subjacente (o nasal), bastante sensível às emoções negativas. Muitas vezes, esse gesto faz com que os cantos dos olhos próximos ao nariz se comprimam. A partir dos três meses e às vezes até mais cedo, os bebês torcem o nariz quando sentem o cheiro de coisas das quais não gostam. Esse sinal de desaprovação permanece conosco por toda a vida. Quando cheiramos ou mesmo vemos algo de que não gostamos, o músculo nasal se contrai involuntariamente, revelando nossos verdadeiros sentimentos.

5. **Comprimir os lábios.** Ao longo do dia, à medida que deparamos com eventos negativos, pensamentos ou preocupações desconfortáveis, os lábios se comprimem, transmitindo com precisão, mesmo que apenas por um instante, nossas preocupações. Essa é uma pista rápida de que algo está errado. A compressão labial pode ser muito sutil ou intensa a ponto de os lábios serem apertados com tanta força que chegam a desaparecer.

6. **Franzir os lábios.** Franzir os lábios (comprimi-los firmemente formando um "bico") é comum quando discordamos de algo ou estamos pensando em uma alternativa. Vemos com frequência esse comportamento quando o público discorda do que está sendo dito ou sabe que está errado. Quanto maior o bico para a frente ou para o lado, mais forte é a emoção, que geralmente é negativa ou alternativa (ver tópico a seguir).
7. **Franzir os lábios lateralmente.** Nessa forma de comunicação não verbal, os lábios franzidos formam um bico para o lado, alterando significativamente a aparência da pessoa. Em geral, isso acontece rapidamente e pode ser mantido por alguns segundos. Esse é um gesto muito enfático que diz: *Tenho problemas reais aqui; não gosto do que me perguntaram, do que acabei de ouvir ou para onde isso está indo.* Esse elemento não verbal é altamente preciso para indicar que existem problemas sérios. Quanto mais intenso o gesto ou quanto mais tempo durar, maiores são o desconforto ou o estresse vividos.
8. **Deslocar a mandíbula.** O deslocamento da mandíbula ou seu deslocamento repetitivo de um lado para outro é um tranquilizante eficaz. Em algumas pessoas, porém, pode ser simplesmente um cacoete; portanto, observe quando e com que frequência isso ocorre e procure outros sinais de desconforto. A maioria faz isso com pouca frequência; nesses casos, é um bom indicador de incômodo. Essa pessoa tem dúvidas, não está convencida ou está incrédula.
9. **Cobrir a incisura supraesternal.** Tocar ou cobrir a "covinha do pescoço" ou incisura supraesternal (a cavidade do pescoço abaixo do pomo de adão e logo acima da parte superior do tórax) indica preocupação, problemas, dificuldades, insegurança ou medo. Os homens tendem a tocar o pescoço ou a garganta com força ou cobrir essa área com toda a mão enquanto ajustam a gravata ou o colarinho. As mulheres tocam essa área com mais frequência do que os homens e tendem a fazê-lo com mais leveza, com as pontas dos dedos. De qualquer forma, cobrir o ponto mais fraco do corpo significa que existe um problema.

O gesto de cobrir o pescoço quando nos sentimos ameaçados provavelmente deriva das inúmeras vezes que a espécie humana testemunhou predadores, como os grandes felinos, atacando o pescoço de suas presas.

10. **Dedos retos entrelaçados ("mãos em tenda").** Quando o estresse, a ansiedade ou o medo estão altos, as pessoas se acalmam entrelaçando os dedos e esfregando-os lentamente uns contra os outros. A fricção alivia a tensão estimulando os nervos. Esse é um dos melhores indicadores de que alguém está severamente estressado. Na verdade, "reservamos" esse comportamento para quando as coisas estão realmente ruins; no restante do tempo apertamos as mãos ou as esfregamos uma na outra.

11. **Arejar o corpo.** Quando nos pedem que façamos algo ou fazem uma pergunta e precisamos nos arejar para responder – levantando a roupa, puxando o colarinho, ajustando as meias, etc. –, estamos comunicando que algo nos incomoda. A temperatura da pele pode mudar em menos de um quarto de segundo. Arejamos o corpo para nos refrescar sem pensar conscientemente sobre isso, o que muitas vezes revela que estamos desconfortáveis ou constrangidos.

12. **Mexer o tornozelo.** Algumas pessoas torcem ou mexem repetidamente o tornozelo (de um lado para outro) em uma demonstração de inquietação, animosidade, irritação ou ansiedade. Geralmente ocorre quando a pessoa está em pé, o que pode fazer todo o corpo tremer – isso é bastante perceptível pelos outros, mas não pela maioria das pessoas que faz o gesto.

Ao começar a praticar a observação de reações não verbais, mantenha os seguintes pontos em mente:

› **A linguagem corporal revela muito, mas não tudo.** Podemos nunca saber o que causa um comportamento, mas podemos observá-lo acontecer e perceber o que o precedeu. Isso nos dá a oportunidade de observar ainda mais, de perguntar e, se necessário, como o gerente do Ritz Carlton fez, de intervir.

> **Na dúvida, acredite no corpo.** Aprendi em meus mais de 40 anos de experiência que, se há um conflito entre o que é dito verbalmente e o que é transmitido de forma não verbal, acredite no corpo. É quase sempre o comunicador mais sincero. Por quê? Porque, antes de haver a linguagem falada, já existia a linguagem corporal, que tem sido nosso principal meio de comunicação por milênios. Assim, quando fazemos cara feia ao ser solicitados a trabalhar até tarde e, em seguida, ignoramos isso dizendo "Será um prazer", a reação negativa é muito mais precisa do que as palavras subsequentes de conformidade.

> **Concentre-se no quesito conforto/desconforto.** Pode parecer confuso quando você começa a observar as reações não verbais. É possível notar várias delas e não saber o que fazer com isso. Tente limpar a mente de suposições e apenas perceba o que você vê. Então pergunte a si mesmo: *Estou vendo conforto ou desconforto?* No início, concentre-se apenas nisso. A simples avaliação de conforto e desconforto pode levar você longe, porque, em essência, somos muito binários na forma como nos comunicamos.

Depois que pegar o jeito, trabalhe para dominar um ou dois comportamentos – por exemplo, tocar o pescoço e comprimir os lábios – para que, ao vê-los, não precise pensar neles. Você imediatamente saberá que algo não está certo ou que a pessoa está pensando em outra coisa.

Moral da história: seja nos negócios, em casa ou nos relacionamentos, uma habilidade de observação que você pode aplicar imediatamente para obter resultados igualmente imediatos é simplesmente avaliar o conforto e o desconforto em qualquer interação. Esse é o segredo para interpretar a linguagem corporal.

À medida que aprimora sua avaliação de conforto e desconforto, você pode ir mais longe, tentando decifrar o que os outros estão pensando, sentindo ou pretendendo, ou o que determinada situação pode significar. Eis alguns dos insights que podemos ter no dia a dia simplesmente observando elementos não verbais:

Perigo – Essa pessoa está me seguindo de novo?

Legitimidade – Sim, vejo que ele está com o uniforme da transportadora e que o caminhão da empresa está lá fora.
Insegurança – Harold parece preocupado; ele está apertando as mãos.
Hierarquia – Olhe quem está sentado ao lado do chefe hoje.
Preocupação – Esses lábios franzidos lateralmente informam que não vamos cumprir o prazo.
Medo – Claro que muitos alunos roem as unhas antes da prova.
Acessibilidade – Boa sorte ao tentar marcar uma reunião com ela; a porta do escritório dela está sempre fechada.
Respeito – Ela revira os olhos sempre que alguém discorda dela.
Desejo – Observe como esses dois se olham; estão tão apaixonados um pelo outro.
Vaidade – Ele não para de mexer no relógio e puxar a manga da camisa... com certeza ele se importa com a aparência.
Asseio – Ele se preocupa bastante em manter o cabelo sempre bem penteado.
Concentração – Não entraria lá agora; ele está tocando o queixo; provavelmente está trabalhando na agenda da próxima semana.
Tensão – Ela toca constantemente o pescoço; deve realmente precisar gabaritar a prova.

Imagine aumentar sua base de conhecimento muito além dessa pequena lista por meio da sua capacidade de observação. Você pode! As pessoas dizem que conhecimento é poder. O que é o conhecimento senão o acúmulo de observações reunidas para formar um reservatório profundo de compreensão?

É exatamente isso que as pessoas excepcionais sabem desenvolver e usar em tempo real. Elas fazem isso por meio da consciência esclarecida que vem da observação.

EXERCÍCIOS PARA FORTALECER SEUS PODERES DE OBSERVAÇÃO

Já dirigiu por algum lugar desconhecido, ou sem parar, procurando um estacionamento, sentindo-se estressado ou até mesmo exausto? Você pode não ter percebido, mas toda essa exaustão é por ter que observar – não só olhar – e estar ciente da situação à sua volta por um longo período, quando a maioria de nós não está acostumada a fazê-lo por mais de alguns minutos.

Mesmo com treinamento, pode ser cansativo encontrar-se em novas situações e tentar assimilar tudo que acontece. Lembro-me da minha primeira semana no escritório do FBI em Manhattan. Eu tinha 25 anos e acabara de chegar de Yuma, Arizona, onde um dia de trânsito intenso equivalia a quatro carros parados no sinal vermelho. Já Nova York, uma cidade de 7 milhões de habitantes, sobrecarregava toda a minha capacidade de observação.

Felizmente, dei uma volta pela cidade acompanhado de um agente mais experiente, o que me ajudou a fazer a transição de olhares e experimentar a nova sobrecarga sensorial a ser observada. Um dia, caminhávamos até a rua 51 leste, onde ele me mostrou como identificar os batedores de carteira. Eles trabalhavam em grupos, cada um vestido de um jeito. De repente paravam na calçada forçando as pessoas a esbarrar neles. Naquele confuso e curto espaço de tempo, alguém passava por trás da vítima e roubava o que estivesse acessível dentro da bolsa ou do bolso traseiro da calça. Já os batedores de carteira do metrô trabalhavam sozinhos, concentrados em homens de terno lendo jornal. Lentamente esbarravam neles como se estivessem distraídos e então, quando as portas do vagão se abriam, na correria das pessoas saindo, eles usavam um dedo para tirar a carteira do bolso da calça da vítima enquanto os outros dedos levantavam a carteira.

Depois que entendi o que deveria procurar, foi difícil não perceber o que antes facilmente passaria despercebido. Com o tempo e com base nessas experiências, aprendi a observar como espiões se comportavam. Isso levou minhas habilidades de observação e consciência situacional a um nível totalmente inédito. Nada como usar a contraespionagem como treinamento para procurar mínimos detalhes, como no caso de um suspeito andando pela calçada rente aos prédios, escondendo-se a céu aberto; ou sua crescente ansiedade de olhar o relógio vigiando as horas, porque deve estar no lugar certo na hora exata, caso contrário o encontro marcado será cancelado; ou o andar ligeiramente mais ereto porque o cérebro límbico hiperativo mantém a vigilância em modo fuga ou luta por meio do sistema simpático.

Aprender a observar é uma coisa; praticar e manter sua capacidade de observação é outra, uma vez que é uma habilidade limitada que precisa ser desenvolvida e praticada. Como uma cirurgiã da ala de trauma me revelou: "Quando chega uma vítima de acidente de trânsito com traumatismo interno grave, tenho apenas alguns minutos para evitar sua morte. A rapidez com que realizo meu trabalho baseia-se na minha habilidade de observar os sinais e encontrar o caminho que preciso fazer através da cavidade torácica para chegar ao ferimento. Quando retornei da licença-maternidade, no meu primeiro dia de volta ao pronto-socorro, senti-me lenta de raciocínio – em poucos meses, minha habilidade de observação havia enferrujado." A mesma coisa pode acontecer nos negócios. Quando não a praticamos, ou nos distraímos, perdemos nossa habilidade de observação.

A consciência situacional é estafante se você não estiver acostumado a ela ou quando se força a usá-la por longos períodos e sem preparação. No entanto, se for treinada todos os dias, fica fácil desenvolver força e resistência de observação, da mesma forma como se exercita um músculo.

Alguns destes exercícios podem não ser habituais para você e, por isso, parecer estranhos, mas valem seu tempo e seu esforço. Outros podem se mostrar mais fáceis – assim como algumas atividades são mais simples de fazer para você do que outras. No entanto, tudo se torna mais natural com a prática. Com paciência e dedicação, não há motivo para não conseguir aprimorar significativamente suas habilidades como observador.

Então levante-se, aprenda alguns truques para expandir suas habilidades e divirta-se!

EXERCÍCIO:
IDENTIFIQUE SEU CAMPO VISUAL

› **Vá para um lugar aberto ou uma sala grande e olhe para a frente.** Escolha um objeto ou um ponto ao longe ou em uma parede e concentre-se nele. Respire calmamente e tente relaxar os músculos ao redor dos olhos e em todo o rosto. Sempre mantenha o foco no objeto ou ponto que você selecionou.

> **Agora levante lateralmente os braços na altura dos ombros para formar um T.** Provavelmente você vai sentir seus olhos se mexendo levemente para a esquerda e para a direita a fim de ver o que está nas laterais. Inicialmente isso é normal, mas concentre-se em olhar para o ponto que escolheu à sua frente.
> **Mantenha os olhos fixos no ponto, mas relaxados, e flexione lentamente as mãos para a frente, balançando suavemente os dedos.**
> **Pare de mover as mãos e os dedos assim que conseguir enxergá-los facilmente enquanto ainda olha para a frente, focalizando o ponto escolhido.** Essa é sua *visão periférica*. Tudo que você vê, desde onde suas mãos estão posicionadas até o que está exatamente à sua frente, é seu *campo visual*. Você se surpreenderá com quanto sua visão pode alcançar, mesmo quando focada em algo à sua frente.

Inicialmente sua visão periférica não perceberá detalhes, mas detectará movimento. Isso por si só já é bastante eficaz: a visão periférica é capaz de discernir, em um cruzamento de quatro vias, qual veículo chegou primeiro ou qual deles está se movendo mais rápido.

Você conseguirá identificar o que está no centro do seu campo visual com mais precisão do que o que se encontra nas laterais. Isso é natural no sentido de ver as coisas cognitivamente – mas esteja a par de que seu subconsciente também processa informações, embora você possa não estar ciente disso.

Repita esse exercício uma ou duas vezes por dia durante uma semana para desenvolver a confiança de ser capaz de identificar coisas ou pessoas usando o canto do olho. Foi assim que me treinei para analisar alguém na minha frente enquanto conversávamos, mas também ver o que outra pessoa estava fazendo no limite do meu campo visual. Isso também ajuda a fazer a varredura visual de uma sala mais rapidamente sem deixar transparecer que você está tentando observar algo ou alguém.

EXERCÍCIO: VARREDURA

> **Mais uma vez, com os braços estendidos em forma de T, relaxe os músculos faciais ao olhar um ponto distante à sua frente.**

> **Agora peça que alguém lhe mostre, quase no limite do seu campo visual, uma foto ou um cartão com algumas palavras escritas.** Você será tentado a olhar diretamente. Resista, relaxe e mantenha os olhos fixos à sua frente.
> **Enquanto continua focando o ponto, solicite que a pessoa comece a mover a foto ou o cartão lentamente para a frente do seu corpo, em etapas.** Quando a imagem ou mensagem estiver perfeitamente clara para você, diga para parar. Quando e onde isso acontece dependerá de ser uma imagem, uma palavra ou uma frase.

Você notará que quanto mais relaxados os olhos e o corpo estiverem, mais a foto ou as palavras começarão, por fim, a aparecer. Objetos próximos do limite do seu campo visual nunca estarão perfeitamente nítidos, mas esse exercício começará a prepará-lo para observar uma área maior sem ter que olhar diretamente para cada parte dela.

O exercício mostra quão estreito é nosso campo visual nítido comparado ao nosso campo de visão geral. A maior parte do que observamos na vida é exibida fora de foco – e tudo bem. Mesmo de forma difusa, o cérebro ainda é capaz de discernir muito. Caminhamos, dirigimos e seguimos nossa vida todos os dias com várias coisas um tanto desfocadas; no entanto, nosso subconsciente as descortina. Ele permite detectar e olhar – em essência, funcionar. Mas, para realmente observar, é preciso foco.

Como fazemos isso, especialmente quando estamos em uma área espaçosa, como ao ar livre, onde há muito a ser focado? Fazemos uma varredura.

Varredura de informações
A varredura é o segredo para uma observação mais rápida e abrangente quando há muito a analisar – seja um piloto procurando uma pequena embarcação no vasto oceano ou um orador se dirigindo a uma centena de ouvintes. Ela permite incorporar mais informações rapidamente do que tentar se concentrar em uma coisa de cada vez, como costumamos fazer.

Se fez o exercício anterior, você entendeu que há muito que podemos capturar no limite do nosso campo visual e que nossos olhos selecionarão comportamentos, no caso de uma plateia, ou um fragmento de destroços no oceano se fizermos uma varredura – e mais rápido do que com o olhar excessivamente focado –, o que é importante para a consciência situacional.

O segredo é manter os olhos em movimento. Dependendo de onde você esteja, também pode ser necessário mover a cabeça para abranger uma área maior. Se está falando para uma plateia, você pode pensar que isso significa focar em cada rosto, um de cada vez, mas isso não é varredura. Varredura exige manter os olhos em movimento – seja para perto e para longe, da esquerda para a direita, para cima e para baixo –, e cada um faz isso de maneiras distintas.

À medida que você varre a área, o cérebro subconsciente registra as características faciais e a linguagem corporal geral do público. Ele tem essa capacidade.

Alguns momentos depois dessa varredura – suponhamos que seja um público pequeno –, você pode relaxar um pouco mais e desacelerar para que os músculos dos seus olhos não fiquem sobrecarregados e você não pareça estranho. Ao fazer esse exercício mais lentamente, você absorverá ainda mais informações, que o cérebro poderá usar para compará-las com o que você viu anteriormente.

Tente praticar a varredura em diferentes ambientes, andando pelos corredores e deparando com pessoas, ou esperando um compromisso ou uma reunião, enquanto observa os outros passarem. Especialmente no começo, você pode achar que é necessário fazer esse exercício várias vezes para capturar os detalhes que não foram identificados inicialmente. Tenha certeza de que seus olhos estão selecionando muitas informações antes que sejam percebidas conscientemente.

Você pode até praticar a varredura estacionária de outra pessoa. Suponha que esteja conversando com um colega de trabalho parado na sua frente. Nesse momento você pode fazer uma varredura sem mover os olhos. À medida que você fala, sem interromper o contato visual, faça a si mesmo perguntas como: que cor de sapato ele está usando? Está movendo os pés? O que as mãos estão fazendo? Ele está mexendo as mãos de maneira nervosa? Que tipo de relógio está usando? Há uma caneta no bolso e, se sim, de que tipo? Qual é a estampa da gravata? Se tudo isso é feito de forma correta, com os olhos relaxados, você não precisará olhar para os pés da pessoa para ver a cor dos seus sapatos ou diretamente para o pulso dela para ver o tipo de relógio que usa. Você está direcionando o foco mental (fazendo uma varredura) para áreas específicas que os olhos veem à frente e na periferia, mas sem mover os olhos. Tente isso com colegas de trabalho e, com o tempo, descobrirá que pode conversar e, ao mesmo tempo, coletar cada vez mais detalhes visuais do ambiente e das pessoas. Aquela puxada repentina no colarinho (para arejar) quando surge um tema político indica que há questões aí a serem evitadas. Quando alguém em um grupo mexe a mandíbula em resposta a uma pergunta, você terá a oportunidade de avaliar se há algo mais a ser explorado. Quando, no meio de uma conversa, a colega direciona o pé para a saída, você saberá que ela está sinalizando que precisa sair e que a conversa já pode ser encerrada.

Ao praticar a varredura, não se fixe em nenhum objeto (a menos, é claro, que você deva). Proponha a si mesmo a latitude que queira exercitar para absorver tudo. Você logo se surpreenderá com a quantidade de informações que pode absorver em duas ou três varreduras rápidas do ambiente. Se fizer isso caminhando ao ar livre e sentir que algo se move ou está vindo em sua direção, você poderá identificá-lo, mesmo através da sua visão periférica, forçando os olhos para abranger uma área periférica mais ampla, exatamente como um radar.

É fácil e divertido praticar a varredura no cotidiano. Em um restaurante ou em qualquer lugar onde as pessoas se reúnam, faça rapidamente esse exercício e adivinhe quantas delas estão presentes.

No começo, é possível que erre – talvez haja apenas 12 pessoas onde você pensava haver 20 –, mas, com a prática, o cérebro aprenderá a fazer esse cálculo vendo, e não contando. Não, você não está fazendo suposições; está deixando o subconsciente realizar o trabalho pesado de fazer literalmente o cálculo.

Por fim, com uma rápida varredura, será possível saber exatamente quantas pessoas estão presentes sem precisar contá-las individualmente. Tente. À medida que o cérebro começar a se adaptar a essa nova maneira de ver o mundo, os olhos, em conjunto com o cérebro, selecionarão detalhes ainda maiores.

Varredura de pessoas
Esta pergunta me é feita o tempo todo: *Como você faz isso?* Como sabe o

que todos estão fazendo em uma roda de amigos? É fácil, desde que se saiba fazer uma boa varredura. Você pode praticar a varredura de características faciais, movimentos, comportamentos dos pés e quaisquer outros elementos não verbais significativos.

Um dos seus benefícios é ser uma forma de observar as pessoas sem ser invasivo. Se eu olhar para você com muita frequência ou por muito tempo, isso afetará a maneira como se sentirá em relação a mim e, portanto, como se comportará. Se as pessoas acharem que você as está olhando, elas naturalmente ficarão desconfiadas e tensas. Dessa forma, evitamos a observação invasiva não olhando diretamente para as pessoas, e sim fazendo a varredura: olhamos *de passagem*, mantendo os olhos em movimento em vez de focá-las por longo tempo.

Tente essa técnica primeiro com familiares ou pessoas próximas. Se segui-la corretamente, eles provavelmente não notarão nada de diferente em você. Se perceberem, algo precisará ser acertado, porque você precisa transparecer naturalidade enquanto faz a varredura entre uma pessoa e outra, de forma espontânea.

Ou você pode praticar da seguinte forma: peça para alguém selecionar um trecho pequeno, de dez a quinze segundos, de um filme interessante que você ainda não tenha visto. Depois peça que o reproduza com o dobro da velocidade. Gosto de cenas curtas em que as personagens estão analisando um problema, recebendo más notícias ou descobrindo uma verdade há muito oculta. Explique o que você acha que estava acontecendo nas cenas aceleradas. Agora verifique quanto acertou. Você pode fazer disso um jogo, revezando com colegas, cada um praticando suas habilidades de varredura usando trechos de um filme para verificar quem percebe as situações com maior precisão.

Faça isso várias vezes com cenas e filmes diferentes e descobrirá que vai parar de focar em faces para começar a fazer varreduras. À medida que desenvolve essa habilidade, com o tempo você será capaz de interpretar rostos e tudo mais que está acontecendo na cena, e articular suas observações com maior clareza.

EXERCÍCIO: O JOGO DA ORDEM DAS CORES

Tente este exercício da próxima vez que entrar em um estacionamento:

> **Faça uma varredura à esquerda e à direita e observe as cores dos veículos sem focar individualmente neles.**
> **Depois de estacionar, pergunte-se:** quais eram as cores dos três primeiros carros à esquerda e dos três primeiros carros à direita e em que ordem apareceram?

No início você pode, sim, ter dificuldades, mas com a prática sua precisão aumentará. Por fim, você conseguirá se lembrar das cores dos seis ou sete primeiros carros de cada lado com uma única varredura. Mas continue praticando se quiser manter-se em vantagem.

EXERCÍCIO: OBSERVAR SEM OLHAR

> **Sente-se ao ar livre, com uma roupa sem mangas, e feche os olhos.**
> **Agora simplesmente ouça.** É provável que, no início, você fique tenso ou ache difícil se acalmar, porque não está percebendo os estímulos visuais – isso porque o enorme córtex visual, do tamanho do seu punho, precisa ser alimentado. Isso vai passar, você vai superar, apenas respire fundo e expire.
> **Ouça sua própria respiração.** Passe algum tempo apenas com essa percepção.
> **Mantendo os olhos fechados e sentindo-se mais relaxado, mude a atenção do som da sua respiração para os sons ao seu redor.** Veja se consegue identificar todos os sons que ouve e de onde vêm. Alguns ruídos parecem emanar de um único local? Outros chegam ou se afastam de você? Em breve você deixará de lado a necessidade de olhar e será capaz de identificar sons, localizando-os com precisão. Expire novamente. Mantenha os olhos fechados.

> **Agora preste atenção no movimento dos seus cabelos e dos pelos do rosto, do pescoço e dos braços.** Os pelos mais curtos e finos são estimulados à medida que o vento sopra, a temperatura muda, os veículos passam ou as pessoas se movem ao seu redor. Veja se consegue sentir a diferença entre cada um desses momentos – o longo e constante roçar do vento *versus* a pressão que sente à passagem repentina de um caminhão, por exemplo. Com o tempo, se você se der o prazer de observar de olhos fechados, sentirá quando alguém anda perto de você ou até mesmo entra na sala.

Sim, é possível observar de olhos fechados. Você tem sensores na forma de nervos por todo o corpo. Essas terminações nervosas percebem umidade, calor, ruídos, odores, pressão, movimento do ar, vibrações – todo tipo de coisa. Isso me impressionou muito em um dia inesquecível, quando estava em um elevador durante um terremoto. Meus sentidos estavam totalmente dominados pela situação; vibrações competiam com sons; as roupas tremiam no meu corpo, estimulando terminações nervosas de uma forma que eu nunca tinha experimentado antes; o balançar do solo subia pelos meus pés, fazendo-os tremer junto com o elevador que descia rapidamente; a corrente de ar que passava pelas pequenas frestas da porta contribuíam ainda mais para aquele momento perturbador. Eram tantas informações chegando ao mesmo tempo que tive que me paralisar para descobrir o que estava acontecendo, pois todos os meus sensores pareciam disparar juntos e de formas completamente desconhecidas. Talvez tenha havido um momento na vida em que você experimentou uma sobrecarga sensorial semelhante.

Assim como nos outros exercícios, você pode praticar a observação sensorial em qualquer lugar. Se estiver esperando alguém em um restaurante, resista ao desejo de olhar para o celular. Feche os olhos e apenas ouça. Que sons você escuta? De onde estão vindo? E no consultório médico? E sentado em um banco no museu? Ou em locais familiares onde costumamos nos desligar? No local de trabalho? No quarto, logo depois de acordar? No quintal?

Quando foi a última vez que você exercitou o olfato? Ao entrar em um veículo, que cheiro sente? E no elevador? Em um quarto de hotel?

E quando você entra em um supermercado, em uma loja de roupas ou de ferragens, em um posto de gasolina, em uma farmácia? Como são os odores, fortes ou sutis? Consegue sentir o cheiro de uma frente fria ou quente se aproximando? Você se surpreenderia com o que pode aprender ao prestar atenção.

No momento em que começa a fazer esses exercícios e jogos de observação, você fortalece as sinapses que o ajudam a observar e coletar informações. À medida que desenvolver sua habilidade de fazer a varredura de ambientes, atividades e elementos não verbais, você será capaz de avaliar os múltiplos estímulos que está recebendo em dado momento. Na rua, por exemplo: que horas são (sem olhar para o relógio ou para o celular)? Qual é a posição do sol em relação a você? Quem mais está perto? Quantos carros há lá?

No escritório, você poderá fazer uma varredura rápida dos rostos de todos os que chegam para uma reunião: quem está sorrindo e alegre? Quem parece preocupado, cansado ou está evitando contato visual? Não cabe a você fazer julgamentos, mas somente observar as informações que estão sendo transmitidas. Devem-se aplicar os princípios da curiosidade amigável. Estamos avaliando as informações disponíveis que sugerem algo, mas que, por si sós, não devem ser analisadas como conclusivas (no Capítulo 5 compartilharei um modelo para chegar a conclusões mais claras ao interagir com outras pessoas). Deixe que cada pessoa fale de forma não verbal à medida que você faz uma varredura rápida. Com o tempo, você será capaz de decodificar os comportamentos não verbais cada vez mais rápido.

Quanto mais exercitar suas habilidades de observação, mais proficiente se tornará. Mas, para chegar (e permanecer) lá, é preciso praticar como se pratica arremessar bolas de basquete ou tocar piano, do contrário essas habilidades diminuirão.

Portanto, teste-se e continue praticando. Transforme isso em um jogo. Abra janelas de entendimento nos ambientes com os quais você interage diariamente: domine a maravilhosa habilidade da observação.

OBSERVAR PARA CUIDAR

Quero deixar este pensamento: ser excepcional não é apenas exercitar seus poderes de observação para obter sua máxima eficácia. Envolve também *como* você exercita esses poderes.

A maneira como vemos o mundo e observamos os outros é muito significativa. Podemos fazê-lo de maneira bondosa e gentil ou com dura indiferença. Jane Goodall não via os primatas com superioridade clínica, como muitos cientistas que vieram antes dela fizeram. Ela os analisava com cuidado, apreciação, preocupação e uma consciência esclarecida das suas características únicas. Como resultado, conseguia enxergar seus detalhes mais íntimos: o vínculo intenso entre uma mãe chimpanzé e seu filhote; a permissividade que concedem aos filhotes para brincar, cair e expressar suas personalidades; os flertes e travessuras dos macacos mais velhos à medida que estabelecem relacionamentos; suas habilidades de fabricação de ferramentas – que chocaram os cientistas –, que passam para seus descendentes como se estivessem em uma sala de aula; a lamentação e o luto por seus entes queridos; o ciúme e as agressões, que às vezes podem assustar; bem como a cordialidade e a necessidade de abraços e beijos ternos que dão de modo sensato para manter a ordem social.

Nenhum cientista havia visto os primatas dessa maneira, com esse olhar, até Jane Goodall. Talvez o mais interessante de tudo: os próprios macacos reconheceram seu interesse amigável e empático e permitiram que ela se aproximasse mais do que qualquer um até então. A observação cuidadosa de Goodall fomentou a confiança necessária que lhe permitiu coletar ainda mais informações, uma vez que conseguia observá-los de um ponto de vista muito íntimo.

A partir do segundo em que nascemos, esse processo de confiança começa: alguém está lá, não apenas observando, mas observando com cuidado para nos entender e acolher. Perceba os pais observando seu recém-nascido. Eles não estão apenas admirando-o; estão profundamente focados, cada nuance daquele novo ser humano sendo percebida e lembrada: as mãozinhas que agarram e se contorcem; os lábios que se contraem quando há desconforto; as veias minúsculas que atravessam aquelas pálpebras finas como seda; os murmúrios suaves. Essas observações serão repetidas milhares de vezes nos dias e meses seguintes e ajudarão os pais a entender quando o bebê está com fome ou com frio e o que ele prefere: ser abraçado depois de mamar ou balançado suavemente antes da soneca. Ao mesmo tempo que os pais fazem isso, o bebê também os examina, construindo sua rede neural de conhecimento, lendo-os, avaliando-os – com os verdadeiros cuidados oferecidos por seus pais –, passando, assim, a confiar neles. Com o tempo, esse bebê se comunicará e se conectará com eles chorando, choramingando, fazendo caretas, sorrindo, dando risadinhas e estendendo a mão para ser levado ao colo.

Fomos projetados para cuidar uns dos outros. Para isso, no entanto, devemos ser capazes de observar as necessidades, as vontades, os desejos e as preferências dos outros. E devemos *querer* fazer isso.

Todos nós já lidamos com pessoas que não têm nenhuma ciência das necessidades do próximo. Elas ouvem você tossir, mas não lhe oferecem um copo d'água. Você está ao telefone gritando "Preciso anotar isso" e ninguém oferece papel e caneta. Você entra na loja empurrando um carrinho ou carregando um monte de pacotes e ninguém ajuda a abrir a porta. Alguém entra em seu escritório e começa a falar com você aparentemente alheio ao fato de que você está claramente imerso em uma tarefa complicada.

Talvez seja por isso que, quando encontramos pessoas que comprovadamente se importam com o outro – que tornam nossa vida mais fácil, que observam atentamente o que somos, que nos "captam" –, elas nos conquistam. O único atributo que esses indivíduos atenciosos e cuidadosos têm em comum é a capacidade de observar e decodificar o que está acontecendo e, assim, entender o que é necessário naquele momento. É a consciência situacional com a intenção de cuidar.

A vida bem observada é mais gratificante, interessante e certamente mais alegre. Faz sentido: estar ciente e atender as necessidades e sentimentos dos outros certamente melhora os relacionamentos.

Como é bom quando o marido, vendo que a esposa, trabalhando em casa, não saiu da escrivaninha por três horas e a ouvindo suspirar várias vezes enquanto luta para cumprir um prazo, traz a bebida favorita dela. Ou quando alguém deixa você passar na sua frente na fila para que você possa fazer suas compras antes que seu filho, que está agitado, comece a chorar. Ou quando sua chefe, percebendo que você estava mais quieto do que o normal na reunião, dá uma passada para perguntar como estão as coisas.

Quando me encontro com líderes corporativos, a conversa se volta rapidamente para o fator humano. Não importa o setor; estamos todos envolvidos com seres humanos. O maior consumidor do tempo, especialmente para os líderes, é justamente o fator humano: interagir com os outros e atender suas necessidades, seus problemas ou suas preocupações. Ser humano é cuidar. Para cuidar, precisamos estar atentos. Isso significa que devemos ser capazes de observar e compreender.

As pessoas me perguntam o que observo. Tudo que importa, eu respondo. O que importa? Qualquer coisa relacionada a necessidades, vontades, desejos, medos ou intenções das pessoas. Qualquer coisa em uma situação que seja diferente, nova ou incomum. Qualquer coisa que possa causar desconforto psicológico ou que possa contribuir para deixar alguém mais confortável ou à vontade.

Você não precisa ser Benjamin Franklin, Thomas Edison, os irmãos Wright ou Marie Curie para ser um mestre observador. Só precisa ser capaz de enxergar o que importa e tirar conclusões do que vê.

Por ser suscetível, a observação é uma habilidade perecível que precisa ser cultivada e desenvolvida – esse desafio está a nosso alcance e dentro dos nossos poderes. E você pode começar aqui, agora mesmo. Ela é útil para tudo que você faz, desde visitar uma nova cidade até iniciar um novo relacionamento ou conduzir negócios. Quando praticada diariamente, torna-se parte de quem você é. Você se torna aquela pessoa que tanto admiramos por ser interessante e interessada. Sua influência cresce à medida que você se torna mais amigavelmente curioso, mais observador, mais consciente.

Quer ser excepcional? Então faça o que indivíduos excepcionais fazem todos os dias. Observe o mundo com bondade, curiosidade e interesse genuínos, e isso o recompensará na mesma moeda. A observação vai ajudá-lo a pensar, vai prepará-lo para o que e como falar e lhe sugerirá ações que você pode tomar para ajudar os outros ou para melhorar sua própria vida à medida que se desenrola.

Jane Goodall resumiu melhor: "Somente se compreendermos, vamos nos importar. Somente se nos importarmos, ajudaremos..." É tão simples. Se você realmente quer ser excepcional, comece com essa habilidade poderosa e necessária, que abre caminho para a compreensão e leva a insights e cuidados: a capacidade de observar.

TRÊS

Comunicação

INFORMAR E TRANSFORMR

Adotando as habilidades verbais e não verbais, podemos expressar ideias de forma mais eficiente e intencional, apelando ao coração e à mente e estabelecendo laços que constroem confiança, lealdade e harmonia social.

> *Comunicação é a habilidade mais importante na vida.*
> – STEPHEN R. COVEY, *OS 7 HÁBITOS DAS PESSOAS ALTAMENTE EFICAZES*

Toda sexta-feira, jovens agentes do FBI em treinamento – e agentes de campo como eu, de volta à Academia do FBI em Quantico, Virgínia, para uma formação em serviço – faziam a corrida matinal antes de as aulas começarem, às 8h15. Às vezes corríamos em pequenos grupos; outras, sozinhos.

De qualquer forma, assim que começávamos a correr pela "Hoover Road" (em homenagem ao diretor do FBI J. Edgar Hoover), sentíamos alguém vindo atrás de nós. Esse indivíduo nos alcançava, dizia "Bom dia" e se juntava ao grupo pelo restante da corrida.

Essa saudação matinal não era de outro participante da Academia ou de um dos instrutores. Era de Louis Freeh, diretor do FBI – meu chefe e o responsável por mais de 30.000 pessoas.

Você poderia tê-lo confundido com um agente por sua aparência jovem, seus cabelos curtos e passos rápidos. Por que ele estava lá, a 120km de Washington, toda sexta-feira? É verdade que participaria da formatura de novos agentes em treinamento mais tarde naquela manhã. É verdade também que não gostava de Washington e de sua política e adorava dar umas escapadas de lá. Mas a verdadeira razão, como ele disse a um grupo nosso, era querer saber o que se passava em nossa mente, mas sem ouvir isso de chefes de unidade, chefes de seção ou diretores assistentes da sede.

O diretor Freeh se recusava a deixar alguém da sede correr com ele. Sabia que a melhor maneira de obter informações claras e não filtradas era estar "nas trincheiras" com as tropas.

E não hesitamos em contar-lhe que os agentes em Nova York estavam tendo que deixar o FBI por não conseguirem mais se sustentar morando lá; que estava levando muito tempo para que alguns agentes fossem nomeados para o OP (escritório de preferência) – o que todo agente anseia, especialmente se tem filhos em idade escolar – e como esse fato estava fazendo com que os divórcios disparassem; e que os cônjuges não estavam mais dispostos a aguentar as mudanças constantes de cidade – até porque muitos agora estavam ganhando mais do que os agentes.

Ele também ouviu queixas sobre os agentes especiais encarregados e suas políticas de portas fechadas; sobre regras tolas da sede; sobre como o volumoso equipamento de vigilância que a agência estava comprando era praticamente inútil, uma vez que os suspeitos poderiam facilmente detectá-lo sob nossas roupas.

Essas eram as reclamações cotidianas dos agentes que nunca teriam chegado aos seus ouvidos se dependesse do alto escalão. Não esperávamos que todas fossem resolvidas. O que importava era que ele tinha tempo para nos ouvir. Estava lá conosco, sem filtros. Nenhum diretor até então tinha feito isso, nem mesmo depois. Era isso que inspirava nossa lealdade.

A comunicação é a cola que mantém a sociedade unida. Essencial para desenvolver e nutrir relacionamentos, ela permite nos envolvermos de forma significativa com os outros, seja planejando o dia com um ente querido, ajudando uma criança com dificuldades ou trabalhando com um parceiro de negócios a 11 fusos horários de distância. Comunicamos constantemente informações, instruções, requisitos, ideias, insights e descobertas, mas também nossas necessidades, preferências, emoções ou desejos: "Dois ingressos, por favor." "Quero trocar por um tamanho maior." "Preciso desse relatório para a reunião de segunda-feira." "E se tentarmos dessa maneira?" "Acabei de perceber uma coisa." "Isso não é o que eu esperava." "É urgente." "Você parece feliz." "Sinto sua falta."

Contudo, muitas vezes tomamos a comunicação como certa até que ela falhe ou falte: quando uma criança ferida chama e ninguém responde; quando alguém nos ignora; quando as direções são impossíveis de entender; quando não há sinais para nos orientar; quando os governos não nos informam sobre a gravidade de uma epidemia.

Somos uma espécie profundamente comunicativa; portanto, quando a comunicação não existe ou é mal executada, podemos rapidamente passar de perplexos a desapontados, de frustrados a revoltados. Por acharmos que a comunicação é uma segunda natureza para nós, às vezes ficamos consternados ao descobrir que não estamos nos comunicando de forma clara como pensávamos. Como disse George Bernard Shaw: "O maior problema da comunicação é a ilusão de que ela aconteceu."

Este capítulo é sobre o tipo de comunicação que não é meramente factual e funcional. Trata-se do tipo transformacional, praticado por indivíduos excepcionais, que eleva a qualidade dos nossos relacionamentos e nos permite colaborar revelando o melhor de todos os envolvidos em determinada situação. Isso inspira – e até muda – vidas. A forma como é feita pode ser diferente de uma situação para outra, ajustada às circunstâncias e às emoções do momento. É por isso que, em vez de estratégias complicadas ou roteiros difíceis de seguir ou adaptar às suas necessidades, forneço, neste capítulo, diretrizes de comunicação e construção de relacionamentos que podem ser aplicadas com flexibilidade, em qualquer ambiente em que se encontrar.

Em particular, vamos explorar três características poderosas e comprovadas que os comunicadores excepcionais expressam nas suas interações com os outros, em situações que vão do rotineiro ao incomum:

1. **Consideração:** empatia permanente baseada em nossa humanidade.
2. **Validação:** capacidade de expressar empatia reconhecendo as experiências, percepções e emoções dos outros.

3. **Integridade:** vivência que inspira os outros pelo exemplo, comunicando confiabilidade, respeito e dedicação ao que é moral e ético.

ESTAMOS SEMPRE NOS COMUNICANDO

Desde o momento em que estamos no útero chutando, deixando o mundo saber que estamos lá, estamos nos comunicando. Os seres humanos são transmissores de informações. Simplesmente por existirmos, já estamos nos comunicando – tudo, da nossa frequência cardíaca à temperatura da pele e aos olhos expressivos mostrando nossos desejos e mesmo nossos medos – antes mesmo de abrir a boca ou aprender a usar qualquer ferramenta. De fato, *nunca* estamos em um estado em que não estejamos transmitindo informações. Mesmo durante o sono, revelamos coisas sobre nós mesmos (durante o sono REM, por exemplo). Se está respirando, está se comunicando.

Somos a espécie mais comunicativa da Terra. Mas, apesar da nossa capacidade inigualável de nos expressarmos, qualquer terapeuta ou gestor dirá que a comunicação é o problema número um das relações interpessoais e dos negócios.

A maioria de nós realmente quer se comunicar de forma construtiva e precisa; no entanto, às vezes, apesar de nossos melhores esforços, arruinamos tudo.

Há inúmeros exemplos das falhas de comunicação que cometemos. Alguns simples – como mandar um e-mail para a pessoa errada –, outros que chegam às manchetes, como quando a sonda espacial *Mars Orbiter* saiu do curso, em 1999, porque a equipe de engenharia da Lockheed Martin, em Denver, usou unidades de medida inglesas (polegadas), enquanto os engenheiros da NASA, em Pasadena, Califórnia, usaram o sistema métrico mais convencional e científico (milímetros). Essa falha de comunicação custou à NASA 125 milhões de dólares.

Mais próximo da Terra, em março de 2019, um avião da British Airways programado para ir do aeroporto de Londres para Düsseldorf, na Alemanha, voou acidentalmente para Edimburgo, na Escócia, ou seja, a mais de 800 quilômetros de distância do destino. De acordo com os executivos da companhia aérea, houve uma "falha de comunicação", porque alguém apresentou o plano de voo errado.

Podemos rir desses equívocos ou nos perguntar como essas coisas acontecem, até que aconteça conosco.

Nunca o domínio da comunicação é tão importante quanto em uma crise. Imagine que você seja o CEO de uma empresa multinacional e 11 dos seus funcionários sejam mortos no mesmo dia. Onze vidas perdidas, famílias devastadas por causa de algo que aconteceu no negócio que você administra. Você é a pessoa responsável, a quem todos recorrem em uma tragédia como essa. Agora imagine deixar passar dias antes de ir confortar as famílias daquelas 11 almas. Então, por causa de todos os problemas e aborrecimentos que a catástrofe causou em *sua* vida, você fala para os familiares das vítimas: "Eu só quero minha vida de volta."

Pois foi exatamente o que fez Tony Hayward, CEO da BP, em 2010. Ele pronunciou essas mesmas palavras para expressar o *incômodo* que lhe causou o terrível derramamento de óleo da plataforma *Deepwater Horizon* – o pior na história dos Estados Unidos, que tirou a vida de 11 trabalhadores, derramou mais de 200 milhões de galões de óleo no Golfo do México e danificou a vida marinha de forma tão profunda que sua recuperação pode levar décadas. Essa falha de comunicação, de forma rápida, ineficaz e rude, acabou manchando a reputação da BP e custando a Hayward seu emprego. Sem dúvida, será um caso a ser estudado nas próximas décadas por escolas de negócios por todo o mundo.

Felizmente, a maioria de nós não experimentará uma falha de comunicação tão catastrófica e cara. Infelizmente, como somos humanos, essas coisas acontecem e acontecerão. E, sejam as consequências mínimas ou colossais, falhas de comunicação serão sempre falhas.

Passei décadas estudando os padrões de comunicação das pessoas excepcionais. Sua capacidade não está na perfeição com que se expressam, mas na habilidade de nos tocar e motivar. Elas se esforçam ativamente para se comunicar verbal e não verbalmente com honestidade, clareza e convicção – o que muitas vezes chamamos de falar com o coração. Estão cientes de que suas palavras e ações têm consequências, por isso buscam maneiras de dar conforto, aliviar preocupações, fortalecer relacionamentos ou inspirar. Suas mensagens ressoam por causa de sua capacidade de comunicar a única mensagem crucial que importa e que torna possível toda comunicação produtiva: elas se importam.

CONSIDERAÇÃO

Relembro a imagem vívida que tenho do diretor Freeh correndo ao nosso lado. Ouvindo queixas. Ele nunca agiu como se isso fosse um fardo. Por quê? Porque se importava. É isso que os líderes excepcionais fazem.

Costumamos pensar que se importar com os outros é algo que uma pessoa sabe ou não fazer. Mas, semelhante a observar, demonstrar consideração é algo que podemos melhorar, se entendermos seus componentes.

O que exatamente o diretor Freeh fazia para nos provar que se importava? E o que *nós* podemos fazer?

Se disséssemos que ele demonstrava consideração somente ouvindo, estaríamos apenas tocando a superfície. Vamos examinar a totalidade das ações dele para entender melhor como a pessoa excepcional presta atenção.

Dedicando tempo
Primeiro e mais importante: o diretor Freeh dedicava seu tempo a nós. Mais do que dinheiro, o tempo é nosso bem mais precioso. Uma quantidade finita dele é atribuída a cada um de nós. A forma como o usamos mostra o que valorizamos.

Ao dedicar tempo em sua agenda incrivelmente atarefada a estar conosco, o diretor Freeh mostrava que nos valorizava – que se importava. E mais: ele nos dedicava aquele bem precioso que chamo de "tempo cara a cara" e sobre o qual dei palestras. O tempo cara a cara nos dá a oportunidade de transmitir e receber informações com mais nuances – quanto mais tempo gastarmos uns com os outros dessa forma, melhor nos comunicaremos e maiores serão nossas chances de sucesso juntos. Não é de admirar que tenhamos confiado em plataformas de videoconferência como WhatsApp e Zoom – são uma oportunidade de ouro para o tempo cara a cara.

Valorizamos o tempo a sós com pessoas importantes em nossas vidas. Levantando-se às 4h30 e dirigindo de Washington até a pista em Quantico

– ele sabia que os agentes estariam correndo –, era isso que o diretor Freeh nos oferecia.

Criando oportunidades e proximidade

O diretor Freeh criava situações para mostrar seu interesse no que tínhamos a dizer. Ele não solicitava que enviássemos nossas preocupações por e-mail nem nos enviava uma pesquisa on-line. Ele não convocava uma reunião e convidava a fazer "qualquer pergunta que quisessem". Apenas observava nossos hábitos e comportamentos e se esforçava para estar onde a comunicação franca pudesse acontecer. Na contrainteligência, criávamos oportunidades semelhantes com o intuito de encontrar oficiais de inteligência hostis (espiões) para que pudéssemos ter uma chance de conversa. Observando hábitos alimentares ou interesse por esportes, podíamos criar oportunidades para encontrá-los "acidentalmente" em um bar ou restaurante, ou até mesmo jogar tênis em dupla. Nos negócios, indivíduos excepcionais certamente criam ocasiões para coletar informações ainda não filtradas pela fonte ao mesmo tempo que constroem relacionamentos.

O diretor Freeh superou o espaço e a distância para criar essas oportunidades de estar conosco. Isso demonstrava quanto se importava. Ele viajava para nos encontrar em nosso território, onde nos sentíamos à vontade e mais propensos a falar com franqueza. Não éramos convocados para ir à sede. Nada de individualismos em seu escritório. Nenhum livro de controle para registrar quem entrou na sua sala para conversar. Ele garantia que ninguém atrapalhasse seus encontros. O que fazia conosco era informal, pessoal e próximo: correr lado a lado nos fazia sentir que estávamos juntos, parte de uma organização poderosa. Onde outros diretores criavam barreiras (formalidade, formulários, cadeia de comando, nomeações), ele as removia. Ele estava "com a gente" em todos os sentidos da expressão.

Não é muito diferente do que um pai sábio faz quando percebe que seu filho adolescente provavelmente não se abrirá sobre algum assunto delicado se o chamar para uma "conversa" na sala ou invadir o santuário que é seu quarto. É mais provável que haja um verdadeiro dar e receber se as coisas acontecerem em território neutro ou fazendo algo de que o adolescente goste – jogar futebol, ir a uma loja para ver as promoções ou sair para comprar algo que gostam de comer. É preciso mais esforço? Sim. Mas, quando você se preocupa – e quando o que está tentando entender é importante –, não vale a pena?

Fazendo perguntas
O diretor Freeh não chegava com respostas; chegava com perguntas. Do tipo que faz você querer se abrir, como: "De que escritório você é?", "Como estão as coisas lá?", "Quando você foi transferido pela última vez?", "Como sua esposa está lidando com o estresse da mudança?". Provavelmente ele havia aprendido essa habilidade como procurador-assistente dos Estados Unidos no famoso escritório do Departamento de Justiça do Distrito Sul de Nova York. Mas, sobretudo, ele era um homem de família. Em sua vida, mudanças eram difíceis e sua esposa não hesitava em avisá-lo quando seu trabalho interferia na vida deles. Ele entendia que os agentes eram mais eficazes quando suas famílias estavam felizes. E, assim, fazia perguntas minuciosamente escolhidas sobre as coisas que mais importavam para nós.

Quando foi a última vez que seu chefe parou para perguntar como você está, como sua família está ou se você tem alguma ideia para melhorar o trabalho? Comunicar o que importa demonstrando interesse genuíno pelos outros não é tão comum quanto pensamos. E não, uma caixa de sugestões não é suficiente, nem e-mails em massa. Como é agradável para os ouvidos, e para a mente, ser solicitado pessoalmente a expressar uma opinião, um pensamento, uma sugestão ou apenas um pouco mais sobre si mesmo! Quando foi a última vez que isso aconteceu com você ou você fez com outra pessoa? Pergunto porque são essas atitudes que indivíduos excepcionais tomam.

Falar diretamente com o diretor Freeh ajudava? Em alguns casos, sim. Em outros, não havia nada que ele pudesse fazer, pois o Congresso, por exemplo, parecia nunca aprovar um orçamento adequado ou dentro do prazo. Mas o importante para nós não era que tudo desse certo. O importante era que, ao nos ouvir, sem filtros, com tanto cuidado e consideração, ele fazia algo que muitos não fazem: validar nossas preocupações.

VALIDAÇÃO

Ao passar pela área de recreação infantil a caminho da piscina da YMCA, onde nado, sempre fico impressionado com quantas crianças fazem coisas para chamar a atenção de seus pais ou cuidadores sentados nas proximidades. Infelizmente, a maioria dos adultos não se dá ao trabalho de reconhecer que Andrea acabou de dar uma cambalhota perfeita ou que Noah fez sua primeira flexão, porque estão preocupados com algum evento transitório, provavelmente insignificante, em seus celulares. Ou pior, o adulto diz roboticamente "Muito bem" sem nem mesmo olhar, apenas confirmando o que a criança já sabe: que o adulto realmente não se importa. Em momentos como esse, elas tendem a desistir ou a transformar seus atos em tentativas mais descaradas de chamar atenção.

Esses pais e cuidadores não são capazes de validá-los. Todos nós, em alguns momentos, já fizemos isso. Porém faça isso com bastante frequência e não se surpreenda se mais tarde ocorrerem problemas que perdurem, e mesmo feridas emocionais. Faça isso no trabalho muitas vezes como gestor e não se espante se seus funcionários abandonarem o barco na primeira oportunidade. O ser humano busca ser legitimado e reconhecido, pois isso contribui para sua autoestima.

Entendo o que é ser ocupado, multitarefa, hiperfocado – presente, mas não lá. Mas, por falar com muitas pessoas, também entendo que o reconhecimento e a validação são importantes para nós. Ouvi história atrás de história de alguém que trabalhava duro e raramente, ou nunca, era reconhecido, ou da criança que constantemente tinha que competir para receber total atenção; décadas mais tarde, por consequência, essa dor ainda persiste.

Estar fisicamente presente não é suficiente para demonstrar que nos importamos. Isso é fazer o mínimo. Faz parte da função – seja na família ou no trabalho. É de se esperar. Para sermos excepcionais, devemos demonstrar que nos importamos, sendo empáticos ao escolher e decidir validar alguém.

Validação é o ato de ouvir, testemunhar, reconhecer, observar ou aceitar o que alguém realizou ou comunicou por palavras ou ações. Requer interagir de tal forma que o destinatário se sinta reconhecido, compreendido, consolado ou ciente de que é valorizado e que pelo menos uma pessoa – você, o ouvinte e participante – se importa.

Ela pode assumir diversas formas. Às vezes, o que validamos é demonstrado quando vemos uma criança com um hematoma ou braço engessado e comentamos como deve ser doloroso e perguntamos como aconteceu. É o tipo de validação diária que fazemos quando nos importamos. Às vezes, é concentrar toda a nossa atenção em alguém quando nos conta que algo o vem deixando preocupado ou que determinado fato realmente significativo lhe aconteceu. Outras vezes, trata-se de reconhecer os outros pelo trabalho que fazem, por suas ideias ou seu compromisso leal com a organização. Toda cultura que conheço tem alguma forma de validação formal, mesmo uma dança ao redor de uma fogueira exaltando o herói da caçada.

Validar também significa comunicar-se ativamente à medida que observamos, para demonstrar que estamos ouvindo, entendendo e valorizando o que os outros dizem. E isso é crucial – trata-se de tentar entender as coisas a partir da perspectiva do outro. É o que chamamos de empatia. Validação é ter maior interesse pelo que alguém fez, experimentou ou tem a dizer. É dessa forma que afirmamos o valor dos outros. Vários estudos mostram que, nos negócios, os funcionários querem ser valorizados, respeitados e que na maioria das vezes o que os motiva não é o dinheiro, mas o reconhecimento e a validação.

Nem sempre é fácil validar. Mesmo entre casais que se amam, há uma tendência de, às vezes, evitar uma explicação completa, de se distrair enquanto o parceiro diz algo, de falar (ou pensar) "Já sei onde isso vai parar" ou mesmo "Não quero ouvir a mesma coisa de novo". Nos negócios, também há várias distrações, prioridades e problemas que com frequência atrapalham a validação. Infelizmente, essa falha não é uma opção quando se trata de quem é excepcional. Muitas vezes os trabalhadores não se demitem por causa da organização, mas porque a pessoa que está no comando nunca se dá ao trabalho de validar suas preocupações.

Talvez o que ouçamos seja difícil de processar, desagradável ou até doloroso; no entanto, para ser excepcional, deve-se estar disposto a ouvir. Porque falhar em validar invalida, e invalidar é desvalorizar.

Como agente do FBI, ouvi inúmeras vítimas ao longo dos anos expressando como se sentiam desvalorizadas porque ninguém, nem mesmo um membro da família, validava o que diziam. Quando um menino me relatou que um padre havia colocado a mão nas suas partes íntimas dentro do carro, os pais se recusaram a aceitar o que havia acontecido com ele. Falharam em validar. Quarenta e nove anos depois, aquele menino, agora um homem adulto e realizado, ainda se lembra daquela violação física, mas sente ainda mais a dor permanente de ter pais que não acreditaram nele e se recusaram a investigar melhor. Dói, mesmo anos mais tarde, por causa da falha de validação.

Não só indivíduos falham nesse aspecto; grupos, instituições e governos também. Quando um governo não admite que causou sofrimento ou, em alguns casos, foi responsável por assassinatos ou mesmo genocídio, isso não é simplesmente uma negligência em reconhecer um evento histórico. É o fracasso em valorizar vidas humanas, em validar seu sofrimento. Deixa uma ferida aberta que não cicatrizará, especialmente quando é agravada ao não se pedir desculpa pelos prejuízos causados por más ações ou incompetência. Talvez não haja maneira mais rápida de marginalizar as pessoas do que demonstrar indiferença à sua situação. Não é disso que se trata o movimento *Black Lives Matter*?

Elie Wiesel escreveu: "O oposto do amor não é o ódio, é a indiferença." Como judeu que sobreviveu a um campo de concentração nazista, ele sabia muito bem o que era ser descartado como lixo humano e como se sentia quando governos e pessoas, na época e mesmo depois, falharam em reconhecer ou validar o sofrimento do qual padeceram seis milhões de judeus.

Validação é mais do que somente ouvir. Qualquer um pode fazê-lo e, logo depois, ir embora. Validamos quando damos aos outros toda a nossa atenção, oferecendo-lhes tempo e espaço, e até mesmo encontrando o local certo para que expressem plenamente o que vivenciaram. Só é possível ter total empatia depois que essas medidas ativas são colocadas em prática. Como disse Stephen Covey: "O desejo mais profundo do espírito humano é ser reconhecido." Validação é reconhecimento no presente, agora.

Quando Larry Nassar, o médico da equipe feminina americana de ginástica, foi condenado por abuso sexual, para muitas das vítimas esse foi finalmente o momento que tanto esperavam, para que a agonia, a angústia e o trauma fossem validados em um tribunal. Para que fossem enfim reconhecidos. Foi um triunfo depois de décadas de sofrimento. Finalmente alguém as estava ouvido e haveria consequências. A mesma coisa aconteceu décadas mais tarde com o abuso contra crianças perpetrado por padres da Igreja Católica. Aqueles meninos, muitos deles agora adultos, enfim receberam a validação e o reconhecimento que tanto buscavam e precisavam para ajudar a acabar com o tormento de décadas atrás.

O ex-produtor de Hollywood Harvey Weinstein foi condenado, em 2020, por abusar sexualmente de mulheres. Suas vítimas receberam reconhecimento por seu sofrimento, dando início ao movimento *#MeToo*. Se analisarmos atentamente a essência dessa mobilização, de rápido crescimento, trata-se de finalmente validar e reconhecer o fato de que homens no poder usam sua autoridade para abusar sexualmente de mulheres e que a sociedade evita enxergar essa realidade. Desviar o olhar – de uma pessoa, um grupo, uma profissão ou um país – é uma falha de validação. O desabafo dessa raiva acumulada, dessa tensão reprimida de saber que algo terrível acontecia e ninguém estava disposto a ouvir, é o que estamos experimentando agora, e merecidamente.

A validação capacita uma pessoa a se abrir e aprofundar-se em uma conversa sobre muitos dos seus problemas mais urgentes e sensíveis. Pode ser catártica e terapêutica, curadora de corações e mentes. Também permite reconhecer o trabalho árduo, o cuidado ou as contribuições de outras pessoas, promovendo um ambiente positivo e colaborativo. Mas exige que aqueles em posições de liderança, seja em instituições, empresas, comunidades, escolas ou em casa, reservem tempo e se esforcem para fazê-lo. Sim, queremos que nosso melhor amigo nos valide. Mas isso por si só não é suficiente. Muitas vezes, é só quando a validação vem de cima que nos sentimos redimidos.

A validação e o reconhecimento não devem ser reservados apenas para eventos traumáticos ou importantes. Um trabalho bem-feito e a dedicação leal a uma tarefa merecem nossa validação. Às vezes são as situações cotidianas – a criança sendo provocada no parquinho ou a pessoa superocupada no trabalho – que precisam de validação. É assim que indivíduos excepcionais se comportam: eles observam, percebem e reúnem seus recursos interiores para dar credibilidade, mostrar respeito e fornecer reconhecimento aos outros.

Torne-se acessível: o primeiro passo da validação

Validar algo ou alguém exige esforço. Requer disposição para se envolver, para criar um ambiente onde a comunicação direta aconteça. Às vezes a oportunidade surge no mesmo instante ou quando alguém, de forma inesperada, mas necessária, bate à sua porta. Porém, de vez em quando, você precisará criar a oportunidade, como fez o diretor Freeh.

Há um programa de TV na CBS chamado *Undercover Boss* (Studio Lambert), em que, a cada semana, um proprietário ou diretor de empresa trabalha disfarçado usando o uniforme de um cargo de nível iniciante em sua organização. Cada episódio é um exemplo de três inestimáveis recompensas que o proprietário ou diretor recebe por estar presente e observar o trabalho dos funcionários de nível básico: (1) o conhecimento que não obteria de outra forma; (2) a oportunidade valiosa de apreciar, reconhecer e validar as preocupações e necessidades dos funcionários; e (3) a demonstração de que alguém em alto cargo na empresa realmente se importa com eles.

Indubitavelmente, cada proprietário ou diretor sai melhor dessa vivência como resultado dos seus esforços, mais conectado com seus funcionários, grato pela experiência e capaz de ver as coisas com mais clareza. E nós, espectadores, celebramos o momento da "grande revelação", quando os funcionários descobrem com quem estavam trabalhando. Celebramos porque desejamos que nossas circunstâncias sejam validadas por nossos chefes ou executivos – no entanto, isso é muito raro. Raro porque a validação e o reconhecimento estão dentro do reino do excepcional.

George Logothetis é presidente e CEO do Libra Group, um conglomerado mundial que lida com energia renovável, aviação, navegação, imóveis, hotelaria e outras áreas. Conheço George há duas décadas e o vi florescer como homem, pai, empreendedor global e humanista. O que me impressionou sobre ele desde o início – e fez com que nos conhecêssemos – foi seu desejo e sua capacidade irresistíveis de se comunicar de forma eficaz, de trazer à tona o melhor das pessoas e fazê-las se abrir. Ele viaja pelo mundo todo para visitar os escritórios e subsidiárias do grupo. "Visito todos esses escritórios não porque preciso", diz, "mas porque, para mim, é importante que eu escute pessoalmente o que os funcionários do nosso grupo têm a dizer. Olhar as pessoas nos olhos, ouvi-las, garantir que todos tenham voz."

Pense por um instante. Ele poderia facilmente fazer o mesmo por videochamada: "Olá a todos, ótimo ver vocês. Enviem-me quaisquer preocupações ou comentários por e-mail." Mas não. Sua esposa, Nitzia, uma notável executiva, psicoterapeuta e humanista que criou e dirige o Seleni Institute, um instituto de saúde mental de renome mundial em Nova York, concorda: "George precisa visitar esses lugares distantes porque essa é sua forma de ser, a única possível."

Ele conversará com todos, desde o novo contratado, o estagiário, o segurança no saguão até o experiente executivo poliglota com MBA. A partir desses encontros, confiará que tudo está indo bem ou saberá o que precisa ser resolvido. A todos é dada voz, empoderada, ouvida.

Isso é o que significa comunicar o que importa. Para validar. Em troca, George recebe informações valiosas que, às vezes, como me disse recentemente, causam "impactos positivos descomunais" no sucesso do grupo. Esse estilo de comunicação pessoal, interativo e prático, tem consequências imediatas e a longo prazo, e é por isso que a própria Nitzia também é uma das defensoras dele. "Porque", como ela enfatizou, "o cabeça da organização está em cena, indo de pessoa em pessoa, cara a cara, a qualquer momento do dia", e não por e-mail.

Nenhuma organização, hoje, pode se dar ao luxo de ignorar a contribuição de qualquer funcionário com conhecimento para compartilhar, em qualquer nível. Os dias da era industrial – hierarquia vertical rígida, chefes que não ouviam seus subordinados, que por sua vez inundavam as cidades vindos de fazendas e se sentiam privilegiados por encontrar um emprego – se foram. Agora a pessoa que dirige o departamento de TI (tecnologia da informação) sabe mais sobre o sistema que mantém a organização funcionando do que o CEO.

Os líderes podem ter uma visão da empresa, mas, se não forem capazes de ouvir, estarão, como me disse um fabricante alemão, "capengando". Aqueles que implementam a escuta têm informações da linha de frente sobre o que funciona, o que não funciona e onde ocorrem problemas, tendências ou oportunidades. Os executivos com quem trabalho me contam que, na maioria das vezes, é uma conversa individual com seus valiosos funcionários, de todos os níveis, que os mantém informados sobre problemas e eventos que afetam a empresa.

Um CEO com quem trabalhei durante anos descreveu bem: "Joe, posso obter a resposta a qualquer pergunta que me fazem usando a internet ou por meio de um consultor. Mas prefiro conversar com os funcionários do departamento de atendimento para descobrir o que atrasa o processo desde o momento em que recebemos o pedido até o envio dos produtos. Nenhum computador sabe o que eles sabem."

Você pode se tornar irrelevante rapidamente se não tiver um relacionamento próximo e de confiança com aqueles que mais importam: as pessoas com poder de decisão. O líder que não for a campo, que não fizer como o diretor Freeh naquelas corridas matinais, perderá o contato com a força vital da organização.

A inércia é basicamente falta de consideração, relutância a ouvir os outros e considerar suas opiniões para validar seu conhecimento e sua engenhosidade.

Há nisso também um custo maior. Quando concluem que não nos importamos, as pessoas acabam fazendo a mesma coisa, em reciprocidade. Não espere que lhe digam a verdade sobre o que realmente está acontecendo se você não tiver um padrão estabelecido de comunicação aberta. A confiança começa e termina com a comunicação. Não há outro caminho.

A validação pode ser desafiadora. Mas é essencial para estabelecer confiança e relacionamentos saudáveis em casa e no trabalho. Há, porém, outra ferramenta, silenciosa, que indivíduos excepcionais usam para comunicar o que importa e preparar o cenário para resultados transformadores.

INTEGRIDADE

Já esteve com alguém que fez com que você se sentisse bem apenas por estar em sua presença? Pessoas que você queria imitar, que considerava especiais, que o inspiravam simplesmente por ser quem eram? Eu já estive com pessoas assim, e elas vêm de todas as camadas sociais. Pessoas decentes, gentis, em quem você pode confiar, que de alguma forma parecem elevar a autoestima dos outros com pouco esforço. Para elas, fazer isso não é custoso ou pesado. É a forma como vivem suas vidas. Se conheceu alguém assim, já parou para pensar que o que você está testemunhando – o que essa pessoa está comunicando – chama-se integridade? Integridade não é um conceito antiquado. Significa fazer o que é certo. É um comportamento moral, correto, ético e honrado. Podemos chamá-la por outro nome, mas é ela que prezamos. É o que sempre buscamos nos fortes, em quem podemos confiar. Por que punimos e desprezamos funcionários, treinadores, políticos ou líderes corporativos corruptos? Porque não têm integridade – depositamos nossa confiança neles e ficamos decepcionados. Os íntegros nunca nos decepcionam.

Integridade é sobre como você se comporta dia após dia – como você demonstra ao mundo que é responsável; que vive uma vida com propósito; que não vai se rebaixar, pegar atalhos, trapacear, mentir ou fazer algo que prejudique outros deliberadamente; que coisas imorais, antiéticas ou ilegais são um anátema para você. Integridade é a expressão do autodomínio (ver Capítulo 1) no cotidiano. É o que comunicamos por meio de nosso comportamento – não apenas quando temos um bom dia ou quando é conveniente, mas como uma escolha de vida.

Caráter não é comportamento. Quantas vezes ouvi do pessoal do RH e dos CEOs: "Contratamos por causa das habilidades, mas demitimos por causa do comportamento." Embora uma atitude positiva seja importante, a integridade é decisivamente mais do que isso.

Ela envolve características que comunicam se determinada pessoa é honesta e confiável, se não vai adulterar um documento, roubar da caixa, fugir com o que não lhe pertence, enganar os outros, tomar um pouco mais para si, desrespeitar as regras, pegar atalhos ou fazer as coisas pela metade. Por meio de suas atitudes e ações, comunicam se podemos contar com elas, procurá-las quando necessário e acreditar que não nos decepcionarão. Conheço pessoas que não são capazes de mencionar essas características sobre seus familiares e muitas que não conseguem fazê-lo quando se referem àqueles com quem trabalham. É por isso que, nos negócios, ambiente muitas vezes hipercompetitivo, a pessoa íntegra é a mais valorizada.

Aqueles que vivem com retidão sabem que a ética não é apenas a coisa certa a ser seguida; ela também influencia poderosamente sua vida. Seja pelo que aprenderam com a religião, com a família ou com mentores, ou por sua reputação, as pessoas excepcionais seguem o propósito da integridade, influenciando positivamente os que estão à sua volta. Não importa o motivo; importa apenas que vivam e ajam de forma consistente dentro do seu propósito. É isso que as torna tão notáveis e influentes.

Eu não estaria discutindo integridade se não fosse porque existem tantas pessoas que nos decepcionam, que não vivem uma vida honrada que nos permita dizer: *Confio a você as chaves da minha casa, para cuidar dos meus filhos; para administrar os remédios da minha mãe quando eu não estiver ou para realizar negociações complicadas sem supervisão*. Embora muitos ocupem cargos de confiança, isso não significa que sejam confiáveis. Analise quantos abusos sexuais ou escândalos financeiros foram perpetrados por pessoas em cargos de confiança que, na verdade, não eram confiáveis por não serem íntegras.

Somos o que fazemos todos os dias, esteja alguém vendo ou não. Indivíduos excepcionais levam uma vida exemplar demonstrando sua integridade de maneira verbal e não verbal, dia após dia – não só quando as câmeras estão ligadas, a porta do escritório está aberta ou os lucros da empresa são muito bons, mas também a portas fechadas, quando ninguém está olhando e se está sozinho e, principalmente, sob coação. O fato de eles não hesitarem é uma marca de sua integridade.

A integridade começa como um estado de espírito – uma filosofia, se preferir. Mas só existe quando comunicada ativamente por meio de palavras e ações. Se você demonstrar integridade diariamente, quando chegar uma crise e precisar de ajuda ou troca de favores, você será bem recebido, apoiado ou atendido, precisamente por causa de sua boa reputação. *ISSO* é influência. Como disse Albert Schweitzer: "Exemplo não é o principal meio de influenciar os outros. É o único." Isso é muito poderoso.

Como externar que você é íntegro? Demonstrando com palavras e atitudes que vai manter os mais altos padrões, que as regras e as leis não são elásticas, que limites existem e devem ser respeitados, que todos os indivíduos têm e merecem seu respeito e que você representa algo. Que seu caráter, sua reputação, é mais importante para você do que qualquer coisa mundana que alguém possa oferecer. Que você não desrespeita o conjunto de regras morais ou legais – porque isso não é quem você é.

Resumindo: você comunica integridade vivendo a vida como se estivesse sempre passando por um exame, como se estivesse dando o exemplo – porque você está.

Meu pai exalava integridade. Mesmo quando administrava sua pequena loja de ferragens em Miami, ele permanecia na fila como os outros clientes para pagar por um pacote de oito pregos galvanizados de que precisava para consertar uma cerca. Ele poderia simplesmente pegá-los. Ninguém perceberia e, de qualquer maneira, era sua loja – mas ele vivia a honestidade como hábito diário. Não precisava me dar um sermão sobre o tema; toda a sua vida foi um exemplo disso. Ao longo da minha vida, inúmeras vezes as pessoas vieram até mim, espontaneamente, para dizer: "Seu pai é um homem tão bom, um homem honesto." A integridade dele era exemplar para conhecidos e desconhecidos dele. Eis um homem humilde que não xingava, que não falava mal dos outros, que faria qualquer coisa por sua família desde que fosse apropriada. Ele era exemplar.

Qual a influência do poder da integridade? Lembro-me do que Nelson Mandela suportou na prisão, onde era submetido a trabalhos forçados. Em sua autobiografia *Longa caminhada para a liberdade*, ele conta sobre a época em que a prisão ficou sob o comando de alguém notório por ser severo. Ele tornava a vida dos prisioneiros um inferno, fazendo com que trabalhassem até a exaustão ou negando-lhes roupas de cama ou cobertores para enfrentar o frio. Mas Mandela tinha algo a seu favor que não lhe podia ser tirado: integridade. Estava convicto de que o que defendia estava certo e que aqueles que o prenderam estavam do lado errado da história. Nelson Mandela não cederia à pressão, mesmo quando significasse que sua esposa não poderia visitá-lo, que roupas quentes lhe seriam tiradas e alimentos, racionados para tentar fazê-lo ceder. Quando a comida era limitada, certificava-se de que os outros prisioneiros comessem primeiro. Quando não havia cobertores suficientes, garantia que os mais necessitados ficassem aquecidos, mesmo que significasse o sofrimento dele. Ele frustrava cada tentativa dos guardas de prejudicá-lo. Simplesmente não desistiria do que ele e os outros presos políticos defendiam. Era resoluto, corajoso – a síntese da integridade, ainda que você não concordasse com sua política.

A integridade de Mandela era mais poderosa do que qualquer coisa lançada contra ele ou seus companheiros prisioneiros políticos. Seu exemplo tornou-se lendário. Dentro da prisão, os guardas sabiam que ali estava um ser humano especial – por mais desumanamente que fosse tratado, permanecia humano com seus carcereiros. Quando foi libertado, depois de cumprir 32 anos de prisão, aqueles que tentaram oprimi-lo, que o encarceraram, que lhe negaram a liberdade, tornaram-se seus fervorosos apoiadores. Sua pureza de propósito, sua crença na igualdade de todos estava consagrada em seu caráter, um caráter que não cederia; e, por meio de seu exemplo transformador, ele conquistou até mesmo seus inimigos – os mesmos que o encarceraram.

A maioria de nós nunca enfrentará o que Mandela enfrentou, então vamos ver algumas maneiras de comunicar integridade.

Comunicando, com e sem palavras

Indivíduos excepcionais defendem o que é certo e não esperam o lugar ou a hora perfeitos para isso. Martin Luther King Jr. expressou-se com eloquência inesquecível diante do Lincoln Memorial e nas ruas das cidades do Sul, onde policiais brancos empunhavam seus cassetetes enquanto pastores-alemães sem focinheira eram soltos para atacar cidadãos negros simplesmente porque buscavam igualdade racial. Ele protestou em circunstâncias assustadoras, sem saber quando seria preso, espancado, baleado ou bombardeado ou se seria mais um negro linchado durante a noite por gângsteres racistas.

Como ele disse: "Chega um momento em que alguém deve tomar uma posição que não é segura nem popular, mas deve tomá-la porque a consciência lhe diz que é o certo." E assim o fez – com dignidade e respeito, mesmo por aqueles que não o respeitavam.

Luther King, que havia estudado sobre Mahatma Gandhi e sua luta pela independência indiana por meio da não violência, entendeu que transmitir uma mensagem não envolve apenas palavras, mas também a ótica de como nos comportamos – o que agora chamamos de presença não verbal.

Não se escondia nas sombras nem agia com ódio sob o manto da escuridão como o faziam os homens encapuzados da Ku Klux Klan, que o odiavam. Estava sempre na linha de frente, dando o exemplo, comunicando abertamente sua crença na igualdade da humanidade por meio de manifestações não violentas. Ele também tinha um espírito bondoso e gentil.

Aonde quer que fosse, o dr. King vestia-se imaculadamente, como se fosse fazer o sermão de domingo – de certa forma, era o que sempre fazia. Por mais quente e úmido que estivesse o clima, por mais que os canhões de água da polícia esperassem por ele e seus seguidores, por mais que cães esticassem sua coleira para rasgar roupas e arrancar peles, e sabendo que uma multidão de brancos furiosos cuspiria nele e lhe arremessaria lixo, ele se mantinha firme. Sempre digno, equilibrado, sem medo, camisa passada, sapatos limpos e engraxados, as palavras bem preparadas, comunicando com inabalável dignidade e certeza que o racismo era um "câncer cheio de ódio" nos Estados Unidos; gostasse ou não, o país precisava ouvir isso.

Ele não deu motivo para ser desrespeitado porque respeitava mesmo os que procuravam destruí-lo. As imagens emocionantes de sua caminhada entre aqueles que procuravam prejudicá-lo, liderando a marcha, demonstrando absoluta dedicação à verdade diante do poder, seriam transmitidas para o mundo. Elas são um estudo de caso sobre o poder arrebatador da comunicação não verbal e uma lição sobre a importância de defender valores quando uma causa assim o exige.

Líderes excepcionais, os verdadeiramente dignos, não esperam o momento perfeito para falar. Eles se manifestam quando é mais necessário. A maneira como comunicam sua mensagem é muito individual. Mas, no final, é uma escolha que fazem para serem vistos, ouvidos, notados.

Este é o nosso dever: protestar quando assim for importante. Defender-se dos abusadores, tiranos e predadores sociais que nos causam danos ou do próprio Estado, se for o caso. Quando um empresário diz "Não vou tolerar bullying ou assédio sexual de qualquer tipo", está enviando uma mensagem poderosa, expressando que se importa com os funcionários e, ao mesmo tempo, confrontando os possíveis infratores. Quando alguém sofre bullying, valorizamos quem sai abertamente em defesa da vítima, e não aqueles que ficam parados assistindo à cena sem nada fazer.

A jovem Greta Thunberg, mesmo diagnosticada com síndrome de Asperger (uma forma leve de autismo), não deixou de falar para os líderes mundiais sobre os perigos das mudanças climáticas. A hostilidade que recebeu até de chefes de Estado não a intimidou. Como todos os indivíduos excepcionais, ela sabe instintiva e sabiamente que o momento de discutir as mudanças climáticas é agora. Sabe que chegará um ponto em que não haverá mais volta, portanto ações imediatas devem ser tomadas. É hoje que ela se faz ouvir, e não quando se formar na faculdade ou em algum momento futuro.

Agora é a hora de defender nossos valores porque, se não o fizermos, quem fará por nós? Se você quer mudar ou melhorar o mundo ao seu redor, fale abertamente. Se você quer ser excepcional, manifeste-se agora, neste momento, quando é mais necessário.

Não minta
A mentira não tem lugar no vocabulário de alguém excepcional. Quando um indivíduo, uma corporação ou um governo apresentam inverdades, devem ser desafiados pelos que procuram ser excepcionais, principalmente se estiverem levantando também outras barreiras à comunicação: semeando desconfiança e atacando os que dizem a verdade.

Considere a indústria do cigarro, que por décadas não apenas mentiu sobre os perigos do tabagismo, mas também produziu pesquisas falsas para incentivá-lo, mesmo sabendo que era causador de câncer. Ou Lance Armstrong – desacreditado e destituído de suas sete vitórias no Tour de France –, que não apenas trapaceou e mentiu alegando que não estava tomando substâncias químicas para aumentar suas habilidades, mas também atacou aqueles que o denunciaram. Isso não foi vergonhoso. Vergonhoso é esquecer de dar um presente de aniversário a seu filho. Atacar e ameaçar aqueles que dizem a verdade: isso é criminoso.

Aqueles que mentem repetidamente, que distorcem a verdade para semear discórdia enquanto atacam seus críticos, merecem nossa mais ardente repulsa. Quando as corporações mentem, os governos mentem, os presidentes mentem – sejam quais forem os motivos, seja para proteger lucros ou acionistas, por interesses pessoais ou agendas políticas –, eles criam um ambiente que acaba desestabilizando a sociedade. Tornamo-nos cínicos e perdemos a confiança em nossas instituições. Afinal de contas, como disse Albert Einstein: "Quem descuida da verdade em assuntos sem importância não pode ser confiável em assuntos importantes." Assim, um ambiente onde a integridade está em perigo é um ambiente que põe em risco a humanidade.

Nossa responsabilidade diante das mentiras é denunciá-las, e não repeti-las. E isso é tão relevante para nosso tecido social que, em 2002, a revista *Time*, pela primeira vez, reconheceu três mulheres como Personalidades do Ano, por terem testemunhado as consequências das mentiras ditas por pessoas no poder e não se calarem:

> **Coleen Rowley, advogada do FBI, denunciou seus superiores na sede do FBI** por ignorar os primeiros sinais de um plano para atacar os Estados Unidos no 11 de Setembro e, mais tarde, afirmar que tais sinais não existiram. Ela se manifestou para que o mundo soubesse que os agentes em campo tinham tentado fazer seu trabalho e que nós havíamos conectado os pontos, embora os que estavam na sede estivessem relutantes em agir.

> **Cynthia Cooper descobriu sozinha irregularidades contábeis no valor de 3,8 bilhões de dólares** (o que chamamos de mentiras) na WorldCom, expondo fraudes gigantescas cometidas pelos executivos seniores de uma empresa de capital aberto – corrupção descarada em um nível assustador. Seus esforços lançaram luz sobre um esquema fraudulento que teria causado danos ainda maiores aos acionistas.

> **Sherron Watkins alertou seus chefes na Enron sobre o risco de colapso financeiro da empresa.** E assim foi – porque os executivos seniores estavam cometendo fraudes e mentindo para seus funcionários e os acionistas, passando informações falsas sobre o valor e a estabilidade da Enron, para levá-los a investir em uma empresa que se mostrava basicamente afundada, arruinada e irrecuperável. Ela estava certa.

Ao optar por revelar a verdade nua e crua, essas informantes honradas demonstraram ser excepcionais. Elas nunca esqueceram que a essência da ética, sua definição, é fazer o que beneficia os outros – seja uma nação, funcionários, acionistas ou o cidadão comum. Isso significa se importar o suficiente para comunicar a verdade, mesmo que signifique incorrer na ira dos poderosos. Elas poderiam facilmente se calar. No entanto, esse não é o caminho do excepcional. Quando se é íntegro, você mostra seu valor, pois isso é quem você realmente é a cada dia – inclusive quando for preciso falar a verdade doa a quem doer.

Comunique-se para inspirar
A maioria de nós não terá seu caráter moral testado em âmbito mundial, não passará por desafios como os enfrentados por Nelson Mandela ou o dr. King, nem será confrontada com a decisão de se tornar informante. Mas todos nós temos o poder de inspirar os outros por meio da comunicação, mesmo que muitas vezes nos subestimemos.

Tenho a sorte de ouvir pessoas de todo o mundo em consequência das minhas palestras, vídeos, postagens em blogs, livros e entrevistas. Recebi milhares de mensagens sobre como algo que escrevi ou disse ajudou a mudar uma vida, ofereceu insights ou incentivou alguém a aprender mais. Sinto-me honrado por ter auxiliado outras pessoas dessa forma. Mas quando me esforço para escrever uma frase, lutando para encontrar as palavras certas ao escrever um livro, tudo em que penso é na minha responsabilidade de comunicar meu conhecimento da melhor maneira possível. Somente quando recebo esses feedbacks é que percebo que realmente não imaginamos até onde pode chegar o que transmitimos nem o impacto que isso pode ter sobre os outros.

Inspirar pela comunicação muitas vezes não implica uma retórica grandiosa ou escolhas heroicas de vida. Pode ser tão simples quanto reconhecer alguém pelo nome todas as manhãs e dizer olá. Envolve incentivar alguém a manter o curso, estudar mais, ler mais, anotar os pensamentos, falar abertamente, experimentar, buscar algo diferente, mudar a vida ou o comportamento ou se esforçar para fazer algo melhor. Algo tão simples como dizer "Você tomou a decisão certa, parabéns" é capaz de inspirar alguém que está deprimido ou duvidando de si mesmo. Afirmar "Você deveria se orgulhar, trabalhou tanto" pode melhorar o dia de alguém.

Nunca sabemos o efeito que nossa comunicação terá sobre os outros. Anos atrás, trabalhando no escritório do FBI em Tampa, na Flórida, recebi uma ligação da central telefônica da agência em Washington. Essas ligações não são tão comuns e me perguntei quem estava tentando me localizar. Disseram-me que era uma agente no treinamento da Academia do FBI em Quantico que precisava falar comigo imediatamente.

Na linha, uma voz totalmente desconhecida para mim. Ela disse: "Agente Navarro, sou Kylie, você não vai se lembrar de mim." (Eu não lembrava.) "Eu estava na turma da 8ª série da sua filha." Eu ainda não conseguia imaginar quem era. "Só queria que você soubesse que me formarei amanhã e queria agradecer por me inspirar a me tornar uma agente."

Não consigo descrever quanto isso me deixou feliz. Ao longo de uma carreira de 25 anos, fiz inúmeras apresentações em escolas, onde quer que eu estivesse lotado. Nunca imaginei que alguém ouviria essa apresentação e diria "Quero fazer o que ele faz". O que eu disse que tocou essa jovem a dedicar os próximos 25 anos de sua vida? Ou foi algo sobre como eu me portava? Esse é o belo mistério de nossa influência benéfica sobre os outros. Todos nos lembramos de alguém que se expressou com grande impacto. E todos temos o poder de comunicar o que for preciso aos outros.

Talvez uma visita à escola de seu filho inspire alguém a se tornar bombeiro, engenheiro, médico, veterinário, artista, cantor, pesquisador, atleta, eletricista, bibliotecário ou um ser humano melhor.

Em minhas viagens, conheci um número incontável de pessoas que, depois do expediente, saem para treinar um time de futebol, ensinar técnicas de montanhismo, dar aulas de violão, colaborar em programas de atletismo para jovens, ensinar programação e muito mais. Outras são mentores no próprio trabalho, compartilhando informações e ensinando os colegas. Quando a pandemia de Covid-19 explodiu nos Estados Unidos, as pessoas ensinavam umas às outras a realizar reuniões on-line, revisar e reestruturar currículos escolares, navegar por novos sistemas e serviços em rápida mudança e inúmeras outras medidas importantes que precisavam ser imediatamente postas em ação. Outras compartilhavam canções, orações, poemas, ilustrações, piadas e faziam o que podiam para que outros superassem uma situação avassaladora que a maioria de nós nunca havia enfrentado na vida.

Essas pessoas procuravam inspirar as outras, mesmo que gradativamente, para que pudessem ter um momento de paz enquanto a calamidade assolava o mundo. Indivíduos excepcionais ensinam, compartilham, instruem, aconselham, orientam e incentivam não porque há uma recompensa nisso para eles, mas porque é o certo a fazer. Nada diz "Eu me importo" mais alto do que quando transmitimos nossos sentimentos por meio de ações. À medida que formos saindo dessa pandemia, lembraremos dos pequenos atos que pessoas fizeram para tornar nossas vidas um pouco melhores, mesmo que apenas com um sorriso sincero. Nunca sabemos o que a vida nos reserva, mas entenda: a maneira como você vive pode inspirar outros. Cabe a você encontrar o modo de fazer isso. Quem será aquela pessoa a dizer "Você é alguém especial que eu quero imitar"? Nunca se sabe.

Em minhas apresentações sobre liderança, pergunto: "Onde está a pasta Ajuda na tela do computador ou na sua mesa?" Continuo explicando que, não, não me refiro à pasta onde você armazena tudo que precisa. Refiro-me àquela onde você registra e acompanha o que resolveu fazer – e o que está fazendo – para ajudar os outros. Ela deve se destacar das outras tanto na tela do computador quanto no formato físico. Deve listar as coisas nas quais está trabalhando ou planeja trabalhar para ajudar os outros: talvez seja enviar uma carta de encorajamento para alguém que está passando por um momento difícil (um amigo meu enviava toda semana um cartão com uma pequena mensagem escrita à mão para um vizinho que estava internado). Talvez seja dar aulas on-line a um jovem, orientar um profissional recém-contratado pela empresa, ajudar um colega a evitar uma armadilha ou auxiliar alguém que enfrenta desafios além da sua capacidade – como comprar alguns mantimentos para um vizinho que está enfermo e sozinho em casa ou ajudar uma pessoa com deficiência a reorganizar os móveis. Quando sua pasta Ajuda está cheia, isso fala muito sobre você e seu caráter.

Você quer melhorar o mundo? Ser excepcional? Comece agora, hoje, comunicando que se importa, vivendo uma vida íntegra. Você não precisa da permissão ou da autorização de ninguém. E, na maioria das vezes, é grátis. Influencie os outros por seu comportamento e prometo que sua vida e a daqueles ao seu redor mudarão para melhor.

Por meio do meu estudo sobre o comportamento humano e do meu trabalho de aconselhar executivos ao longo dos anos, aprendi muito sobre o que torna os comunicadores excepcionais tão bons nas coisas que discutimos aqui. A seguir estão algumas dicas que podem tornar qualquer pessoa uma comunicadora mais eficaz – não apenas em situações simples de negócios, mas especialmente quando colaboração, participação, negociação e sensibilidade são necessárias. Ao combinar essas prioridades com os princípios que já discutimos, você aumentará significativamente sua influência.

A PRIMAZIA DAS EMOÇÕES

A primeira regra dos comunicadores excepcionais é esta: lide com as emoções primeiro – tudo mais vem depois.

As emoções vêm em primeiro lugar

É difícil para muitas pessoas aceitarem isso. Queremos agir de maneira lógica. Às vezes é desconfortável deixar que as emoções surjam primeiro e dominem nossa comunicação, no entanto é importante atendê-las antes que a lógica ganhe força. Faz sentido se você entender a mente humana e o papel da sobrevivência das emoções.

Você já teve uma discussão com alguém e, quando acabou, depois de se acalmar, pensou em todas as frases inteligentes que deveria ter dito? Todos nós tivemos esse momento. Não nos lembramos delas durante a discussão por causa do "sequestro límbico" ou "emocional". Quando estamos chateados, emotivos, zangados, assustados, descontentes – na verdade, sempre que há um forte desconforto psicológico –, nosso cérebro emocional (o sistema límbico), por motivos de sobrevivência, tem a primazia. Ele sequestra as vias neurais; pensamos menos para que seja possível lidar com as necessidades mais imediatas, que podem exigir que nos distanciemos por meio da fuga (correr, escalar) ou, se necessário, lutemos para sobreviver. Essa cascata neuroeletroquímica funciona instantaneamente substituindo outros circuitos ou qualquer coisa que possa retardar ou inibir a resposta do cérebro a uma ameaça percebida. Essa é a única maneira que nos levou a sobreviver como espécie. É também por causa disso que falas inteligentes nos escapam no calor do momento; é a razão de esquecermos uma senha quando estamos com pressa e nervosos ou de gaguejarmos quando o chefe faz uma pergunta direta que não estamos preparados para responder.

Entendemos bem a primazia das emoções em muitas situações. Quando uma criança chega chorando por causa de um incidente com um amigo, por reflexo a acolhemos com um abraço e palavras de conforto – muitas vezes, antes mesmo de perguntar-lhe o que aconteceu. Mas, de alguma forma, quando lidamos com adultos, perdemos o controle. Talvez presumamos que nossa necessidade de bem-estar já foi superada na infância. Assim, ao ver um funcionário abalado por alguma emoção, não sabemos lidar com a circunstância, que nos parece diferente de ver uma criança em dificuldades. Não é. Seja uma criança ou um adulto, as necessidades emocionais alheias devem ser atendidas. Quando estamos emotivos ou estressados, não conseguimos pensar direito nem dar o nosso melhor.

Eis outra visão para análise. Demonstrações não verbais de angústia não são muito diferentes de dizer "Estou passando por um momento difícil". Com o tempo, evoluímos para comunicar as emoções de forma não verbal para que aqueles ao nosso redor pudessem nos acolher rapidamente sem precisarmos vocalizar. Descobri que a maioria das pessoas no mundo corporativo demonstrará que algo as incomoda muito antes de verbalizarem isso. Não ignore o que você vê só porque não é expresso em palavras. Se está na mente, é angustiante e emerge por meio de comportamentos, então cabe a nós abordar o que está acontecendo da mesma forma que faríamos se alguém dissesse "Tem algo me incomodando".

Durante a pandemia de Covid-19, você deve ter observado quantas conversas por vídeo ou telefone, mesmo com estranhos, começavam com "Como estão as coisas por aí?" ou "Estão todos bem na sua família?". Estendemos de maneira natural esses convites para que a outra pessoa se abra, mesmo que por apenas um minuto, sobre o estresse por que está passando, já que podemos vê-lo estampado em seu rosto ou ouvi-lo no tom tenso, trêmulo ou levemente ofegante de sua voz.

Sempre surgem ocasiões em que as emoções precisam tomar a dianteira sobre o pensamento racional. Comunicadores excepcionais sabem disso.

Um colega compartilhou esta história:

Certa manhã no trabalho, ao telefone, praticamente sofri uma ameaça profissional de um superior que não era meu chefe, só porque eu não tinha respondido a uma situação tão rápido quanto ele gostaria. Eu era gerente sênior, funcionário de longa data, e tinha um desempenho respeitado havia muitos anos, por isso foi um choque total ouvi-lo falar comigo daquela maneira. Desliguei o telefone e fiquei literalmente meio que olhando para minha mesa, sem saber o que fazer; de alguma forma, segui em frente com meu dia, até meu chefe me ligar (isso não costuma acontecer) e pedir que eu fosse ao seu escritório. Ah, ótimo, pensei, o que mais pode dar errado agora de manhã?

Vou ao escritório dele, entro, nos cumprimentamos, eu me sento. Silêncio. Simplesmente permanecemos sentados lá por alguns segundos. Então ele diz algo como: 'Então, como estão as coisas?' Eu respondo: 'Ah, tudo bem.' (Pensando: Que diabos é isso? O chefe não nos chama ao escritório somente para um bate-papo. Onde isso vai dar?) Um pouco mais de silêncio. Então me perguntou se havia acontecido alguma coisa naquela manhã. Tenho até vergonha de dizer, mas, assim que ele terminou de falar, comecei a chorar.

Não lhe contei tudo que havia sido dito, mas acabou que não precisei. O outro gestor havia ligado para ele (mais tarde me perguntei se ele achava que eu iria denunciá-lo ou talvez tivesse se sentido mal pelo que havia dito) e comentado algo sobre nossa conversa. Meu chefe e eu discutimos o que fazer a seguir. Com seu temperamento calmo, ele me disse que aquilo não o preocupava em relação a mim ou ao nosso relacionamento. Voltei ao meu escritório e nunca mais tocamos no assunto.

Valorizei muito o fato de ele ter se importado e manifestado interesse em saber como eu poderia estar me sentindo depois do acontecido, e não esperar para ver se isso se tornaria um problema caso eu lhe relatasse o fato. Talvez ele me conhecesse bem o suficiente para saber que eu simplesmente engoliria o que havia acontecido ao telefone e depois seguiria em frente. De qualquer forma, ele não tinha por que deixar transparecer que sabia alguma coisa. Mas escolheu compartilhar comigo.

Simples assim. Não se abordam temas ou negociações de trabalho antes de lidar com as emoções do outro.

Antes que as palavras nos acalmem de forma racional, elas primeiro precisam passar pela abordagem emocional. Seres humanos não são interruptores. Não podemos desligar nossas emoções do nada – lembre: o sequestro límbico é uma cascata eletroquímica que tem um caminho natural a percorrer antes de voltarmos ao normal. É por isso que, se estamos com dificuldades, preferimos ouvir uma voz que nos acalme: "Posso ajudá-lo?", "Você está bem?", "Quer deixar isso para outra hora?", "Quer falar sobre o que está pensando?" ou "Não se preocupe, você consegue superar isso" em vez de: "Desculpe, mas você simplesmente tem que engolir isso. Estamos todos no mesmo barco, então resolva", "Você precisa relaxar, amigo", "Recomponha-se antes que o chefe o veja" ou, pior, "Por favor, não choramingue no meu escritório". Já ouvi tudo isso.

Você não acha que essas últimas respostas demonstram nada mais do que falta de consideração, validação ou empatia? A negação das nossas emoções por alguém muitas vezes nos deixa mais do que chateados – nos deixa insatisfeitos. Uma pessoa cujos sentimentos foram invalidados dessa maneira não esquece tão rápido. Talvez se lembre de momentos em que isso aconteceu com você.

Portanto, observe seus colegas e clientes quanto às manifestações de desconforto que discutimos no Capítulo 2 e que dizem: "Não estou de bom humor". Aqueles lábios comprimidos, aquela glabela franzida entre os olhos semicerrados, o maxilar tenso ou instável. Pode ser por vários motivos – talvez tenham se atrasado para a reunião, ficado presos no trânsito e incomodados com atrasos no saguão de identificação, tendo que tirar uma foto ou esperar enquanto seu nome era verificado em uma lista de convidados. O comunicador excepcional vê manifestações de desconforto e pergunta o que está errado. Fazemos isso perguntando "Como foi sua viagem?", o que lhes dá a oportunidade de respirar fundo e contar a história: "Desculpe, estou atrasado. Houve um acidente na rodovia que engarrafou o trânsito. E, chegando aqui, havia pessoas à minha frente no balcão de identificação." Essa é a nossa deixa para refletir e validar a experiência deles: "Sinto muito pelo trânsito. Também fiquei preso nessa rodovia. E a burocracia na recepção às vezes é um tormento." E então procure melhorar o clima: "Por favor, sente-se. Quer um copo d'água?"

Às vezes, tudo que alguém precisa é de espaço para desabafar por um momento: "Sim, estou chateado porque não consegui encontrar uma vaga no estacionamento aqui perto e estou encharcado." Valide primeiro:

"Nossa, eu sentiria a mesma coisa. Venha, deixe-me ajudá-lo a tirar o casaco. Você quer relaxar? O banheiro fica no corredor à sua esquerda." Depois comece a trabalhar.

Moral da história: quando alguém está em dificuldades, invariavelmente as emoções estão envolvidas. Faça com que essa pessoa se abra sobre o que a incomoda. Não ignore ou descarte o que quer que tenha acontecido a ela, por menor que seja. Valide seus sentimentos, porque o que a desestruturou emocionalmente naquele dia também pode ser o resultado de emoções acumuladas – talvez tenha ocorrido uma série de incidentes que a levaram a ficar com as emoções à flor da pele. Ouça o que os outros têm a dizer e descubra quais emoções os afetam, sejam quais forem – talvez estejam confusos, chateados, irritados, desapontados, cansados, tristes, magoados, preocupados, frustrados, ansiosos, irritados, etc. Os negócios podem esperar. Primeiro entenda as emoções.

Se você lhes demonstrar abertura e não aceitarem, não force. Aborrecimentos passageiros desaparecerão, e algumas pessoas podem ser reservadas ou caladonas. Mas, se continuarem a demonstrar desconforto, pode haver algo significativo que você deva revisitar quando for a hora certa. Vê-los mais à vontade na cadeira, com a cabeça inclinada ou balançando em aprovação enquanto escutam, as mãos ficando mais relaxadas, voltando a sorrir ou talvez começando a espelhar seu comportamento são alguns elementos não verbais que podem indicar que agora é o melhor momento para um desabafo.

Lidar primeiro com as emoções também estabelece ou reforça relacionamentos sociais. Ao expressar consideração e atenção, a outra pessoa percebe que você está genuinamente interessado no bem-estar dela, e não apenas em fechar um negócio, por exemplo. Isso abre caminho para a confiança e uma melhor comunicação. Se você duvida que a validação emocional tenha esse nível de poder, lembre-se da agora famosa gafe de Tony Hayward no desastre do derramamento de óleo provocado pela empresa BP, que tirou a vida e os meios de subsistência de tantos: "Quero minha vida de volta." Dá para reverter uma declaração como essa? Muitas vezes, não.

CONSTRUÇÃO DE VÍNCULOS:
O PODER DA SINTONIA

Por que é uma alegria imensa ter certas pessoas ao nosso redor? Você conhece o tipo: elas fazem você sorrir, sentir-se energizado, tranquilo, compreendido e cuidado. O que fazem que os outros não fazem?

Elas estão reforçando e cultivando vínculos por meio da atenção. Nós nos aproximamos dessas pessoas e queremos passar tempo com elas: sua presença nos faz bem.

Costumamos pensar na construção de vínculos como algo que só fazemos uma vez – talvez quando nos encontramos pela primeira vez e conhecemos alguém. Não é bem assim. A construção de vínculos é algo que indivíduos excepcionais fazem sempre que interagem com os outros. É assim que nos ajudam a nos sentir à vontade e especiais.

Conheço pais que trabalham diariamente em seu relacionamento com os filhos adolescentes. Sabem que precisam adaptar as estratégias do dia para a noite dependendo do humor e das necessidades dos filhos, mas sempre demonstram: *Estou aqui, eu me importo*. Há dias em que pode ser necessário dar espaço ao adolescente, pedir sua opinião sobre algo, validar uma questão, discutir necessidades *versus* desejos ou quaisquer coisas que digam *Você é valorizado, seus pensamentos são valorizados, mas, acima de tudo, você é importante para mim*.

Os casais, se forem sábios, também precisam reforçar suas afinidades, pois as circunstâncias, o trabalho, as finanças e as responsabilidades diárias podem criar uma barreira entre eles. Em algumas famílias, a construção de vínculos é reforçada com jantares programados sem aparelhos eletrônicos para que a harmonia possa retornar pela comunicação. Em lares onde todos fazem as refeições em horários diferentes, eventos e passeios programados ajudam a estreitar os laços.

Sejamos honestos: distrações (agendas lotadas, aparelhos eletrônicos) existem aos milhões e todos nós somos sugados por elas. Acontece. Mas, se você deseja construir um relacionamento que leve à empatia, à compreensão e à validação, nada que distraia deve ser permitido. Uma executiva sênior de uma instituição financeira com a qual negociei faz questão de desligar de forma bem visível o celular na frente de outras pessoas quando há questões sérias ou particulares a serem discutidas. Com o tempo, todos que trabalham com ela seguiram o exemplo. Eles apreciam sua disposição de enfatizar o aqui e o agora, individual ou coletivamente, sem distrações. Muitos executivos falam que isso é um gesto simples, mas poderoso, que diz *Você é importante para mim, por isso tem minha total atenção*.

No trabalho, você se surpreenderia com a frequência com que temos que construir vínculos, porque, embora possamos contar com a ajuda um do outro, não temos o tempo necessário para nos conhecer direito, nos vemos raramente ou trabalhamos em andares diferentes. Outras vezes, é preciso fazer uma reconciliação. Incidentes que causam tensão ou suspeita podem exigir a reconstrução do relacionamento para restaurar a confiança e cultivar relações a longo prazo. "É tolice esperar que os executivos deem abertura para construir vínculos; insisto que façamos isso sempre que possível", diz um gestor de uma empresa nacional de eletrodomésticos. Ele não espera até o momento perfeito ou uma festa da empresa (que fazem todos os anos para confraternizar); faz isso com cada telefonema ou interação no corredor todos os dias. Por quê? Porque construir vínculos não é algo que se raciona – é preciso exercitar sempre que possível.

Essa construção sempre começa em nível emocional. A mensagem implícita é: *O que você está vivenciando agora é importante para mim. Para que saiba que estou com você em pensamento e sentimento, tentarei entender como você se encontra emocionalmente*.

Houve momentos em reuniões com colegas em que tive que dizer: "Olha, sei que você está chateado, posso ver que está, então este é um bom momento para falar o que está pensando." E ouvi poucas e boas. Mas precisávamos passar por esse processo, porque continuaríamos a trabalhar juntos e era melhor que desabafassem na minha presença do que pelas minhas costas. Invariavelmente, as coisas sempre corriam melhor quando podíamos conversar.

Estar em sintonia com alguém pode parecer estranho de dizer, mas descreve bem a construção de vínculos.

Estar em sintonia com os outros implica reunir todas as capacidades que discutimos até este ponto do livro. Ao praticar repetidamente a observação, exercitar a curiosidade acolhedora e dominar a arte da comunicação não verbal, é possível estabelecer esse nível mais alto de linguagem, compreensão e afinidade.

Fazer criminosos cooperarem ou espiões estrangeiros desertarem era algo que eu tinha que fazer todos os dias. Quando está com esses indivíduos, você absorve todas as suas ideias, seus pensamentos, preocupações e medos. Nesse momento, você está vendo as coisas não como "você" e "eu", mas como "nós". Ao ponderar sobre o que eles devem levar em conta, você está em sintonia com eles e eles percebem isso. Quando hesitam por medo, você entende e mostra empatia. Quando decidem cooperar ou escolhem não fazê-lo, você valida a dificuldade dessa decisão, independentemente do resultado. E, embora possa acontecer de no fim do dia um ir para a cadeia e outro para casa, ambos criaram a afinidade que permitiu que você realizasse sua tarefa. Naquele momento, vocês estavam de acordo, mesmo que o resultado tenha sido decepcionante. Isso só pode ser alcançado pelo poder do vínculo e da sintonia com a outra pessoa.

A partir da comunicação verbal e não verbal, das preocupações e dos desejos compartilhados e da compreensão mútua dos perigos e das consequências, pode-se chegar a um entendimento sobre a perspectiva do outro. Eis uma dessas conversas com alguém que seria processado por homicídio culposo na Reserva das Tribos Indígenas do Colorado, em Parker, Arizona:

– Mas, se eu confessar, vou para a prisão.
– É verdade, mas a razão pela qual estou na sua frente é porque já temos provas suficientes para levá-lo a julgamento.
– Posso não ser condenado?
– Sim, mas a sorte, como você sabe, nem sempre segue o nosso caminho.
– É, pode ser.
– Pode ser, não. Estou aqui na sua casa. Eu diria que isso é azar. [risos] Dennis, qual você acha que é meu trabalho?
– Prender criminosos.
– Não, meu trabalho é coletar fatos e entregá-los a um promotor.
– E?

– E esse promotor vai me perguntar: "Seu trabalho foi facilitado ou dificultado pelo acusado?" O que devo dizer a ele sobre você, Dennis? Você tornou meu trabalho mais fácil ou mais difícil?

– Bem, eu não vou assinar uma confissão.

– Tudo bem, mas você vê o dilema em que estou? O que eu digo ao promotor sobre você? Veja bem, eu quero dizer: "Sim, Dennis errou, mas ele reconheceu e admitiu seu erro." É isso que quero dizer. [silêncio] Dennis, nesta cidade, provavelmente sou a única pessoa que não está magoada com você. Todos os outros, do prefeito aos líderes tribais e seus vizinhos, todos estão chateados. Mas eu não estou. Você sabe disso. Estou sentado aqui ao seu lado e não estou chateado. Estamos conversando, mas por enquanto está sendo unilateral. Você quer que tudo isso desapareça? Impossível. Não vai desaparecer. Portanto, temos que passar por isso juntos, e eu estou aqui apenas para esse propósito. Assim, me diga, como resolvemos isso? Ajude-me a resolver, por favor. [silêncio mais longo]

Agora os elementos não verbais entram em ação. Olho para Dennis com a cabeça ligeiramente inclinada. Minhas expressões faciais são neutras. Sou paciente como se esperando alguém terminar o café antes de me despedir. Olhamos um para o outro em silêncio. Seu instinto é permanecer em silêncio: ele não quer ser preso. Deixei que soubesse que eu entendia sua relutância. Mas o ajudei a ver o que estou enfrentando: meu trabalho é manter a sociedade segura. Meus esforços não são pessoais, não tenho animosidade e temos um caso sólido. Eu expus isso, ao mesmo tempo que aceitei seu ponto de vista, então ele começa a considerar o que estou dizendo.

No final, ele se afasta da mesa, cruza os braços, respira fundo e diz:

– Você escreve. Eu não sei como fazer.

– Tudo bem. Eu escrevo, mas tem que ser com suas palavras, Dennis.

– OK.

Nesse intercâmbio, que levou cerca de duas horas no total, passei a compreender a relutância de Dennis, mas também me certifiquei de que ele percebesse de onde eu vinha – entendi que ele queria evitar ser preso, mas, ao mesmo tempo, eu tinha um trabalho a fazer. No final, apertamos as mãos e ele juntou os pulsos para que eu pudesse algemá-lo. Estávamos em sintonia.

Nos negócios, a construção de vínculos pode se dar de muitas formas: ajudar alguém que está sobrecarregado; concordar com a afirmação de um colega em uma reunião; ser cooperativo ao trabalhar em uma tarefa em conjunto. Ter uma postura amigável, muitas habilidades e boa reputação são vantagens, mas nada é mais poderoso do que ser confiável. Seja ao colaborar ou contestar, como foi minha situação com o acusado, ser confiável pode abrir caminho para o sucesso e estabelecer vínculos. Pode até acontecer quando as partes são adversárias. Você precisa apenas de confiança suficiente para iniciar uma interação. Depois de começar, a construção de vínculos pode ajudar cada parte a dar passos graduais em direção à outra. Adversários que conseguem manter esse processo por tempo suficiente para realmente superar as diferenças reforçam e aumentam a confiança mútua.

Quando procuramos um colega para pedir sua opinião sobre um chefe ou cliente, muito do que queremos saber tem a ver com a possibilidade de confiar neles e trabalhar bem com eles – ou seja, de criar bons vínculos. Quando advogados ligam para outros advogados e executivos ligam para ex-colegas para "descobrir os podres" de alguém com quem estão lidando, eles podem fazer muitas perguntas: "Posso confiar nesse sujeito?", "Como é lidar com ele?", "Será que ele está disposto a se comprometer?", "Até onde podemos ir?", "É bom trabalhar com ele ou é um completo idiota?". Mas tudo isso se resume a duas coisas: vou conseguir criar vínculos com essa pessoa; e ela é confiável?

Estabelecer esse vínculo vital para estar em sintonia com os outros é algo em que precisamos trabalhar. Nem sempre é fácil. Você vai deparar com pessoas simplesmente tóxicas, difíceis e desonestas? Sim, e não existe uma fórmula secreta para lidar com elas, porque escolhem ser assim. Pode ser que você nunca consiga estabelecer vínculos com essas pessoas. Isso é bom. Você faz o que pode para levar as coisas adiante sem se comprometer, mantém interações cordiais e fica de olho. Mas saiba que haverá dias melhores e pessoas melhores também, dignas de sua confiança, e você terá orgulho de contar com elas como colegas, membros da comunidade ou amigos. Quando se encontrarem, sua habilidade de inspirar confiança e construir vínculos colocará vocês em sintonia, e então serão capazes de se conectar rapidamente e aproveitar o que podem alcançar juntos.

ESTAR PRESENTE

Certa vez entrevistei um ex-oficial da inteligência soviética (o que a maioria das pessoas chama de espião) que se revelou um homem maravilhoso à sua maneira: bem-apessoado, erudito – meu arqui-inimigo, mas encantador. Perguntei a ele: "Vi aqui no dossiê que você viajou para Viena para se encontrar com sua fonte recrutada [que acabamos descobrindo ser um militar americano espionando para ele]. Ao fazer isso, você se expôs desnecessariamente. Por quê? Você não precisava." Ele respondeu: "Eu precisava vê-lo pessoalmente. Precisava olhar nos olhos dele; ouvir diretamente dele o que tinha a dizer. Nenhum relatório, não importa quão bem escrito esteja, e nenhum filme [não havia vídeo naquela época] pode transmitir o que posso ver de perto. Você precisa sentir o cheiro dos seus amigos para apreciá-los."

Jamais esquecerei estas palavras: "Você precisa sentir o cheiro dos seus amigos para apreciá-los." Que metáfora para ilustrar o estar presente, colocar a mão na massa, estabelecer um vínculo pessoal. Ele queria um relacionamento de longo prazo com o americano aliciado, e estar na presença desse recruta valia a pena para ele; mesmo que significasse correr o risco de ser identificado – o pior que pode acontecer a alguém na área de inteligência.

Para estabelecer vínculos, mostrar consideração, realmente entender os outros, devemos estar presentes. Ser empático tem muito a ver com estar lá, ver, sentir, observar assiduamente, fazer parte da experiência. Isso é o que o diretor Freeh transmitia quando fazia questão de correr conosco. Sua presença entre nós significou muito mais do que palavras; significou: *Eu me importo*.

Leva tempo para estar presente. Talvez você precise viajar e estar fisicamente lá com as outras pessoas. Programar videochamadas. Acordar cedo ou ficar acordado até tarde para se conectar com alguém em outro fuso horário. Estar no tempo "deles" é o seu compromisso de estar presente e indica o esforço que você faz para estar em sintonia. É isso que George Logothetis anuncia quando viaja pelo mundo para visitar pessoalmente a equipe dos escritórios do Libra Group.

DEZ MANEIRAS DE FALAR ALÉM DAS PALAVRAS

As palavras têm valor. Mas, quando se trata de demonstrar que realmente nos importamos com alguém, é nossa comunicação não verbal que fala mais alto. Se você é bom com as palavras, use-as à vontade. Mas o sorriso que consideramos tão acolhedor na mais tenra idade; o tom de voz que transmite nossa alegria ao ver alguém; a magnífica sensação que temos, nervo por nervo, quando alguém toca nossas costas ou segura nossa mão quando estamos com medo, tristes ou doentes – tudo isso mostra que a consideração começa e termina de forma não verbal. A seguir estão dez exemplos de comportamentos que causam impressões positivas indeléveis. No mínimo, eles podem tornar calorosa uma interação fria ou cética. No máximo, vão guiá-lo gentilmente para o caminho da construção de vínculos.

1. **Pequenos gestos significam muito.** Os gestos que usamos para dar boas-vindas aos outros, a postura gentil que os faz sentir-se especiais e à vontade, tudo entra no propósito da comunicação não verbal.

   Aquele pequeno sinal que você dá – talvez apenas um aceno de mão ou um piscar de olhos levantando rapidamente as sobrancelhas para um conhecido do outro lado da rua – mostra que você se importa. Seus braços também podem fazer com que os outros se sintam incluídos; a mão estendida para alguém que se aproxima enquanto você conversa com outra pessoa diz *Venha, junte-se a nós, participe do que estamos compartilhando.*

   Até nossos pés transmitem inclusão. Normalmente, em uma roda de conversa, os pés estão todos voltados diretamente uns para os outros. Embora possamos virar os quadris para cumprimentar quem chega, é só quando viramos os pés em sua direção que realmente fazemos essa pessoa sentir-se bem-vinda a se juntar a nós.

Indivíduos excepcionais literalmente se esforçam para deixar outras pessoas à vontade e fazê-las sentir que se importam com elas. Reservar um momento para cumprimentar alguém ou dizer olá a um grupo pode significar muito, especialmente se você é gestor, executivo sênior ou CEO.

2. **Seja ágil.** Comunique-se em tempo hábil. Isso é muito importante nos negócios. Demonstramos que valorizamos os outros quando prontamente nos apresentamos para ajudá-los. Faz parte da construção de vínculos e da validação: se é importante para eles, é importante para nós. Ninguém, digo ninguém mesmo, gosta de esperar muito por uma resposta. Algumas pessoas procrastinam para dizer não. Tenha certeza, dizer não prontamente é muito melhor do que demorar para dizê-lo ou não responder nada. As más notícias também não devem ser adiadas a partir do momento em que você entenda claramente o que precisa ser comunicado.

3. **Deixe-os extravasar.** Se as emoções estão latentes e há tensão, uma das melhores maneiras de dissolvê-las é liberá-las. Lembre-se da primazia das emoções – que, antes de podermos acalmar com palavras, devemos acalmar as emoções – e que as pessoas são positivamente influenciadas pela validação. Na semana passada, no aeroporto, vi um viajante perder sua conexão. Ele ficou bem chateado, demonstrando seu sentimento claramente para o funcionário do terminal de embarque. A experiência nos diz que, quando alguém está sob o domínio do sequestro límbico, é bom deixá-lo extravasar.

Se você estiver presente quando isso acontecer ou se for o alvo da raiva:

- Tente aumentar o espaço entre você e a outra pessoa. Afaste-se ligeiramente. Posicione-se de forma que não fique face a face com ela.
- Concentre-se no rosto dela em vez de olhar fixamente em seus olhos; isso pode ajudar a reduzir a raiva.
- Abaixe o tom de voz e fale de modo tranquilo, uma vez que dizer "Calma" raramente funciona.

- Respire fundo. Gravitamos em torno daqueles que percebemos estar sob controle. Essa profunda inspiração e longa expiração – descobri em minha pesquisa – envia uma mensagem subconsciente para indicar à outra pessoa o caminho para começar a relaxar.
- Estabeleça limites. Você se importa, mas não é saco de pancadas. Quando a pessoa extravasa além do razoável, é hora de conduzir a conversa a uma conclusão lógica – embora possa não ser perfeita – ou se afastar. Como observei em meu livro *Dangerous Personalities* (Personalidades perigosas), você não tem nenhuma obrigação social, jamais, de ser vitimizado.

4. **Sente-se de lado.** Pesquisas sobre comunicação (incluindo o estudo com primatas) revelam que nos sentimos mais à vontade quando as pessoas não se sentam exatamente à nossa frente. No FBI, evitava sentar-me de frente para qualquer pessoa que estivesse entrevistando e, na maioria das vezes, eu conseguia. Sentar-se ou permanecer de pé um pouco de lado em relação à outra pessoa garante uma conversa melhor e maior sensação de conforto. Nos negócios, as pesquisas mostram que sentar-se de lado também faz diferença – assim, em uma reunião importante, considere se posicionar no lugar certo.
5. **Incline a cabeça.** Inclinar a cabeça para o lado demonstrando atenção enquanto o outro fala aumenta o tempo de conversa e indica que você está receptivo e de mente aberta para ouvi-lo.
6. **Espelhe comportamentos.** Também conhecido como eco corporal ou isopraxismo, o espelhamento é um atalho para o subconsciente. Já foi reiteradamente demonstrado que sintonia é harmonia. Em outras palavras, quando conversamos com outras pessoas, nossos corpos ecoam ou espelham um ao outro quando há um alto grau de concordância em relação aos pensamentos ou sentimentos. Isso se traduz em bem-estar psicológico. Vemos isso entre a mãe e o bebê, entre bons amigos ou colegas imersos em conversas produtivas, ou entre um casal em um café olhando um para o outro em perfeita sintonia.

Incentivamos os outros a se comunicarem de forma mais livre

e aberta quando espelhamos seus comportamentos. Não estou falando de copiar cada movimento de forma caricatural, mas de seguir o padrão geral e o ritmo de seus movimentos: quando eles se inclinam para trás, nós nos inclinamos também; se pedem uma bebida, pedimos também. Quando estiver em uma conversa, imagine-se como um convidado visitando o espaço psíquico de alguém: você está relaxado e atento, seguindo as regras da casa com cordialidade e receptividade, como faria se estivesse visitando um amigo.

Ao espelhar os outros adequadamente, o processo é tão perfeito e harmonioso que passa despercebido. Conduzindo longos interrogatórios em minha carreira no FBI, descobri que o espelhamento é valioso para fazer os interrogados cooperarem. Você também pode espelhar uma atividade, como o diretor Freeh fazia ao correr em sintonia conosco. Pode pegar uma bandeja no refeitório da empresa e perguntar aos seus funcionários se poderia se sentar com eles... permanecer na fila do bufê junto com todos os outros... trazer seu lanche para a reunião de trabalho... ir para a igreja de ônibus em vez de ir de carro sozinho... malhar com a equipe... andar pela fábrica e perguntar como as coisas estão.

7. **Espelhe a linguagem.** Espelhar palavras também é poderoso. Se estamos conversando e uso as palavras *problema, família, caráter* e você responde dizendo *contratempo, esposa e filhos, personalidade,* não estamos realmente em sintonia. Inconscientemente, perceberei que a importância e o peso que atribuo pessoalmente às palavras *problema, família, caráter* não estão sendo valorizados ou devidamente compreendidos. Sim, estamos conversando, mas não nos comunicando de forma proveitosa – certamente não como poderíamos. Para nos comunicarmos eficazmente, devemos mostrar que nos entendemos, reconhecendo o valor que certas palavras têm para o outro. Quando um colega conversa sobre *igreja, netos* ou seu *bebê* (cachorrinho de estimação), essas palavras têm peso e significado especiais para ele e, quando também as valorizamos, estamos ajudando a estabelecer canais de comunicação mais solidários. Como o famoso psicólogo Carl Rogers descobriu há mais de 60 anos,

ao utilizarmos palavras específicas que os outros usam, ativamos um nível mental que torna essa sintonia atraente e influente.

Eu praticava espelhamento verbal constantemente no FBI. Certo dia, estava em San Luis, no estado de Sonora, México; em outro, no Upper East Side de Manhattan interrogando um desertor soviético ou um refugiado da Alemanha Oriental; ou em Miami, onde a guerra do narcotráfico nos colocaria em contato com jamaicanos, colombianos, cubanos ou porto-riquenhos. Em cada caso, tivemos que nos adaptar de acordo com quem falávamos, se com informantes, testemunhas, vítimas, suas famílias, seus vizinhos, suspeitos ou qualquer pessoa que tivesse algo a nos dizer. Não era apenas uma questão de idioma, mas também de vocabulário, e usamos isso a nosso favor para construir vínculos.

Se um morador da periferia disser que fulano "é firmeza", isso tem um significado especial. Responder "Então você confia nele?" indica que você não captou todo o peso da mensagem. Você está fora de sintonia. Lembro a primeira vez que ouvi uma moradora de Tampa dizer "Ele é ianque". A palavra estava carregada de sentido. Ficou claro que aquela mulher não se referia ao time de beisebol.

Espelhar não significa que devemos usar todas as palavras que as outras pessoas usam – algumas são repugnantes e desumanas. Logo, haverá momentos em que não estaremos em harmonia. Mesmo assim, devemos valorizar o peso de certas expressões. E, naquele caso, ianque era um código para qualquer pessoa do Norte ou recém-chegada, ou uma herança linguística aludindo aos "habitantes do Norte" que migraram após a Guerra Civil.

8. **Identifique prioridades e repetições.** Ouça não apenas o que é dito, mas também em que ordem (prioridade) e com que frequência certas palavras e temas são mencionados. Isso pode ser inestimável para discernir o que está incomodando alguém, apontar quais podem ser suas prioridades ou quais problemas estão em sua mente. Se um tema ou mesmo uma palavra se repetir com frequência, preste atenção. A repetição pode lançar luz sobre questões não resolvidas ou subjacentes, até mesmo patológicas.

9. **Faça anotações.** Quando as conversas forem importantes, especialmente nos negócios, faça anotações. Richard Branson, um dos maiores empreendedores do mundo, não só ouve, mas fala com todos que trabalham para ele onde quer que os encontre – e então dá um passo além em busca de clareza nas situações: ele anota. Para mim, isso demonstra que ele se importa tanto com o que seus funcionários têm a dizer que faz anotações para não esquecer nenhum ponto. O que isso comunica é nítido: *Mensagem recebida, isso é importante para você e para mim, tomarei as medidas apropriadas.*

Imagine como a comunicação e a criação de vínculos seriam melhores se nossos chefes, gestores, supervisores e líderes fizessem apenas isso.

Quantas vezes você conversou com um supervisor e se perguntou se alguma providência seria tomada ou mesmo se ele se lembraria do que havia sido dito, já que não anotara nada?

Outra boa razão para tomar nota: se houver problemas – e qualquer organização terá –, quem tiver a melhor documentação vence. Aprendi isso no FBI e em meu trabalho de consultoria privada nos últimos 18 anos. A memória de trabalho, como é chamada, não funciona perfeitamente. Os humanos erram o tempo todo. E nenhum de nós está imune ao esquecimento. Mas é difícil esquecer algo que está olhando para você em sua agenda ou lista de tarefas. Faça anotações para que nunca se esqueça das tarefas, para inspirá-lo e protegê-lo, se necessário; o importante é anotar.

Encontrei mais um benefício em fazer anotações. Usando a tecnologia disponível, agora posso fazer chamadas de vídeo em tempo real para clientes em todo o mundo. Muitas vezes os participantes estão apreensivos em relação a um problema específico. Depois de ouvir o que têm a dizer, peço a todos que coloquem seus pensamentos por escrito. Não porque sou preguiçoso e não quero fazer anotações. Faço anotações. Mas, para maior clareza, quero que todos pensem sobre o que estão dizendo, o que viram ou ouviram e o que querem que esse registro realmente reflita.

Conforme aplicava essa técnica, fui descobrindo que o que eles inicialmente enfatizavam mudava – e sempre para melhor – após uma reflexão e um pouco mais de pensamento crítico. O que haviam mencionado em primeiro lugar agora poderia vir em segundo. Outros fatores vinham à tona. Com menos emoção e mais pensamento, os fatos se tornavam mais nítidos.

As emoções afetam nossa capacidade de observar. Em conversas, permito que os clientes expressem suas emoções para que possamos – especialmente eles – ver mais claramente quais são os principais problemas. Isso se revela por escrito. Além disso, no futuro pode ser necessário um registro escrito de um incidente, então por que já não ir adiantando?

Essa atitude é especialmente importante em situações de recursos humanos, em que os temperamentos podem ser um problema, ou quando acontece algo crucial para a empresa. Acho que incentivar os clientes a anotar imediatamente seus pensamentos e observações depois de expor o problema os ajuda a relaxar e a ganhar maior nitidez sobre a situação.

Como pessoa ou como líder, só podemos nos comunicar claramente depois que entendemos as questões claramente. Para isso, devemos ser capazes de diferenciar o que é emocional do que é factual; o que alguém pensa do que alguém sabe ou suspeita. Nesses casos, anotar as coisas é mágico.

10. **Concorde e acrescente.** Décadas atrás, um instrutor veio a um de nossos seminários em Quantico para falar sobre como estabelecer vínculos. Ele tinha uma perspectiva interessante, pois trabalhava no teatro, especialmente em comédias. Um ensinamento que nos passou foi uma técnica que havia aprendido na comédia de improviso: concordar e acrescentar.

Basicamente funciona assim. A pessoa diz algo: "O trânsito daqui é péssimo!" Ao que você responde: "Péssimo mesmo [concordar... e então acrescentar:], ainda mais quando há um acidente." Com essa única declaração, você informa que está ouvindo, validando e entendendo o momento. Ou a pessoa diz: "Ele é um sabe-tudo." Ao que você responde: "É, sim! Sempre precisa dar a última palavra."

Uma simples repetição do que foi dito, porém com algum detalhe a mais que indica que você entendeu e está em sintonia. É muito melhor do que quando alguém responde "Sim", "Certo", "Aham" ou simplesmente acena com a cabeça. Claro, às vezes um aceno afirmativo funciona bem. Mas, para validar os pensamentos e sentimentos dos outros, concordar e acrescentar funcionam melhor.

Aliás, isso não significa que você não possa discordar. Se se opõe completamente a algo dito e o acha censurável, sinta-se à vontade para expressá-lo. Mas existem maneiras sutis de fazê-lo. Chamo isso de Método Concordar, Acrescentar e Afirmar. Como antes, você *concorda* e *acrescenta* alguma coisa – e depois *afirma* seus pensamentos ou suas convicções sobre o assunto. Pode ser, por exemplo: "Sim, o trânsito daqui é péssimo, especialmente no inverno." Então, após alguns segundos, você afirma: "Mas, para ser honesto, é incrível como eles mantêm as estradas abertas após uma forte nevasca." Ou você poderia dizer: "Concordo com você, o trânsito daqui é péssimo, mas certamente está melhor do que no ano passado."

Importar-se não significa se curvar ao que todos dizem. Há um lugar para sua visão das coisas. Mas, em nome da harmonia, é mais sábio concordar, acrescentar e afirmar.

Conheço pessoas maravilhosas e inteligentes que não entendem isso e interrompem conversas agradáveis corrigindo pedantemente um pequeno detalhe ou discordando abertamente. As conversas são muito mais bem-sucedidas e colaborativas quando permitimos que todos sintam que podem participar e compartilhar ideias. Nem sempre precisamos corrigir ou editar o que os outros dizem. Se você toda hora se opuser ao que as pessoas expressam, elas acabarão se cansando de interagir com você.

O MÉTODO DO CURANDEIRO

Essa técnica de comunicação é uma que compartilhei com médicos ao longo dos anos, mas raramente mencionei em meus escritos. É tão importante que lhe dei uma seção própria. Chamo-a de "Método do Curandeiro", mas se aplica a uma gama muito mais ampla de situações do que o nome pode sugerir.

Como estudante de antropologia, examinei as práticas de xamãs ou curandeiros em todo o mundo. Quando paramos para pensar, percebemos que boa saúde emocional e física deriva de conforto e bem-estar, e muitas vezes o que o xamã ou curandeiro faz é mais psicológico do que qualquer outra coisa. Por meio de danças, encantamentos, sacrifícios de animais, manipulação de objetos, imposição de mãos, poder de sugestão, drogas e, claro, o efeito placebo, eles proporcionam bem-estar e, em alguns casos, contribuem para a cura.

Estudando essas técnicas vistas em muitas culturas e ao trabalhar com médicos para aperfeiçoar suas habilidades comunicativas, consegui decodificar o que os curandeiros mais eficazes fazem. Na verdade, aqueles médicos que eram sempre tidos em alta conta, que faziam os pacientes se sentirem melhor sob seus cuidados, utilizavam o método do curandeiro sem perceber.

O método segue esta sequência: visual, vocal, verbal, tátil.

1. **Visual.** Assim como uma mãe – a primeira curandeira/ajudante/cuidadora que a maioria de nós conhece – entra na sala e deixa o bebê feliz apenas por aparecer, os médicos que entravam na sala com seu jaleco branco, estetoscópio à vista, recebiam as classificações mais altas. Por quê? Porque esses são os acessórios que, no mundo moderno, associamos a um curandeiro – alguém que faz as pessoas se sentirem melhor. O médico, ou a enfermeira, é essa figura arquetípica. O sorriso do profissional, outra ferramenta poderosa, faz o paciente sorrir, algo que Madre Teresa de Calcutá praticava e defendia quando dizia: "Nunca saberemos todo o bem que um simples sorriso pode fazer."
2. **Vocal.** O visual é seguido pelo vocal – o tom da voz do curandeiro: agradável, interessado, envolvido –, que convida à conversa e cria bem-estar psicológico. Eis um exemplo de um médico em Tampa, Flórida, que me permitiu participar de suas rondas matinais no hospital: "Como vai, sra. Garza? Como está o ombro?" O tom é

reconfortante, não apressado, não indiferente – sinalizando interesse genuíno em sua resposta.
3. **Verbal.** As palavras do médico contribuem para o efeito terapêutico: consideração, conhecimento das preocupações da pessoa, chamando-a pelo nome. Esse médico continuou. "Você tem um pouco mais de movimento hoje? Deixe-me vê-la levantar o braço", pediu com um sorriso, mostrando o movimento com o próprio braço para ela ver. "É um progresso maravilhoso", disse ele, examinando-a de perto, validando seus esforços para só depois fazer os registros.
4. **Tátil.** Então o médico pegou a mão da paciente como você faria com sua avó (palma para cima), e não com um aperto formal como faria com um sócio de negócios, e desejou-lhe melhoras. Ainda segurando a mão dela, ele gentilmente acariciou seu braço com a outra mão. "Vou vê-la novamente antes de partir hoje", prometeu, sua mão reforçando firmemente suas palavras, seu sorriso fazendo-a sorrir. Embora sentindo desconforto, a sra. Garza elogiou o médico e, quando lhe pediram para avaliar sua dor em uma escala de um a dez após a consulta, ela a classificou como três, quando antes havia sido cinco.

Eu argumentaria, e muitos médicos que entrevistei concordam, que o efeito terapêutico começa não com os medicamentos empregados por eles, e sim com o que é comunicado verbal e não verbalmente no espaço da interação: o contato visual entre médico, equipe e paciente, e – muito importante – o que o paciente espera ver no contexto da cura e na imagem que o curandeiro projeta. O tom de voz é fundamental – cuidadoso, sincero –, assim como as palavras que exploram, mostram interesse e encorajam. Por fim, o toque, algo de que nossa espécie precisa, quando aplicado corretamente, cura. Como Helen Keller lembrou: "O paraíso é alcançado pelo toque."

É simples assim. Nem mágico nem místico. Apenas um humano totalmente sintonizado com outro e ciente de que a comunicação vai muito além de palavras – na verdade, influenciamos uns aos outros visualmente, vocalmente, verbalmente e, por fim, com o toque. Experimentamos isso primeiro com pais amorosos, pois sua mera presença, seu tom de voz, suas palavras e carícias nos fazem nos sentir muito melhor. Quando embarcamos em um avião e somos recebidos pela comissária, usando elegantemente seu uniforme, com um sorriso caloroso e um olá amigável, e talvez um toque no braço, ela também está seguindo o método do curandeiro: está lá para fornecer aquele bem-estar psicológico que um passageiro de primeira viagem pode precisar. Apenas quatro etapas fáceis que influenciam positivamente os outros: fáceis de replicar, profundamente poderosas quando aplicadas adequadamente.

Cobrimos um extenso assunto neste capítulo. Mas a mensagem central é: pessoas excepcionais se esforçam acima de tudo para comunicar, à sua maneira, que se importam. Para o diretor Freeh, era acordar cedo e encontrar os agentes na pista – fora das reuniões, fora dos protocolos rígidos habituais –, onde nos incentivava a falar com franqueza.

Vivendo uma vida íntegra e sendo confiáveis, estabelecemos as bases da credibilidade necessária para comunicar que nos importamos. Entendendo a primazia das emoções e também como usá-las, juntamente com a comunicação não verbal que inspira bem-estar e franqueza para validar os outros e nos comunicar de forma autêntica, demonstramos que nos importamos.

A consideração inspira, renova, motiva, acalma e incentiva. Cada um de nós tem essa capacidade. É quando os outros percebem que nos importamos com eles que nossa comunicação se torna transformadora. É assim que, unidos, podemos mover montanhas.

QUATRO
Ação

SER OPORTUNO, ÉTICO E PRÓ-SOCIAL

Conhecendo e aplicando o arcabouço ético e social da ação apropriada, podemos aprender, como as pessoas excepcionais aprendem, a "fazer a coisa certa na hora certa".

Faça seu trabalho e eu o conhecerei.
— RALPH WALDO EMERSON

"Pare esses caras! Eles acabaram de nos roubar!"

Não me lembro de ter desligado o telefone. Tinha sido uma noite tranquila de primavera na Richards, uma loja de departamentos em Miami onde eu trabalhava depois da escola durante meu último ano no ensino médio. A formatura estava chegando. Eu só pensava na minha bolsa de estudos de futebol para ingressar na faculdade. Naqueles poucos segundos, ouvindo a voz do meu chefe, tudo estava prestes a mudar.

Entrei em ação e corri para bloquear a saída dos ladrões. Vendo-me tentando detê-los, os dois homens se separaram e foram para saídas diferentes. O que vinha na minha direção se aproximou de mim sem hesitar, atacando com a faca de pesca de 25 centímetros que havia usado para roubar os balconistas no fundo da loja. Vi o brilho da lâmina e me virei no último segundo. A faca perfurou duas vezes meu braço esquerdo, cortando (como eu viria a saber mais tarde) bíceps, tríceps, artéria braquial, nervo ulnar, nervo medial, nervo cutâneo inferior e músculo braquial. Os músculos cortados se retraíram pela força dos tendões e o sangue começou a jorrar enquanto eu caía.

Não havia dor no início. Mas então, à medida que os músculos se contraíam ainda mais, a dor tornou-se insuportável, fazendo-me contorcer o corpo. O sangue jorrava tão rápido que a primeira pessoa a aparecer deslizou pisando no sangue no chão e caiu ao meu lado. Felizmente, um policial chegou depois de responder a um alarme silencioso durante o roubo. Eu estava começando a desmaiar por causa da grande perda de sangue, mas ele não deixou. Colocou seus dedos tão fundo dentro da minha ferida que quase não se viam, fechando os vasos e estancando efetivamente o sangue. Ele salvou minha vida.

Os jornais locais disseram que eu era um herói, os políticos que passavam pelo hospital também o disseram, e até o então presidente Richard Nixon se deu ao trabalho de me escrever uma carta agradecendo minha "ação corajosa".

A história teve um herói, mas não fui eu. Eis o que realmente aconteceu: um menino de 17 anos agiu pensando que ajudaria, mas falhou. Falhei em deter os ladrões. Eles fugiram e o dinheiro nunca foi recuperado. Errei por ter sobrecarregado minha família com o custo emocional das minhas três semanas no hospital, dos meses seguintes de recuperação e de um futuro incerto. Quando as 23 ofertas de bolsa de estudos de futebol para a faculdade desapareceram da noite para o dia, eu não tive certeza se conseguiria frequentar a universidade naquele ano. Certamente não seria por meio de uma bolsa de futebol: meu braço exigiu mais de 150 suturas por dentro e por fora.

Isso foi o que aconteceu. Mas essa não é a moral da história. A moral é: mesmo com as melhores intenções, uma ação não traz garantias de sucesso. O que aprendi naquele dia em Miami foi que você pode fazer todas as coisas "certas" – superar as expectativas, até mesmo seguir a lei ao pé da letra – e ainda assim falhar. Esse é o desafio de tentar viver um script. Talvez funcione bem em uma novela ou um filme, mas não na vida real.

Quando se trata de ação na vida real, as coisas que devemos ou deveríamos fazer em um momento específico não podem ser regidas por linhas de código, relações de itens ou listas de verificação. Em determinado ponto ou instante, é preciso se comprometer a agir, como fez o capitão "Sully" Sullenberger com sua aeronave descontrolada: assumir o controle daquele avião, mesmo com os dois motores desligados, e tentar pousá-lo usando as habilidades dominadas – mas não há garantias de sucesso.

Theodore Roosevelt disse: "Em um momento de decisão, o melhor a fazer é fazer a coisa certa. O pior a fazer é não fazer nada." O guru da administração Peter Drucker observou: "Gestão é fazer certo as coisas. Liderança é fazer as coisas certas." Ninguém discutiria a validade dessas afirmações. Mas como saber qual a "coisa certa" a fazer? O que é boa conduta? É uma questão que enfrentamos constantemente como indivíduos, como pais, como cidadãos – e certamente como líderes – todos os dias.

Nossas ações diárias moldam nossas vidas: constroem ou minam nossa credibilidade, conquistam amigos ou criam inimigos, aumentam nossas chances de colocação no mercado ou nos reduzem a pó.

A *maneira* como se escolhe agir também importa. Você age com alegria, entusiasmo, diligência, cuidado e pensando nos outros? Só você pode determinar não apenas o que faz, mas como faz.

Se está buscando o caminho mais rápido para influenciar pessoas, não busque mais do que agir; a ação tem o próprio peso e o próprio valor. É a comunicação não verbal que anuncia: *Este é quem eu sou, isso é o que importa para mim, é assim que me sinto em relação a mim e aos outros*. Suas ações o definem dia após dia. Aristóteles estava certo: "Somos o que fazemos repetidamente."

Portanto, vale a pena perguntar: é você que controla sua vida ou é a vida que controla você? A única maneira de fazer a diferença na vida e no mundo é pelas nossas atitudes. Na verdade, eu diria mesmo que o caráter é a soma total de nossas ações – o que fazemos a cada momento da vida e o efeito que nossas ações têm sobre os outros.

O que nos leva de volta a fazer a coisa certa. É mais fácil falar do que fazer. Ninguém é perfeito. Às vezes todos falhamos agindo apropriadamente – ou fazemos o certo, mas os resultados não saem como esperado. Pessoas excepcionais não são diferentes. Elas agem e às vezes falham. Essa dicotomia – sucesso e fracasso – não resume tudo quando se trata de avaliar ações. Quando proposta de forma correta, a ação tem um poder único. É aqui que começamos a discernir o que define as ações de quem é excepcional.

Neste capítulo exploraremos os fundamentos éticos e sociais de uma boa conduta. Vou compartilhar um protocolo para tomada de decisões que você poderá praticar em todas as circunstâncias. É um protocolo em que a vontade de agir, ser responsável e trabalhar em prol dos outros se torna primordial. Por quê? Porque é assim que pessoas excepcionais e líderes dignos agem. No processo, você vai preparar o cenário para realmente se diferenciar e alcançar um nível de influência com o qual a maioria das pessoas apenas sonha.

NOSSAS AÇÕES DEFINEM QUEM SOMOS

De tempos em tempos, um senhor em uma carroça puxada por cavalos visitava a pequena cidade cubana onde morei até os 8 anos de idade. Ele ia de casa em casa perguntando se havia comida a ser descartada – o que alguns chamariam de rejeitos – para que pudesse alimentar seus porcos. Esse sistema de reciclagem funcionava bem: nada era desperdiçado. Fazia isso havia décadas e todos se referiam a ele como *el guajiro* (literalmente, "o agricultor").

Seu odor, claro, não era muito agradável e as roupas muitas vezes estavam sujas, mas ele sempre sorria. Eu ficava feliz ao vê-lo; ele me deixava acariciar *la yegua* (a égua) e, às vezes, até montar nela para que eu pudesse fingir ser um caubói americano.

Porém, do que me lembro mais nitidamente é de minha mãe ou minha avó saírem sob o sol quente de Cuba para cumprimentar o idoso – já castigado pelo calor –, carregando um copo e uma jarra de água gelada na bandeja que era reservada para nossos jantares. E não era qualquer utensílio de vidro: era feito à mão e importado da Tchecoslováquia.

Vi isso acontecer tantas vezes que, por fim, perguntei a minha mãe: "Por que damos a *el guajiro* água no nosso melhor copo, já que nós, crianças, não podemos usá-lo exceto na hora do jantar?"

"*Porque se lo merece*", ela respondeu. Porque ele merece.

Foi minha primeira lição sobre as ações que tomamos, como discutiremos: um ato confiável, feito quando necessário – e não apenas quando conveniente – para aliviar, valorizar e se importar com o outro, qualquer que seja seu status.

Minha mãe e minha avó faziam questão de que nosso hóspede, por mais humilde, sujo e fétido que fosse, recebesse do nosso melhor.

Dar o seu melhor: esse é o contrato não escrito segundo o qual os indivíduos excepcionais vivem.

Décadas depois, perguntei sobre esse episódio novamente a minha mãe, procurando talvez uma resposta mais profunda. "Foi assim que fui criada", respondeu ela. "Aprendi que temos uma responsabilidade para com os outros, que devemos nos importar." Como frequentemente afirmo, a verdadeira medida de uma pessoa é como ela trata aqueles que não podem fazer absolutamente nada por ela. Uma lição que aprendi desde muito jovem com minha mãe.

Nossa propensão à ação tem múltiplas raízes. Como Alan Jasanoff observa em seu esclarecedor livro *The Biological Mind* (A mente biológica), a maneira como agimos baseia-se, em parte, na biologia, na nossa identidade de gênero e no nosso DNA, bem como no que internalizamos de nossos pais, amigos, escola e outras instituições, incluindo organizações religiosas. Tive a sorte de ter uma família amorosa e carinhosa, em que o exemplo da ação em favor dos outros era realizado e reforçado repetidamente. Nem todos somos tão afortunados. Entretanto, temos livre-arbítrio e capacidade de agir em prol dos outros: ser pró-sociais, humanos, decentes e gentis, mesmo quando nossa origem ou criação nos tenha apresentado obstáculos. A única coisa que se precisa ter é vontade. E isso depende de nós.

Há um contrato social explícito, mas não escrito, que é autoevidente e autovalidado: sobreviveremos e prosperaremos se cuidarmos uns dos outros. Com raras exceções, esse contrato social é encontrado em todas as culturas estudadas. Ao longo de milênios, nossos antepassados provaram isso uns aos outros; e, nos últimos 300 mil anos mais ou menos, o *Homo sapiens* não teria sobrevivido sem ele. Na verdade, um mecanismo de recompensa pela ação de cuidar se desenvolveu em nosso neurocircuito com o único propósito de sobrevivência. O poderoso neurotransmissor e hormônio oxitocina é liberado quando cuidamos e nos relacionamos com os outros. A dopamina também é liberada quando somos atenciosos, gentis e generosos. Isso ajuda a explicar por que criamos laços com bebês quase imediatamente e por que, quando ajudamos alguém, nos sentimos bem depois. Como Ellen Galinsky lembra em *Mind in the Making* (Mente em formação), até os bebês estão prontos para ajudar, causando impactos sociais positivos, bem como recompensas fisiológicas benéficas.

A maioria de nós respeita esse contrato – que não é escrito, mas vital – ou tenta honrá-lo pelo menos em um nível mais básico. Quando alguém se perde, indicamos caminhos; quando alguém cai, nós o ajudamos a se levantar; quando alguém está deprimido, nós o confortamos; quando está no fundo do poço, lhe damos apoio. Mas o que guia nossas decisões para a ação, especialmente quando as circunstâncias são mais dinâmicas ou complicadas? Para começar, depende de quanto nos importamos.

Ação e inação falam alto
Você pode alegar que se importa, que ama, que é isso ou aquilo, mas, sem atitude, serão somente palavras vazias. Inúmeras vezes, quando meu trabalho como agente do Estado exigia que eu comparecesse ao tribunal, presenciei pessoas testemunharem que o réu era bom pai, boa mãe, bom filho, bom vizinho; no entanto, na sequência entrava alguém provando as verdadeiras atitudes do réu e a máscara de ser humano "caridoso" caía por terra.

Quando se trata de ação, especialmente que beneficie os outros, vários fatores importantes para nossa vida privada e profissional estão em jogo – ou deveriam estar –, mesmo antes de decidir agir ou não.

No Capítulo 1 discutimos o equilíbrio emocional como componente-chave do autodomínio. Antes de atuar com sabedoria, precisamos nos avaliar com base na nossa realidade para saber quais são os pontos fortes e fracos que temos. Do contrário, é muito fácil nos iludirmos pensando que estamos preparados para agir e que as opções que escolhemos são perfeitas. É possível estarmos errados em nossa lógica e nosso pensamento, porque não avaliamos todo o contexto para encontrar os pontos cegos; podemos deixar de considerar o que os outros têm a dizer; ou ser muito cabeças-duras ou ignorantes para entender o que é melhor – e, assim, somos vítimas do que se conhece como "efeito Dunning-Kruger".

Os pesquisadores David Dunning e Justin Kruger descobriram que indivíduos com baixo desempenho (leia-se: falta de autodomínio, ou seja, de autoconsciência e capacidade real) "chegam a conclusões errôneas e fazem escolhas infelizes, porém sua incompetência rouba-lhes a capacidade de perceber isso". Sua autoconfiança pouco merecida e, muitas vezes, injustificada os leva a "ter uma visão arrogante de seu desempenho e de sua capacidade". Assim, mesmo antes de agir, estão condenados a tomar atitudes erradas, uma vez que não têm ideia da pobreza de seus pensamentos. E, como não têm nenhuma base sobre sua realidade, consideram suas ações apropriadas mesmo quando falham, porque não têm a capacidade de parar e se avaliar interiormente. É preciso autoconsciência e aquele componente superior, o autodomínio, para entender quando nos falta habilidade ou experiência. Em outras palavras, o pré-requisito para tomar uma decisão boa e inteligente é "ser bom em saber o que não sabemos" e reconhecer quando um caminho não é bom – do contrário, qualquer coisa que decidamos fazer vai parecer boa.

Para alguns, o outro lado da moeda é ficar paralisado de medo e deixar de agir. Nesses dois casos, o autodomínio (Capítulo 1) nos prepara para possíveis ações a serem tomadas com base na realidade e na capacidade; a observação (Capítulo 2) nos permite entender o contexto para que possamos agir adequadamente; e uma comunicação hábil (Capítulo 3) nos qualifica a dar e receber informações e o apoio necessários para realizar a missão. Ao agir, os excepcionais dominam todas essas habilidades, que, aliás, são cruciais para os negócios, uma vez que a falha em agir adequadamente pode prejudicar catastroficamente uma organização.

Precisa de um exemplo? O Boeing 737 MAX.

Enquanto escrevia este livro, a Boeing estava sendo processada por não se preocupar com a segurança da tripulação e dos passageiros, enquanto os pilotos se queixavam de problemas de software que faziam com que o Boeing 737 MAX se comportasse erraticamente em determinadas situações. Por fim, a operação de toda a frota desses aviões foi suspensa depois que dois deles caíram, matando mais de 350 pessoas. A Boeing perdeu milhões de dólares em receitas a *cada dia* que os aviões permaneciam em terra, perdendo também a confiança dos clientes.

Quando não nos esforçamos para superar nosso medo de agir, podemos não investigar como o produto final está funcionando, o que o cliente está pensando ou o que o público pode estar percebendo. Não trocamos a fralda, não levamos a criança ao médico a tempo, não lavamos a louça, não fazemos o que nos pedem. Falhamos com os caídos e feridos, fingindo que está tudo bem. Demoramos a responder às necessidades urgentes dos outros. A falta de ação equivale à falta de cuidado.

Deixar de agir é uma falha, com certeza, e das piores. Aqueles que atrasam, negam, hesitam, procrastinam, perdem oportunidades, enterram a cabeça na areia ou veem irregularidades com o tempo pagam um preço. A falta de ação dos governos durante a pandemia de Covid-19, desde 2019, fez com que milhares de pessoas morressem desnecessariamente.

Em nível pessoal, as consequências da inação para um filho ou cônjuge podem ter efeitos psicológicos tanto imediatos quanto a longo prazo, incluindo frustração, desconfiança, retraimento e mesmo depressão. Todos os dias crianças perdem a confiança em seus pais, casais se distanciam, clientes levam seus negócios para outro lugar e pessoas são demitidas do cargo – por falta de ação.

Sempre digo aos líderes empresariais: se há pessoas trabalhando para você que não se importam com o que fazem, é você quem pagará o preço, porque podem até fazer o que lhes é exigido, mas não com entusiasmo, não com o mesmo comprometimento que você e, provavelmente, de maneira não tão competente ou completa. Empregue-as se desejar, mas não espere que carreguem o peso colocado sobre elas ou tenham o melhor desempenho quando você mais precisar delas.

Fazer a coisa certa envolve não apenas *o que* fazer, mas também *como* fazer. Atitude e comportamento são declarações não verbais fundamentais que falam mais alto do que palavras. Você não se sente melhor quando alguém age com diligência, meticulosidade, precisão, atenção e entusiasmo em vez de apatia, relutância, desleixo ou mesmo desdém?

O interessante é que isso está inteiramente sob nosso controle, mesmo quando quase nada mais está. Mas poucos de nós exercem plenamente esse poder ou compreendem sua influência. Lembro-me do exemplo de Nelson Mandela no capítulo anterior. Na prisão, ele foi importunado e reprimido em quase todos os sentidos. Entretanto, sua atitude estava sob seu controle e, por meio de sua mentalidade e das ações decorrentes dela, transformou até mesmo seus inimigos em aliados.

Só você pode controlar como vai agir. Mas tenha certeza de que os outros perceberão e serão influenciados por você.

Isso significa que não podemos ter um dia ruim? Haverá momentos em que deixaremos de agir ou não agiremos a tempo – e teremos que lidar com as consequências. Mas um dia ruim não nos define, embora possa nos fazer lamentar nossas ações ou omissões e tornar os outros menos dispostos a cooperar conosco no futuro. Lembre-se: é o que fazemos habitualmente que nos define. A vida é um filme que vai sendo exibido, não uma foto fixa no tempo. O que as pessoas excepcionais aprendem com um dia ruim é a determinação de tornar o dia seguinte melhor.

Uma amiga me disse que seu pai costumava aconselhá-la: "Se você esperar para tomar uma decisão até ter todas as informações de que gostaria, não haverá mais nenhuma decisão a ser tomada."

É verdade que muitas vezes temos que tomar decisões mesmo não sabendo tanto quanto gostaríamos antes de agir. Mas os excepcionais entendem que chega um momento em que é melhor se comprometer com a ação e lidar com o resultado, seja ele qual for, do que assistir ao mal que certamente será causado por se esquivar, atrasar, hesitar ou esperar pôr todos os pingos nos is – ou, por medo de fracasso, deixar de agir.

Como ponderam o que fazer? Eles se baseiam em conhecimento, história, precedentes, estudos, observações e experiência pessoal validada. São guiados tanto por princípios morais quanto pela compreensão do que funcionou para eles e para outros indivíduos extraordinários no passado.

Como têm muito mais informações em que confiar, eles evitam as armadilhas do efeito Dunning-Kruger, tomando decisões melhores e mais rápidas. Por outro lado, há pessoas que esperam estar suficientemente preparadas; no entanto, sua ação, mesmo que correta, pode ser tardia.

O PROTOCOLO DA AÇÃO ÉTICA

Embora fosse maravilhoso apresentar uma fórmula de ação que se adaptasse a todas as circunstâncias, seria impossível. Talvez por isso o padrão ouro para os hotéis Ritz-Carlton seja simplesmente: "Somos damas e cavalheiros servindo damas e cavalheiros." Como informa o site da empresa, "esse lema exemplifica o serviço proativo prestado por todos os membros da equipe". Em vez de uma longa lista de coisas a fazer, essa declaração sucinta da sua missão fornece a visão do perfil da empresa. Para servir damas e cavalheiros, deve-se saber como fazê-lo, deve-se observar e procurar antecipar o que é necessário, e suas ações devem ser executadas como uma dama ou um cavalheiro as executaria – com cuidado e respeito. Com essa mentalidade, o hotel sempre representou a síntese do bom serviço – superando as expectativas e oferecendo imenso bem-estar aos hóspedes.

Portanto, se não há um livro-mestre de regras ou procedimentos nem um lema pessoal, o que se faz?

Na minha carreira no FBI, muitas vezes as decisões eram mais simples por causa dos limites rígidos de comportamento. Bastava perguntar: está dentro da lei? É ético? Resistirá à análise judicial ou às diretrizes do Departamento de Justiça? Mas, na vida, nem sempre temos esse tipo de critério institucional. O Protocolo da Ação Ética (um guia que desenvolvi em colaboração com Toni Sciarra Poynter para a tomada de decisões quando há dúvida ou incerteza sobre como proceder) é uma série de quatro perguntas que considero úteis para avaliar a adequação das atitudes que pretendemos tomar:

1. Minhas ações e meu comportamento promovem confiança?
2. Minhas ações e meu comportamento agregam valor?
3. Minhas ações e meu comportamento influenciam ou inspiram positivamente?
4. Minhas ações e meu comportamento são pró-sociais?

Essas quatro perguntas podem não ser relevantes para todas as circunstâncias em que a ação é necessária. Mas, ao longo de décadas, eu as considerei úteis como um ponto de referência, especialmente se houver tempo para pensar e se preparar ou se uma situação for particularmente complexa ou incerta. Individualmente ou em conjunto, dependendo das circunstâncias, podem funcionar como um modelo para escolher o que fazer. Vamos analisar cada uma.

Minhas ações e meu comportamento promovem confiança?
Quando me aposentei do FBI, o futuro procurador do Distrito Central da Flórida Brian Albritton me disse algo que ainda ressoa: "Joe, você terá

muitas oportunidades agora que se aposentou do FBI. Lembre-se sempre: sua reputação é tudo."

Eu havia trabalhado duro na agência para estabelecer confiança, o que provou ser inestimável: quando até os criminosos podem confiar em você, você sabe que alcançou o objetivo. Lembro-me de um suspeito me perguntar, como se testando minha honestidade: "Vou ser preso?" "Claro que vai, se eu puder provar que é culpado. Mas você já sabia disso, não?", respondi. "Bem, pelo menos você não tentou me enganar", disse ele. Ao responder de maneira honesta, demonstrei-lhe que eu era confiável. Talvez não por acaso, mais tarde ele me pediu para ligar para sua família avisando que havia sido preso. Ele achava que seus amigos menos confiáveis não ligariam. Entrei em contato com os familiares e, por sua vez, eles me ajudaram em outras questões.

Sozinho, aposentado do FBI depois de 25 anos, senti que tinha que provar tudo de novo. Eu não tinha mais aquelas credenciais que informavam que era representante dos Estados Unidos, sob a autoridade do procurador-geral. Minhas credenciais atuais como civil são as mesmas que as suas. Qual é a credencial comum que você e eu carregamos? A confiança que inspiramos. A permissão que você e eu temos para entrar na casa de alguém ou em um escritório e ter acesso a tudo de valor, de crianças a livros de contabilidade, baseia-se nessa credencial – confiança com base no desempenho.

Nos negócios, confiabilidade e credibilidade se fundem com reputação profissional. Você estará se iludindo se achar que as pessoas não avaliam essa reputação. Quer peçam referências, confiram suas mídias sociais, liguem informalmente para um colega do seu emprego anterior, as pessoas querem saber qual é sua reputação. Ela é importante.

Stephen R. Covey escreveu: "Se quer que acreditem em você, seja confiável." Como é a confiabilidade na prática? Baseia-se em tudo que você leu até agora além disso: tornamo-nos confiáveis quando demonstramos, de forma consistente e inequívoca, que nos importamos com os outros, cumprimos nossas obrigações e agimos em prol dos outros.

Lembre-se de momentos em sua vida em que alguém o decepcionou: quando não fizeram nada ou a ação foi tomada sem cuidado, com relutância, de maneira lenta, com indiferença ou, pior, com a intenção de prejudicar. Talvez você reaja emotiva ou fisicamente só de pensar nessas experiências negativas.

Agora lembre-se de quando alguém atendeu suas necessidades, melhorou sua vida ajudando-o a atravessar momentos difíceis ou o fez se sentir especial, cuidado ou mais seguro. Só de se lembrar você já sente o afago da pessoa. Isso tudo é consequência da ação que alguém tomou – talvez nem sempre de modo tão perfeito, mas certamente *com a intenção de retribuir sua confiança*. Isso é o que distingue a pessoa confiável. Décadas depois, consigo lembrar com muita clareza pessoas que conheci e com as quais trabalhei que nunca vacilaram, com quem se podia contar, que eram confiáveis e coerentes. Elas permanecem afetuosamente marcadas em minha memória. É uma dádiva encontrar indivíduos permanentemente confiáveis que agem de modo consistente em nosso melhor interesse – indivíduos que sempre vão se importar.

Minhas ações e meu comportamento agregam valor?
Ações excepcionais não atendem apenas as necessidades do momento. Elas buscam aprimorar o que é preciso não apenas no presente, mas no futuro. Para acrescentar valor a uma situação ou a um indivíduo, a ação deve agregar ou infundir algo significativo – tangível ou intangível. Talvez sejam ideias, experiências, criatividade, liderança, um financiamento, energia, tenacidade ou habilidades profissionais. Talvez algo físico que possa ser construído para aqueles que não conseguem construir sozinhos.

Indivíduos excepcionais não se guiam pelo conceito egoísta e limitante do *quid pro quo* (troca de favores). Eles ajudam e agem porque isso é profundamente recompensador. Quando ajudo uma vizinha que até então eu não conhecia a tirar as compras do carro, não espero nada em troca. Mas ela simplesmente pode passar a me ver de modo mais gentil ou com gratidão, considerando-me então um vizinho confiável; mas não é por isso que eu a ajudo. Quer seja eu, você ou uma empresa que age com generosidade, a boa vontade traz benefícios que se estendem a todos em volta. Como Adam Grant observou em seu livro *Dar e receber*, são os generosos que no final se saem melhor.

Lembro-me vividamente de conduzir uma avaliação comportamental para um cliente em Nova York. Em cada andar que eu visitava, todos diziam: "Ah, você precisa conhecer Henry." Essa frase ressoou por dois dias nos meus ouvidos. Mas Henry nunca estava por perto, ao que parecia, ou estava muito ocupado. Por fim, no terceiro dia, disse: "Adoraria conhecer Henry." As pessoas se surpreenderam quando viram que eu ainda não o conhecia. Agora eu estava realmente curioso. Então Henry foi oficialmente convocado para se encontrar comigo.

Nada notável, pensei na primeira impressão. Mas então me lembrei de como todos que o mencionavam sorriam quando o encontravam. Havia algo ali.

Henry era discreto, mas falou um pouco dele para mim. Ele aprendera sozinho a trabalhar com computadores e gerenciava o departamento de TI, embora tivesse acabado de se formar no ensino médio. Enquanto conversávamos, várias pessoas passavam e todas paravam para cumprimentar Henry. Para todos ele tinha um sorriso ou uma história engraçada.

Quando terminamos, entendi por que as pessoas diziam "Você tem que conhecê-lo". O valor que ele agregava àquela organização, além de gerenciar o departamento de TI e ajudar qualquer pessoa – inclusive, como soube, casais que precisavam de ajuda para configurar seu mais recente dispositivo Bluetooth em casa –, era a sua mais pura alegria. Ele não só contribuía com suas habilidades profissionais, mas também trazia alegria ao ambiente de trabalho. Estou disposto a apostar que "alegria" não estava em nenhum lugar do seu currículo de trabalho, mas Henry fazia isso. Os resultados eram magníficos.

Tive a impressão de que as pessoas o procuravam regularmente, como se precisassem de uma dose diária de Henry. Chegaram a me dizer que, quando ele estava de férias, sentiam falta de vê-lo na lanchonete. Quando me sentei para minha revisão final com os três executivos da empresa depois de uma semana lá, todos concordaram: Henry era muito mais do que um técnico. Como observou o CEO: "Meu maior receio é que um dia ele vá embora. Você terá sorte se encontrar alguém assim uma vez em décadas – só um." Ele estava certo.

As tarefas rotineiras da vida tornavam-se prazerosas, até mesmo memoráveis, a partir dessas interações. Uma colega me contou sobre uma visita de rotina à farmácia local em busca de um produto de que ela precisava. Enquanto examinava as prateleiras, uma voz chegou perto e lhe perguntou:

"Há algo específico que você está procurando?" Sim, havia. Não só a balconista da loja lhe informou onde estava o produto, mas a acompanhou até o lugar correto. Uma vez lá, ela apontou o aviso na prateleira indicando que dois poderiam ser comprados com desconto, com o uso do cartão de recompensas da loja. Minha colega não tinha o cartão e não tinha a intenção de obter um: "Fico um pouco intimidada com essas coisas e geralmente estou com pressa; suponho que terei dificuldades em preencher o formulário e não quero perder tempo." Mas ela ficou tentada pelo desconto, porque às vezes é difícil encontrar esse produto. "Da maneira mais discreta, a atendente da loja se ofereceu para me acompanhar até a caixa e ajudar a fazer meu cadastro – são apenas algumas perguntas e pronto. Ela estava tão relaxada e fez parecer tão fácil. Antes que eu percebesse, já estava adquirindo o cartão!"

A prestativa atendente permaneceu por perto enquanto a moça da caixa começava a registrar as compras. Foi aí que minha colega pensou em um problema: ela costumava usar o caixa automático porque era mais rápido. Mas estava preocupada com possíveis dificuldades ao tentar usar pela primeira vez o cartão de recompensas na máquina.

Agora, incrivelmente, era a moça da caixa que entrava em ação, igualmente atenciosa. Em vez de apenas informar que, no momento certo, a máquina pediria o cartão da cliente para fazer a leitura, "ela mesma se ofereceu para *me acompanhar até lá* para fazermos isso juntas. E assim foi!"

Minha colega saiu com o produto que procurava, a um bom preço, e sentindo-se satisfeita em relação à sua experiência com o pessoal da "sua" loja. A loja realizou uma venda extra do produto e acrescentou mais uma cliente à lista de e-mails. Um bom exemplo de uma relação em que todos ganham.

Mas a história fica ainda melhor. Mais tarde, naquele mesmo dia, uma pesquisa de satisfação do cliente lhe chegou por e-mail perguntando sobre a experiência que havia tido na loja. Minha colega forneceu um feedback superpositivo e contou sua história em detalhes. Um pouco depois das 21h naquela noite, ela recebeu um e-mail pessoal do gerente da loja, agradecendo-lhe por seu feedback e dizendo que a atendente prestativa que a auxiliou trabalhava na loja havia anos e tinha prazer em ajudar os clientes. Ele ainda estava tentando descobrir quem era a moça da caixa, mas disse que havia compartilhado a história com todos da equipe para que soubessem que um bom trabalho havia feito a diferença para alguém. Ele encerrou com um convite pessoal para que ela lhe escrevesse a qualquer momento com sugestões e ideias ou o procurasse na loja.

Como eu disse anteriormente: a ação tem seu peso. Que histórias seus clientes, colegas ou amigos estão contando sobre suas experiências com você e sua empresa? (Que foi? Você acha que eles não contam?)

Existem várias outras maneiras surpreendentes que agregam qualidade ao resultado final. O valor pode ser aprimorado por habilidades, é claro, mas, como já discutimos, o reconhecimento crescente da qualidade geralmente está ligado não apenas ao que fazemos, mas a *como* fazemos – nossa atitude e nosso comportamento. Fazer mais do que se espera de você é realmente uma escolha pessoal. Compromisso com a excelência e orgulho do que você faz são atitudes que agregam valor a todos os seus atos. Elas também inspiram outros a fazer o mesmo. O dr. Martin Luther King Jr. disse isso com eloquência: "Se um homem é chamado para ser varredor de rua, ele deve varrê-las do mesmo jeito que Michelangelo pintava, ou Beethoven compunha músicas, ou Shakespeare escrevia poemas. Ele deve varrer tão bem que todas as hostes do Céu e da Terra vão parar para dizer: 'Aqui vivia um grande varredor de ruas que fazia bem o seu trabalho.'" Ação como a definimos – e como os excepcionais a aplicam – não se resume a apenas fazer nosso trabalho; é levar as coisas para o próximo nível, em que buscamos agregar valor a tudo que fazemos, especialmente quando isso beneficia os outros, estejam eles cientes disso ou não.

Minhas ações e meu comportamento influenciam ou inspiram positivamente?

Em 27 de maio de 1992, na cidade de Sarajevo, durante os estágios iniciais do conflito na Bósnia, um projétil de morteiro caiu sobre um grupo de pessoas que saía de casa, enfrentando tiros de franco-atiradores e bombardeios, simplesmente para comprar pão na única padaria existente. O conflito bósnio, que já havia ceifado centenas de vidas, seria definido por crueldade, limpeza étnica, desumanidade e pelos feitos mais covardes. Um desses atos desumanos viria a ser ressignificado pelo gesto de um homem.

O projétil caiu exatamente às 16h, quando as últimas rações do dia estavam sendo fornecidas. Vinte e duas pessoas morreram instantaneamente e mais de 100 ficaram feridas. Sangue, tecido humano e massa encefálica respingaram nos prédios próximos até o terceiro andar. O cheiro de sangue, explosivos, roupas e carne humana queimadas impregnou a rua por dias – uma lembrança nauseante do trauma.

Esse ato de caos – um de muitos, e de forma alguma o último – foi executado contra um povo faminto, desesperado e sitiado que estava sendo exterminado por tiros de morteiro, sequestros, execuções em massa ou abatido, um de cada vez, por franco-atiradores.

No cerne desse inferno encontrava-se um homem. Vedran Smailović não tinha arma. Não era soldado. Não poderia se vingar usando habilidades desse tipo. Mas tinha duas coisas a seu favor: tinha sido o principal violoncelista da Companhia de Ópera de Sarajevo – uma casa de ópera famosa – e se importava.

Ele tinha que encontrar uma maneira de homenagear seus compatriotas, que 24 horas antes haviam sido mortos ou feridos. E, assim, esse homem de 37 anos fez o impensável, colocando sua vida em risco para venerar os mortos e confortar os vivos. Nos 22 dias seguintes, em memória dos mortos, sentou-se em uma cadeira onde o projétil havia deixado uma cratera e ali, com seu violoncelo, vestindo seu smoking de violoncelista, o sr. Smailović tocou o *Adágio em sol menor*, de Albinoni, uma das peças musicais mais comoventes já compostas, com o mesmo fervor que teria se estivesse em uma sala de concertos.

Por quê? Porque era do que se precisava naquele momento. Em meio àquele cenário inimaginável de violência e morte, um homem se preocupou profundamente com seus concidadãos e agiu. Ele pouco podia fazer a não ser honrar aqueles que valorizava da melhor maneira possível, usando sua habilidade como músico. Assim, ele forneceu conforto e inspiração para um povo ansioso e cansado da guerra.

Como todos os indivíduos excepcionais, ele se perguntou: *O que é necessário fazer agora? O que eu posso fazer? Como posso ajudar?* Uma música emocionante para aliviar a mente e a dor – foi isso que ele ofereceu.

Sua música impediu o conflito bósnio? Não. A guerra continuaria por mais três anos. Salvou vidas? Quem pode dizer? Mas, todos os dias, por sete minutos mais ou menos, foi capaz de silenciar, com sua música, o terror e o tormento experimentados pelas pessoas ao seu redor para que, assim, pudessem sentir alguns instantes de alívio. Tocando com tanto amor, devoção e ternura, ele demonstrou, em meio a ruínas e massacre, que a humanidade e a bondade ainda estavam vivas – e, dessa forma, deu esperança aos seus concidadãos. Inesperadamente, também conseguiu nesse processo voltar a atenção do mundo para os horrores que estavam ocorrendo.

Repórteres perguntaram ao sr. Smailović por que ele fazia aquilo. Sua resposta foi simples: "Sou músico. Sou parte desta cidade. Como todo mundo, faço o que posso."

Fazer o que está ao nosso alcance não precisa ser heroico. Ou mesmo tão complicado. Em que circunstâncias você se encontra? Você pode tornar seu mundo um pouco melhor? Pegar o lixo que alguém jogou pela janela do carro perto de sua casa? Ser voluntário em uma ONG para ajudar uma criança a aprender a ler? Incentivar alguém na escola a não desistir? Sorrir para as pessoas quando passam? Dizer a um colega: "Estou vendo que você está ocupado, deixe que eu faço isso"? Esses não são feitos heroicos. Mas sempre há algo a mais que pode ser feito para tornar o mundo melhor.

Dobra-se, com isso, a influência das ações positivas: você não apenas tem o potencial de afetar positivamente a forma como os outros o veem, mas, melhor ainda, pode influenciar atitudes e ações positivas em outros. Socorrê-los e dar-lhes força os leva a encontrar essas mesmas reservas em si próprios. Ações positivas em benefício alheio podem ajudá-los a continuar, mesmo em situações terríveis. Foi o que Vedran Smailović descobriu ao pegar seu violoncelo e homenagear os que caíram e os que continuaram a resistir.

Minhas ações e meu comportamento são pró-sociais?

Ao longo do dia, fazemos coisas que são necessárias para nossa sobrevivência e para nosso bem-estar. Ao mesmo tempo nos são apresentadas oportunidades que influenciam quem está à nossa volta. Ao agirmos em favor do próximo, engajamo-nos em ações pró-sociais.

A ação pró-social é um passo que vai além de se importar e cuidar. Ela aprimora. E quão fascinante é a palavra *aprimorar*. Significa tornar as coisas melhores. E é isso que os indivíduos excepcionais fazem.

Indivíduos excepcionais estão atentos ao seu ambiente e aos outros – e, sem aviso prévio, procuram melhorar as coisas. Não porque são exigidos ou é seu trabalho, mas porque o ato em si é importante para eles.

Curtis Jenkins faz isso todas as manhãs quando está ao volante daquele típico ônibus escolar amarelo; ninguém nunca lhe pediu que fizesse isso. Sua maior satisfação não é o salário – embora eu tenha certeza de que Curtis é grato por ele. Não; sua maior satisfação é tornar a vida um pouco melhor para cada criança que vai de ônibus para a Lake Highlands Elementary School, em Dallas, Texas.

Ele lembra o nome de cada uma; memoriza o dia dos aniversários; sabe em que estão interessadas; o que conquistaram; quem está com dificuldades em qual matéria; quem precisa de um pouco mais de atenção naquele dia; quem está tendo problemas em casa; e quem precisa de um pouco de motivação ou de um sorriso extra. Trabalha como motorista de ônibus com o dever de dirigir com segurança e pontualidade; isso é tudo. Mas o sr. Jenkins é excepcional para elas e para a escola, porque acredita que fazer apenas o suficiente no trabalho não é bom o bastante. Ele melhora a vida dessas crianças justamente por estar atento às suas necessidades e preocupações. Uma palavra de encorajamento aqui, uma pergunta cuidadosamente elaborada ali para deixar uma garota tímida falar sobre sua última conquista, um pequeno presente para inspirar um escritor iniciante.

Se você perguntar às crianças que andam no ônibus, elas dirão que os pequenos presentes que ele seleciona cuidadosamente e dá a elas são apenas a cereja do bolo. O que esperam é simplesmente estar na presença de Curtis Jenkins. Seu sorriso, seus comentários carinhosos, seu interesse, sua alegria quando estão tendo um bom dia e o amor que ele tem por cada uma delas – tudo demonstra seu desejo genuíno de melhorar suas vidas. Ainda mais belo do que ouvir a palavra *aprimorar* é vê-la em ação. Curtis Jenkins pratica isso todos os dias.

Indivíduos excepcionais percebem problemas antes que eles aconteçam – ou piorem. Eles entendem as implicações das situações e realidades emocionais e parecem capazes de penetrar na essência para compreender as preocupações em questão, moldando, assim, uma resposta adequada. No ambiente de trabalho, não precisam de um manual de recursos humanos sobre o que se deve e o que não se deve fazer, porque suas ações pró-sociais estão enraizadas no respeito aos outros e no desejo de atender as suas necessidades e aspirações – eles são, no sentido pleno da palavra, perceptivos. Este preceito se aplica bem: toda ação deve respeitar os outros. É a própria base da ética. Quando dizemos "Ele se destacou" ou "Ela foi além" sobre o desempenho de alguém no trabalho, muitas vezes elogiamos a qualidade pró-social de suas ações – o tempo, a energia positiva e o cuidado que dedicam a produzir um resultado superior que deixa a empresa orgulhosa. Em uma comunidade, quando reconhecemos o esforço de alguém que trabalhou incansavelmente no abrigo dos sem-teto ou no resgate de animais, com crianças que precisam de ajuda após a escola ou com idosos ou outros necessitados, estamos reconhecendo as ações pró-sociais das pessoas excepcionais.

Os motivos são importantes quando se trata de definir a ação pró-social. Todos nós conhecemos pessoas que se envolvem em ações aparentemente pró-sociais quando querem ou precisam de algo em troca. A ação pró-social autêntica é realizada sem segundas intenções. Na verdade, é como um presente que se traduz no ato de presentear.

Nem sempre entendemos os efeitos completos de nossas ações pró-sociais – e isso realmente não deveria importar, porque a recompensa está em fazer. É um dos mais belos mistérios da vida termos essa capacidade à nossa disposição para empregar no mundo, com ondas de resultados que reverberam até onde não sabemos, talvez infinitamente. Pode ser que você se lembre de alguém que fez algo – uma coisa pequena ou grande – que, para você, naquele momento de sua vida, foi transformador. Para mim, uma dessas pessoas foi a sra. Lightbourne.

A sra. Lightbourne e seu filho, Michael, moravam a poucos quarteirões de nós. Sua casa, como diria, carecia de beleza exterior e a mobília deveria ter sido doada há muito tempo, mas nós, crianças da vizinhança, não nos importávamos. O que a sra. Lightbourne tinha em abundância era o amor por todos nós. Era isso que importava. Todos frequentávamos a casa dela, pois era um lugar confortável, onde podíamos nos reunir, rir e brincar. Nem era necessário bater à porta para entrar. Sempre éramos bem recebidos e alimentados. Onde ela conseguia o dinheiro para nos alimentar, não sei, porque adolescentes comem muito. Ela nos conhecia de dentro para fora e sempre sabia o que dizer, o que perguntar e como nos fazer sorrir.

Os meses seguintes à minha alta do hospital após ter sido esfaqueado foram uma luta. Passei três semanas no hospital e minha recuperação havia sido adiada devido a danos nos nervos, perda de sangue e infecção. A dor no braço, a incapacidade de mover os dedos de forma coordenada, perder os últimos meses do último ano do ensino médio, a incerteza sobre o que o futuro reservaria – incluindo perder opções de bolsa de estudos – pesavam muito sobre mim. Pela primeira vez na vida, eu estava mentalmente deprimido. A mente estava confusa, eu estava perdendo o interesse pelas pessoas e coisas. Não passava por um bom momento. Sem que eu soubesse, estava sofrendo os efeitos do transtorno de estresse pós-traumático (TEPT), embora ninguém o chamasse assim na época. O efeito latente desse episódio, além do período de depressão leve, foi, por décadas depois, ainda tremer e ter ataques de pânico apenas ao ver uma faca na mão de alguém na cozinha. Tentava fingir que tudo estava bem, mas não estava. *Eu* não estava – como poderia estar bem? Acho que algumas pessoas ao meu redor perceberam isso.

A sra. Lightbourne me visitara no hospital logo no início, mas eu não a via tinha algum tempo. Depois que recebi alta, ainda em recuperação, com visitas diárias a um fisioterapeuta para trabalhar o braço e aprender a usar os dedos novamente, tentava evitar todos. Mas, de alguma forma, a sra. Lightbourne me acompanhava por meio dos meus amigos. Um dia antes da formatura, ela ligou e disse: "Levante-se, saia de casa, respire um pouco de ar fresco e venha, quero vê-lo."

Isso alegrou meu dia e, em pouco tempo, estávamos pondo a conversa em dia. Ela perguntou como eu estava e disse que tinha ouvido que não estava me sentindo bem emocionalmente. Falei que tinha meio que me isolado e que a faculdade agora parecia apenas um sonho, pois as bolsas de estudos haviam desaparecido e tínhamos pouco dinheiro para uma faculdade paga. Conversamos sobre como eu compensaria o tempo perdido na escola. *Seria um milagre se eu me formasse*, pensei. Depois de um tempo e para minha surpresa, ela trouxe alguns brownies, sabendo que eram meus favoritos. Essa história teria um ótimo final exatamente aqui, com minha guloseima favorita.

Mas não parou ali. Quase no fim da nossa conversa e depois de eu ter devorado a maioria dos brownies, ela foi para o quarto e saiu com uma caixinha, mais ou menos do tamanho de uma caixa de joias, embrulhada com o mesmo tipo de papel-alumínio que ela usava para cobrir os brownies. Falei que, se fosse dinheiro, eu não aceitaria. Ela disse que não tinha dinheiro para me dar, que era apenas uma coisinha para eu me lembrar dela. Prometi à sra. Lightbourne que honraria seu pedido de não abrir a caixa até a manhã da formatura. Nós nos abraçamos e conversamos mais um pouco, mas não por muito tempo, porque eu ainda usava tipoia no braço, o ombro esquerdo continuava um pouco inchado e eu sentia o desconforto das suturas na parte interna do braço. Mesmo estando muito curioso para saber o que estava na caixa ao caminhar para casa, não a abri, como prometido. Chegou o dia da formatura e foi um momento emocionante, porque, felizmente, pude concluir meus estudos e me formar. Houve um turbilhão de atividades em casa enquanto nos preparávamos para a cerimônia. Pouco antes de sairmos, minha mãe perguntou se eu tinha aberto a caixa da sra. Lightbourne. Ainda não tinha; então, com todos reunidos, eu a abri.

Removi o papel-alumínio – que ela havia colocado para torná-la ainda mais especial – e a primeira coisa que notamos foi que a caixa fora feita à mão com os restos de uma caixa de sapatos descartada, já que algumas letras ainda eram visíveis. Ela a havia cuidadosamente cortado e dobrado e colado o papelão para formar uma caixinha de 5x5 centímetros. Só posso imaginar quanto tempo ela levou para fazê-la, mas sei que deve ter demorado um bocado.

Ao abri-la, ali, sobre um pequeno chumaço de algodão, havia uma moeda de 10 centavos. Ao lado, um pequeno pedaço de papel dobrado. No papel estava escrito: "Se precisar de alguma coisa, não hesite em chamar." Para aqueles que são jovens demais para lembrar, uma moeda de 10 centavos naquela época era tudo que você precisava para fazer uma ligação em uma cabine telefônica. A família inteira olhou para aquela moeda em silêncio por vários segundos.

Eles olharam para mim, para a moeda e então todos nós começamos a enxugar as lágrimas.

Era apenas uma moeda de 10 centavos em uma caixinha feita à mão. Entretanto, quase 50 anos depois, esse é o único presente que lembro da minha juventude – o mais valioso e precioso. Um lembrete de que a sra. Lightbourne não só se importava comigo e estava preocupada, mas, ao apresentá-lo como fez, demonstrava o quanto me valorizava. Ela havia feito o que todas as pessoas excepcionais fazem, o que cada um de nós pode fazer mesmo por meio dos menores atos – avaliou, nesse caso, minhas necessidades emocionais e fez de um simples presente algo transformador pelo valor que seu ato teve para mim.

PREPARE-SE PARA AGIR COMO ALGUÉM EXCEPCIONAL

Imagine que você tem 33 anos e um grupo de colegas de todo o país, cada um com os próprios interesses especiais, vem até você e diz, basicamente: "Se não estiver muito ocupado, que tal redigir uma Declaração de Independência? Precisamos que você escreva algo que faça o rei da Inglaterra entender que temos grandes problemas como súditos dele. Tenha em mente que o argumento disso precisa ser perfeito de modo que todos (esperamos!) apoiem o texto. Certifique-se de observar claramente nossas justificativas e o que defendemos – e, embora não seja encontrado em nenhum outro lugar do planeta, crie um argumento convincente para essa nova ideia de que 'todos os homens são criados iguais'. Além disso, se não for muito incômodo, o documento deve expor todas essas ideias com tais lógica racional, retórica instigante e justificação moral que seremos obrigados a assiná-lo e a viver de acordo com seus princípios, apesar de sabermos que, no momento em que o fizermos, estaremos cometendo traição, um crime capital, contra um soberano. Ah, e mais uma coisa: você tem que escrevê-lo com uma caneta de pena (ganso, cisne, peru, você escolhe), em pergaminho animal, minimizar os erros e com caligrafia perfeita para que seja fácil de ler."

Quem entre nós, em qualquer idade, estaria à altura de tal desafio naquela época ou agora?

Como conta a história, havia uma pessoa, mas só uma, que poderia cumprir esses requisitos em 1776. Somente Thomas Jefferson, "o Sábio de Monticello", poderia fazê-lo – porque estava pronto para atuar em um nível excepcional. Como Lincoln observou em 1859:

"Toda honra a Jefferson – ao homem que, na pressão concreta de uma

luta pela independência nacional de todo um povo, teve a frieza, a previsão e a capacidade de introduzir, em um documento meramente revolucionário, uma verdade abstrata, aplicável a todos os homens e a todas as épocas[...]"

Hoje, a Declaração da Independência está guardada na Biblioteca do Congresso, envolta em um invólucro transparente à prova de bombas infundido em gás argônio que repousa com segurança em uma estrutura de titânio especialmente construída e presa a uma elaborada correia transportadora de alumínio que pode levar o documento quase sagrado até um cofre no subterrâneo profundo, o qual pode suportar, foi-me dito com muita autoridade, um ataque nuclear à capital da nação. Não há outro documento no planeta Terra ou, nesse sentido, no Universo conhecido, que seja tão reverenciado e protegido. E por quê? Porque uma pessoa estava pronta para agir em um nível excepcional.

O que preparou Jefferson para ser capaz de escrever esse documento – uma sentença de morte para cada signatário – tão primorosamente argumentado e eloquentemente escrito que afirmaria a resolução dos envolvidos e resistiria ao teste do tempo até se tornar a pedra angular de outros que estavam dispostos a arriscar suas vidas a fim de conquistar sua liberdade e igualdade?

Com certeza ele tinha aquele andaime do autodomínio sobre o qual falamos. Mas tinha mais uma coisa: estava pronto para a ação em um nível excepcional. Como ele conseguiu isso? Por uma iniciativa específica que empreendia a cada dia.

Tendemos a pensar na ação como sendo voltada para fora – o que fazemos no mundo –, talvez um ato físico. Esse poderia ser o caso séculos atrás, mas nossas ações hoje são principalmente orientadas intelectualmente – por exemplo, análise, criação e previsão – para melhores solução de problemas, tomada de decisões e inovação. Para tanto, precisamos de uma dose diária de conhecimento e informação. Hoje, se quisermos ter alguma chance de sucesso, a ação começa com o que Louis Pasteur exaltava: uma "mente preparada".

Em 1950, Buckminster Fuller apontou que o conhecimento humano duplicou aproximadamente a cada século até os anos 1900. Após o fim da

Segunda Guerra Mundial, passou a dobrar a cada 25 anos. Hoje, dependendo da sua área de atuação, o conhecimento cresce em velocidade e intensidade como um tsunami. Na nanotecnologia, o conhecimento dobra a cada dois anos. Na medicina, dobra a cada 18 meses, de acordo com alguns, ou a cada 73 dias, de acordo com as estimativas de algumas autoridades no assunto. E para quem não atua em uma área específica? De acordo com os especialistas, como um todo, o conhecimento dobra a cada 13 meses, com alguns chegando a afirmar que pode ser a cada 24 horas.

Pense nisto: amanhã, a esta hora, o conhecimento do mundo pode ter dobrado! A única maneira de manter-se atualizado é fazendo o que Jefferson fazia todos os dias. Ele permanecia por dentro das tendências atuais, das novas ideias, do pensamento filosófico e dos avanços tecnológicos e científicos lendo diariamente – a melhor tecnologia disponível em sua época. Foi apenas com iniciativas para preparar sua mente que conseguiu agir em um nível excepcional e tomar a seguinte decisão: juntar todo o seu saber a fim de dar um salto quântico quando ninguém mais o faria.

Se você quer agir em um nível excepcional e ter a melhor chance de competir em qualquer negócio de forma eficaz, dedique-se a manter-se atualizado em termos de conhecimento, avanços, tendências, descobertas e novas ideias. Sempre importante, agora é o novo padrão; o conhecimento muda tão rápido que fica óbvio quando você não está atualizado. Como disse a escritora Mary Renault: "Há apenas um tipo de choque pior do que o totalmente inesperado: o esperado para o qual você se recusou a se preparar."

Quando perguntaram ao general da Marinha quatro estrelas e ex-secretário de Defesa James Mattis por que ele reservava um tempo para ler todos os dias, respondeu: "Graças às minhas leituras, nunca fui pego despreparado em qualquer situação; nunca alheio quanto à maneira como um problema foi abordado antes (com ou sem sucesso). As leituras não fornecem todas as respostas, mas iluminam o que muitas vezes parece ser um caminho escuro pela frente." Esse general altamente talentoso, que se tornou secretário de Defesa do presidente Donald Trump, credita seu sucesso de liderança não às suas habilidades de combate como fuzileiro naval, mas aos seus "hábitos de leitura".

O general Mattis observou que, como combatente, e por ter lido sobre guerreiros, poderia evitar erros que outros já haviam cometido. O que para alguns eram novas táticas no século XXI, para ele não eram, pois já as havia lido em escritos do século III ou mesmo nos da época da Guerra do Peloponeso.

Ao chefiar a Microsoft, Bill Gates fazia "Think Weeks" – retiros individuais em que lia documentos enviados pelos funcionários sobre o que eles achavam ser uma tendência na tecnologia. Mesmo sendo altamente talentoso e um dos homens mais ricos do mundo, ele ainda lê exaustivamente, como frequentemente comenta nas mídias sociais. Seu exemplo ilustra que quanto mais responsabilidade temos pelos outros – no caso de Gates, seus negócios e esforços filantrópicos –, maior nosso compromisso de agir com base no conhecimento que acumulamos ativamente como nossa fonte pessoal de sabedoria.

A forma como obtém sua dose diária de conhecimento – o que lê, ouve ou vê, ou de quais palestras, grupos profissionais ou treinamentos participa – depende de você. Mas, para agir excepcionalmente hoje, você deve estar em sintonia com informações e conhecimentos (regras, leis, regulamentos, tendências, invenções, circunstâncias, forças de mercado, instabilidade e realidades políticas, expectativas de transformação e demandas, movimentos sociais, ideias filosóficas) que crescem exponencialmente. É a maneira excepcional de ser.

REDEFININDO HERÓIS

Existem inúmeros livros sobre heróis que ganharam Medalhas de Honra – pessoas que colocaram suas vidas em risco em benefício de outras. Se ler atentamente suas histórias, você encontrará uma semelhança impressionante entre eles: nenhum se propôs a ser herói. Suas ações se tornaram heroicas devido a um simples mas poderoso catalisador: eles se importavam. Importavam-se com os companheiros, os camaradas, os demais soldados, o cara ao lado usando o mesmo uniforme, seus "irmãos de guerra". Não existe um gene de herói em nosso DNA. Nenhum interruptor que liga e desliga comportamentos heroicos. O único requisito é que você se importe. Não foi heroísmo que me fez tentar deter uma dupla de ladrões armados. Tratava-se de cuidar – eu não queria que outra pessoa fosse roubada ou ferida. Quando você se importa, tem coragem de agir, não o contrário.

Importar-se é agir de maneira pró-social quando é mais necessário, visando beneficiar, elevar, honrar ou valorizar os outros. Em outras palavras, reverenciando os outros por meio das nossas ações.

Dedicação excepcional é a mãe dos atos excepcionais. É o que permite a alguém sentar-se nos escombros de uma zona de guerra e tocar uma canção de lamento em um violoncelo. É o que nos capacita a denunciar uma ação sem princípios. É o que nos eleva a ser alguém que, à nossa maneira, toma medidas para melhorar seu entorno – seja dirigindo um ônibus, administrando um negócio ou liderando uma nação.

A maioria de nós nunca será chamada a fazer coisas heroicas como aqueles que ganham uma Medalha de Honra. Mas a vida cotidiana nos apresenta muitas oportunidades para agir e, às vezes, fazer algo que outros podem considerar notável ou extraordinário, talvez até heroico. Às vezes é o que fazemos; outras – como revelam as histórias de Henry, Curtis Jenkins e da equipe da farmácia local –, é como fazemos. Nesses momentos, agiremos dependendo de quanto nos importamos.

Quanto mais vivemos esse compromisso, mais fácil fica, até que algo transformador acontece: somos nós os reconhecidos por nos importarmos com os outros. Não porque dizemos que nos importamos, mas porque *o que fazemos mostra que nos importamos*.

Quando nos preocupamos com algo ou alguém, moldamos positivamente a forma como somos percebidos – mesmo quando falhamos, o que às vezes acontece. Nossas ações em prol dos outros podem exercer influência muito além do que se imagina. Talvez nunca saibamos o que seja isso. O fato de termos falhado não deve nos impedir de tentar novamente. Precisamos escolher aprender com essas ações, não nos abater ou nos eximir da falha. O astro do basquete Michael Jordan disse: "Perdi mais de 9.000 arremessos na minha carreira. Perdi quase 300 jogos. Vinte e seis vezes acreditaram que eu faria a cesta da vitória e errei. Falhei repetidamente na minha vida. E é por isso que fui bem-sucedido." Foi bem-sucedido porque, no fim das contas, se importava: praticava arduamente, jogava duro e triunfou poderosamente, embora às vezes falhasse.

Se você falhar, assim como eu falhei naquele dia na loja de departamentos Richards, lembre as palavras que Theodore Roosevelt falou para uma turma de policiais em Paris, na Sorbonne, 61 anos antes de eu ser esfaqueado:

"Não é o crítico que importa, nem aquele que mostra como o homem forte tropeça ou onde o realizador das proezas poderia ter feito melhor. Todo o crédito pertence ao homem que está de fato na arena; cuja face está arruinada pela poeira e pelo suor e pelo sangue; aquele que luta com valentia; aquele que erra e tenta de novo e de novo; aquele que conhece o grande entusiasmo, a grande devoção e se consome em uma causa justa; aquele que ao menos conhece, ao fim, o triunfo de sua realização, e aquele que na pior das hipóteses, se falhar, ao menos falhará agindo excepcionalmente, de modo que seu lugar não esteja nunca junto àquelas almas frias e tímidas que não conhecem nem vitória nem derrota."

Sempre encontrei consolo nessas palavras. Embora possamos falhar, pelo menos agimos. Os "grandes entusiasmos e devoções" de Roosevelt são o que hoje chamamos de dedicação.

Quando se trata de seres humanos, apenas uma coisa importa – que você se importe e se importe profundamente. Por que as coisas são assim e como tornar a dedicação uma parte mais intencional da sua vida e das suas relações é o tema do próximo capítulo.

Iniciamos este capítulo nos perguntando como agir. Se você se importar, nunca mais precisará se preocupar com isso. A decisão já terá sido tomada. Então será apenas uma questão de soltar a criatividade, os talentos, a paixão, as habilidades e as capacidades que você nutriu cuidadosamente na mente e no coração.

CINCO
Bem-estar psicológico

A FORÇA HUMANA
MAIS PODEROSA

Entendendo a verdade fundamental de que aquilo que os seres humanos buscam, em última análise, é o bem-estar psicológico, podemos descobrir o que as pessoas excepcionais sabem: aquele que proporciona bem-estar psicológico por se importar com os outros vence.

Acredito que toda mente humana sente prazer em fazer o bem a outra.
– THOMAS JEFFERSON

Quando o mercado de ações entrou em colapso em 2008, fazendo com que as economias em todo o mundo fossem tremendamente abaladas e colocando milhões de pessoas em queda livre financeira, investidores em pânico recorreram a seus consultores financeiros, os quais tinham um dilema a resolver. Ninguém, ninguém mesmo, sabia o que aconteceria a seguir. Mas eles precisavam se posicionar.

A maioria das organizações financeiras entrou em ação, enviando e-mails, agendando teleconferências, fornecendo estatísticas, gráficos e frases clichês que basicamente afirmavam: "Sabemos que as coisas estão ruins, não temos respostas, mas, com base em nosso conhecimento da história, há esperança." Mas não era disso que os investidores individuais precisavam. O que eles buscavam eram outras respostas.

As coisas estavam tão difíceis que as instituições financeiras começaram a entrar em contato comigo, perguntando: "Você é especialista em comunicação – o que podemos fazer para atender e manter nossos clientes e investidores?" Minha resposta foi inequívoca: "Parem de falar e comecem a ouvir. O que os clientes precisam que vocês façam é fornecer bem-estar psicológico, não conselhos."

Fui levado de avião a Nova York para me explicar melhor. Eles achavam que tinha que haver mais do que apenas ouvir. Não havia, não naquele momento de crise. Depois de décadas observando o comportamento humano em situações de crise, aprendi que, quando as coisas estão realmente ruins, antes de respostas buscamos bem-estar psicológico.

A princípio, esses executivos nervosos não estavam convencidos. Trabalharam duro e prepararam todo tipo de literatura informativa para seus clientes, como era a prática. Era como eles achavam que poderiam "ajudar".

Informação é valiosa, reconheci. Mas, quando estamos assustados, precisamos de alguém que aja com humanidade e simplesmente ouça. Incentivei-os a visitar seus principais clientes e até a abraçá-los se precisassem (alguns o fizeram). Acima de tudo, eles precisavam ouvir os medos das pessoas. Seres humanos orbitam lealmente aqueles que proporcionam bem-estar psicológico ao transmitir calma e segurança.

Assim, foi isso que os executivos fizeram. Pararam de especular e começaram a ouvir. Em uma conferência três anos mais tarde, quando as coisas estavam começando a mudar nos mercados financeiro e imobiliário, um deles veio até mim e disse: "Você estava certo. Não sabíamos nada sobre o que estava acontecendo e nossos clientes sabiam disso. Mas ficaram gratos por estarmos lá por eles, para ouvi-los."

É esclarecedor ver uma reprodução ainda mais impressionante desse fenômeno em 2020 durante a pandemia de Covid-19 – que continua a assolar o mundo enquanto escrevo este texto. Em poucas semanas, nossas vidas e nossos meios de subsistência foram alterados de tal forma que muitos se perguntam se a vida social e profissional será a mesma. Desde o início, fotos impactantes dos necrotérios de Milão e Nova York, bem como a enorme reviravolta econômica, permearam as notícias, que foram amplificadas nas mídias sociais. Há tanta incerteza sobre esse vírus, sua extensão, sua letalidade e como evitá-lo ou tratá-lo que quase todos os profissionais de saúde mental com quem conversei mencionaram um grande aumento dos casos de ansiedade, angústia, ataques de pânico e mesmo violência doméstica.

Quanto mais incertos os tempos e quanto maior o estresse, mais os seres humanos precisam de bem-estar psicológico. À medida que o mundo lida com as consequências sociais e econômicas desta pandemia, enquanto antecipa maneiras de atenuar ou extinguir as reincidências à medida que surgem, veremos quem, entre nossos líderes, é melhor em mobilizar comunidades para ações coesas e pró-sociais que não apenas as manterão a salvo desse contágio virulento, mas também proporcionarão bem-estar psicológico.

Embora eventos extraordinários como esses atestem a necessidade de bem-estar psicológico, na verdade precisamos dele todos os dias. Este é o último capítulo do livro por duas razões. Primeiro, porque importar-se é tão fundamental que quero deixar como mensagem final. E segundo, por causa das centenas de livros que li sobre liderança e influência que aparentemente esqueceram esta realidade: vence quem fornece bem-estar psicológico.

Uma coisa é entender essa verdade, outra bem diferente é praticá-la ativamente como um hábito. O bem-estar psicológico vem de muitas formas e varia dependendo das circunstâncias. Uma voz relaxante e suave pode dar conta do recado em um minuto; um olhar de aprovação, em outro. Pode ser um tapinha nas costas, uma palavra gentil, um reconhecimento, uma validação verbal de algo há muito reprimido, um cobertor aconchegante, uma xícara de chá quente, um beijo na testa, um bilhete de agradecimento, um sorriso, uma recepção calorosa, a ajuda para carregar as compras, perguntar se é preciso mais alguma coisa.

O bem-estar psicológico assume muitas formas. Mas, para fornecê-lo, é preciso estar preparado e disposto. Devemos ser capazes de observar ou antecipar o que é necessário ou o que contribuirá para o conforto e a segurança do outro e estar prontos para agir. É aqui que as quatro habilidades que já discutimos – autodomínio, observação, comunicação e ação – se unem para formar uma exuberante estrutura de apoio e feedback que guiará e direcionará você para desenvolver plenamente e alcançar os mais altos níveis de influência, boa vontade e o mais valioso dos atributos: confiabilidade. Ela começa e termina com a capacidade de incutir bem-estar psicológico.

Neste capítulo veremos os fundamentos científicos do bem-estar psicológico e sua primazia em nossa vida e, em seguida, um modelo que desenvolvi e usei com sucesso por muitos anos para avaliar e fornecer bem-estar psicológico em tempo real ao trabalhar com metas e objetivos.

BEM-ESTAR PSICOLÓGICO:
UMA NECESSIDADE PRIMORDIAL

Somos bebês.

Aposto que você não esperava ler essas palavras em um livro como este. Mas nossa necessidade de ser consolado nunca nos abandona.

Nossa busca por bem-estar começa no nascimento. Os bebês choram para expressar desconforto: sentem frio, fome, dor ou estão molhados. Nosso sistema corporal está constantemente fazendo pequenos ajustes para nos manter confortáveis – resfriando-nos ou aquecendo-nos por meio do suor ou de calafrios para manter a homeostase. Muitos de nossos hábitos não verbais estão enraizados em nossa necessidade de bem-estar psicológico, desde sugar o polegar quando bebês até mascar chiclete energicamente quando adultos.

À medida que amadurecemos, nossa busca por bem-estar simplesmente assume diferentes formas. Trocamos a segurança reconfortante de um colo de mãe ou de uma manta quentinha por um abraço caloroso ou o conforto da nossa cama. Quando bebês, somos confortados pelos sons, sorrisos e brincadeiras de nossos pais, que mais tarde na vida trocamos pelo tom de voz e pelo rosto acolhedor da pessoa amada. Nunca perdemos nossa necessidade de tocar, socializar, envolver, ter bons momentos – isso apenas se mostra diferente em cada estágio da vida. O cumprimento de um coleguinha de infância é substituído por "curtidas" nas mídias sociais. O amado bichinho de pelúcia ou travesseiro esfarrapado que nos acompanhou por anos pode hoje ser um animal de estimação no colo ou perto da gente. Relaxamos e cochilamos no sofá em vez de em um berço.

Somos uma espécie que criou inúmeras maneiras de combinar o que nos contenta para nosso bem-estar psicológico. Desde tomar café da manhã até navegar na internet; de jogar baralho a assistir à Netflix compulsivamente – buscamos ativamente o bem-estar psicológico em suas várias formas. Faço isso toda vez que me sento ao sol com um bom livro, fones de ouvido tocando versões para violoncelo das intensas obras de Ennio Morricone, assim como você, à sua maneira única, faz. E, se escolhermos, podemos ajudar outros a alcançar esse estado de bem-estar psicológico. Na verdade, se somos gentis e generosos, geralmente é isso que procuramos fazer pelos outros.

Defino bem-estar psicológico como um estado em que nossas necessidades biológicas, físicas e emocionais são atendidas ou superadas e há ausência de ansiedade, apreensão ou medo – esse estado atende nossos anseios e preferências, fornece tranquilidade ou nos permite desfrutar plenamente de um momento ou uma experiência.

É por isso que acalmamos um bebê, massageamos nosso pescoço ao fazer a declaração de imposto de renda, balançamos suavemente em uma rede, admiramos o pôr do sol, abraçamos nossos filhos após sua vitória no jogo de futebol ou praticamos o que os holandeses chamam de *niksen* – a arte de não fazer nada, segundo a especialista em comportamento Anne-Maartje Oud. É também por isso que estamos constantemente nos tocando – acariciando o queixo, passando os dedos pelo cabelo, massageando os lóbulos das orelhas. Essas ações pacificam e acalmam, criando bem-estar psicológico. De fato, esse bem-estar é tão importante para nossa espécie que, ao morrermos, os entes queridos, quando podem, procuram nos colocar em um caixão luxuosamente acolchoado, muitas vezes com um travesseiro macio para apoiar a cabeça. Um gesto puramente simbólico, mas que indica quão importante é o bem-estar psicológico para nós: para honrar os outros, fornecemos-lhes conforto, tranquilidade e segurança, mesmo na morte.

O bem-estar psicológico impulsiona muitas de nossas escolhas diárias. Você já se perguntou, ao comprar pasta de dente, por que há tanta variedade delas? Afinal de contas, embora algumas possam ter um pouco mais disso ou daquilo, todas são basicamente iguais. Contudo, aposto que você é fiel a uma marca. Assim como você é fiel a um determinado sabonete, desodorante, xampu ou outro produto. Como você chegou lá, por tentativa e erro ou talvez por insistência de seus pais, é uma prova da necessidade humana do que chamo de *variabilidade preferida*. A variabilidade preferida – suas escolhas em termos de alimentos, produtos de higiene pessoal, calçados e muito mais – reflete as preferências altamente sutis que você desenvolveu ao longo de sua vida e gira em torno do seu bem-estar psicológico.

Inversamente, sempre que o mal-estar psicológico surge – e quero dizer *sempre* –, podemos resistir, nos afastar ou contestar o que nos causa esse estado. O ressentimento aumenta, formam-se impressões negativas e podemos ficar desapontados, frustrados ou, pior, com raiva. Nossa aversão é rápida e consistente. Mais uma vez, vemos a primazia e a importância de ter nosso psicológico equilibrado e satisfeito – e por que ele foi deixado por último neste livro.

O bem-estar psicológico é formado de componentes físicos e mentais. Ambos precisam ser abordados. Embora seja ótimo usar roupas que caem bem, viver em uma casa confortável ou relaxar em uma praia com areia fina sob os pés e um mar azul de água cristalina para encantar nossos olhos e acalmar nossos corpos, há mais na vida do que bem-estar físico. Se você está chateado com a forma como é tratado no trabalho ou em um relacionamento, nada disso vai importar, porque faltará o bem-estar psicológico.

Dizer que o estresse mata não é apenas figura de linguagem. O estresse contribui para doenças cardíacas e vasculares, corrói nosso sistema imunológico e muito mais. O que é o estresse senão o oposto de bem-estar psicológico?

As pesquisas sobre esse tema são abrangentes: somos mais saudáveis fisiológica, psicológica e mesmo cognitivamente quando há esse tipo de bem-estar. Nosso desempenho fica melhor em quase todas as tarefas, pensamos melhor e vivemos uma vida mais longa e saudável. O simples bem-estar psicológico de ter um animal de estimação aumentará nossa expectativa de vida em vários anos. Diversos estudos mostram que ter um cônjuge que nos apoia amplia nossa expectativa de vida. Ter um hobby aumenta nossa longevidade. Seja combatendo o estresse por meio da interação social ou por meio do poder do toque e da liberação de ocitocina, tudo contribui para uma vida saudável e feliz.

Sentir esse bem-estar é mais do que elevar nosso humor ou atender nossas preferências. É a base da saúde mental e física, bem como a de relacionamentos duradouros, e, como discutiremos, molda significativamente a maneira como vemos e percorremos um mundo dinâmico e, às vezes, precário. Dois experimentos clássicos em particular evidenciam tal importância e tal poder.

Experimento do "precipício visual"
Neste experimento, um bebê de 9 a 12 meses é colocado sobre uma mesa com tampo de acrílico transparente que cobre um tecido quadriculado. Enquanto o bebê engatinha sobre o acrílico atraído por um brinquedo do outro lado da mesa, ele chega ao que lhe parece ser um precipício. É apenas uma ilusão de ótica criada pelos pesquisadores – em nenhum momento a criança nesse experimento ou nos inúmeros outros está em perigo. Aproximando-se do precipício, o bebê sempre para – mesmo em tenra idade, ele sabe, de alguma forma, que um precipício é perigoso. O bebê se aproxima da borda... então olha procurando o rosto da mãe onde ela o espera do outro lado da mesa. Se ela sorrir e acenar com confiança incentivando o bebê a continuar, é muito mais provável que ele continue a engatinhar sobre o que entendeu ser um abismo. Se a mãe não olhar, evitar fazer contato visual ou franzir a testa para o bebê (fazendo uma "cara de medo"), instintivamente ele parará ou dará meia-volta. Comunicando não verbalmente à criança que está tudo bem, a mãe a enche de bem-estar psicológico. E, com esse bem-estar reconfortante, o bebê continuará a explorar seu entorno.

Esse tipo de bem-estar é tão poderoso que algo tão simples quanto um sorriso ou olhar encorajador, mesmo quando somos muito jovens, pode nos ajudar a evocar a coragem para fazer algo que consideramos perigoso. Essa é a influência que um único sorriso pode ter sobre os outros para ajudá-los a superar o medo.

Nossa busca por bem-estar aumenta em momentos de estresse. Não é isso que estamos procurando quando o avião passa por uma turbulência e os compartimentos de bagagem se abrem, as pessoas ficam ofegantes por causa da violência com que o avião se sacode e olhamos em volta para aquele rosto sereno e relaxado de uma comissária de bordo ou um passageiro que diz *Tudo vai ficar bem*?

Às vezes, pode ser uma tarefa difícil que você não sabe se consegue concluir ou que exige sacrifício. Mas o fato de os outros estarem torcendo por você é o que o faz seguir em frente. Isso é o que as pessoas excepcionais fazem. Elas têm a sabedoria e a capacidade de nos elevar, de nos inspirar. De alguma forma, sabem exatamente o que é necessário naquele momento: aquelas palavras, aquele olhar tranquilizador que, em apenas alguns segundos, nos encoraja a seguir em frente. Não é diferente daquele bebê olhando para a mãe a fim de verificar se pode cruzar o "abismo" artificial.

Por outro lado, podemos arruinar o dia de alguém, corroer-lhe a confiança e influenciá-lo negativamente ao deixar de reconhecê-lo ou até mesmo de sorrir para ele. Quantas vezes buscamos um olhar de aprovação ou simplesmente ser notado por alguém que amamos ou respeitamos ou que está no topo de uma organização, e ele falha em nos oferecê-lo? Ou pior, parece expressar escárnio, desdém ou um olhar vazio de indiferença, como se estivéssemos abaixo do seu radar. Ao considerar que absorvemos essas mensagens mesmo quando bebês, isso merece uma reflexão sobre os efeitos cumulativos dos olhares vazios ou descuidados que alguém pode ter recebido quando criança em casa ou na escola ou quando adulto, no trabalho. Quem pode medir os efeitos negativos, os esforços frustrados, as metas, os projetos e sonhos não perseguidos?

Experimento da "face estática"
O segundo experimento marcante foi realizado na década de 1970 por Edward Tronick juntamente com o pediatra T. Berry Brazelton e é conhecido como o experimento da "face estática". Uma mãe e um bebê (de idade variável de acordo com o experimento) sentam-se frente a frente em uma sala, interagindo alegremente. Algumas vezes a mãe vira o rosto e depois volta a olhar para o bebê e, a cada vez, sorri e dá risadinhas, assim como a criança. Mas então, em determinado momento, ela vira o rosto e, dessa vez, ao olhar para o bebê novamente, exibe uma "face estática" – sem demonstrar nenhuma reação.

Do ponto de vista do bebê, é um momento do tipo *O que aconteceu?*. Ele olha para a mãe, aguardando seu sorriso ou seus olhos felizes (bem abertos e envolventes). Mas não há nada além de um rosto sem expressão. Inicialmente o bebê continua a olhar, então vira o rosto e volta a olhar para a mãe. Ele age em busca de uma reação, sem sucesso. A essa altura, alguns dos bebês "sofrem um tipo de colapso", como o Dr. Tronick relatou, ou perdem o "controle postural" – em outras palavras, braços e pernas se debatem. Podem "olhar para a mãe de soslaio", como se estivessem desconfiados, "mas não se voltam para ela", como fariam normalmente. Ficam tristes e "transmitem um olhar de desamparo". É de doer o coração observá-los: em questão de segundos, ficam perturbados, ansiosos e mesmo inconsoláveis.

O fato de um bebê conseguir captar as emoções na face nesse estágio inicial de desenvolvimento surpreendeu a comunidade científica. O experimento mostrou que estamos programados para procurar essas dicas visuais, porque fornecem uma necessidade muito vital, o bem-estar psicológico, que, quando não sentido, nos afeta negativamente. Pode-se argumentar que os bebês perdem a confiança até mesmo em suas mães quando não há interação facial.

Assim como ocorre com bebês, também acontece conosco. Realizei esse experimento em minhas aulas nas últimas duas décadas. O que se dava quase que invariavelmente durante a maior parte do seminário era genial: quando me virava e mostrava uma face estática aos participantes, eles quase sempre mostravam sinais de mal-estar psicológico, remexiam-se na cadeira, ficavam tensos e olhavam para os outros como se quisessem validar ou perguntar se fizeram algo errado. Imediatamente o clima agradável em nossa interação parava quando percebiam algo estranho, simplesmente por terem ficado vários segundos sem o bem-estar psicológico que deriva de uma face humana normalmente responsiva.

Por mais convincentes que sejam esses experimentos, talvez a maior evidência do poder do bem-estar psicológico não venha de pesquisas, mas da realidade que crianças órfãs vivenciaram sob o regime de Nicolae Ceaușescu, na Romênia, nas décadas de 1980 e 1990. Seu governo em estilo soviético era indiferente a essas crianças e a má gestão levou a décadas de falta de pessoal qualificado, falta de financiamento, corrupção, má conduta, nutrição inadequada, ausência de cuidados médicos. Mas o pior dano foi negar a essas crianças o contato humano básico – nem um abraço, nem mesmo um toque humano superficial, nenhum apoio ao chorar.

Os pesquisadores descobriram que, por não terem qualquer tipo de bem-estar psicológico, essas crianças eram subdesenvolvidas, tendo que se autoestimular a ponto de ficarem se mexendo constantemente e balançando os braços incontrolavelmente. À medida que cresciam, tinham pouca ou nenhuma confiança em outros humanos. Seus cérebros estavam em constante estado de excitação como se estivessem em perigo iminente – percebendo o mundo e os adultos como indutores de medo. Muitas nunca se recuperaram mesmo após terem sido adotadas, sofrendo problemas neurológicos, de aprendizagem, psicológicos e adaptativos, seus cérebros permanentemente alterados, incapazes de estabelecer vínculos ou confiar em alguém.

Sem dúvida, isso é um caso extremo, mas ilustra bem o que estamos discutindo aqui. Nós, seres humanos, florescemos com bem-estar psicológico. Precisamos dele. Na sua ausência, podemos hesitar, temer ou até mesmo nos machucar. Quando esse tipo de bem-estar é rompido temporária ou periodicamente, isso pode ser superado e até nos tornar mais resilientes. Mas, quando essa ruptura se repete (pais preocupados, chefe desatento, indiferença institucional) e se prolonga, pode ser psicologicamente prejudicial e destrutivo. A falta de consideração, em qualquer forma, ao longo do tempo pode ser devastadora – para crianças, famílias, organizações e comunidades. O mal-estar psicológico resultante se manifesta como desconfiança, apatia, isolamento, relutância em dar um passo à frente para ajudar ou tomar uma posição, falta de vontade de se envolver e até de votar.

Todos os dias, nos Estados Unidos e em todo o mundo, nega-se a crianças e adultos o bem-estar psicológico, seja em uma zona de guerra, como refugiados, ou por causa de pais, empregadores ou governos indiferentes. O dano causado é imensurável. O que os indivíduos excepcionais fazem é reconhecer que, onde os outros falham, eles devem prevalecer. Sabem que cabe a eles e que é seu dever proporcionar esse cuidado e esse acolhimento, assim como daríamos água àquele que tem sede e oxigênio ao enfermo.

CONSIDERAÇÃO: A PONTE PARA O BEM-ESTAR PSICOLÓGICO

Nos capítulos anteriores discutimos como os excepcionais observam, se comunicam e agem com a intenção de mostrar consideração – não para manipular um determinado resultado, mas porque eles se importam profundamente. O que torna a consideração tão fundamental? É o catalisador que nos leva a fornecer bem-estar psicológico aos outros. Quando nos importamos com alguém, o bem-estar psicológico que lhe proporcionamos é mais oportuno, mais abundante, mais perceptível, mais significativo e mais influente. Não estou falando aqui de bem-estar institucional – que esperamos quando nos hospedamos em um hotel limpo e tranquilo. Estou falando de bem-estar psicológico individual, entre uma pessoa e outra. Esse é o tipo que tem efeitos positivos e mesmo duradouros.

Estamos preparados para buscar e receber esse tipo de bem-estar e, portanto, não é preciso um gesto grandioso ou exorbitante – apenas o correto. O famoso autor e defensor dos direitos humanos Aleksandr Soljenítsyn escreveu vividamente sobre seu encarceramento distópico durante a era soviética em *Arquipélago Gulag*. Ele estava desgastado mental, física e espiritualmente pelo trabalho forçado extenuante, a dureza dos invernos siberianos, a crueldade dos guardas e as rações em nível de inanição. Sua situação, como a de muitos presos políticos, era desoladora e ele via poucas razões para continuar a viver.

Seu desespero aparentemente não passou despercebido. Soljenítsyn escreve que, no momento mais sombrio do tempo que passou lá, quando sentiu que tudo estava perdido, um prisioneiro idoso, somente pele e osso, que ele não conhecia se aproximou e se agachou ao lado dele. Em silêncio – já que os prisioneiros eram proibidos de conversar entre si –, o homem pegou um pedaço de pau e desenhou na terra o sinal da cruz cristã; então se levantou e voltou ao trabalho sem dizer uma palavra ou mesmo olhar para Soljenítsyn.

A partir daquela simples cruz na terra, Soljenítsyn percebeu que não estava sozinho em sua luta contra o império soviético nem sozinho na consciência moral. E isso lhe deu esperança. Mesmo um símbolo, oferecido no momento certo, pode proporcionar um profundo bem-estar psicológico

– nesse caso, como disse Soljenítsyn, motivando-o a querer continuar a "viver mais um dia".

Essa é uma história forte. Talvez, em algum momento da sua vida, tenham-lhe dito algo no instante certo que fez toda a diferença. Como descrevi no capítulo anterior, a mensagem manuscrita da sra. Lightbourne, inserida ao lado de uma moeda de 10 centavos em uma simples caixinha de papelão, certamente fez toda a diferença para mim. Tenho uma amiga querida que, na hora mais difícil da sua vida durante o tratamento contra um câncer, foi amparada por um médico no saguão do hospital. Dedicando-lhe um instante do seu tempo, ele lhe disse a coisa certa na hora certa. Enquanto estava sentada em silêncio, descansando em uma poltrona antes de sair do hospital, em um gesto simples ele se dirigiu a ela para lhe perguntar se estava bem. O que talvez seja um pequeno mas bem-intencionado gesto para um pode ser a vida para outro. Em geral, isso é o mínimo que podemos fazer pelos outros – a palavra certa na hora certa. Nunca devemos hesitar em falar abertamente e tornar a vida dos outros um pouco melhor. Mas há mais a fazer?

Às vezes, mostrar consideração nos estimula a fazer coisas de que nunca imaginaríamos ser capazes, mas que são necessárias para proporcionar bem-estar psicológico de imediato a quem precisa.

Ao trabalhar neste livro, li sobre uma criança com autismo de que ficou emocionalmente esgotada no parque temático da Universal, em Orlando, e teve o que sua mãe chamou de "colapso autista" – contorcendo-se no chão como se estivesse com dor, "soluçando, gritando, agitando-se, hiperventilando, realmente lutando para respirar".

Quando uma criança autista é superestimulada ou faz muito esforço, ela age de uma forma que, para quem nunca passou pela experiência, pode ser perturbadora ou mesmo assustadora. Normalmente, nessas circunstâncias não há muito que possamos fazer além de ser compreensivos. Mas uma pessoa excepcional, Jennifer Whelchel, atendente do parque, foi mais longe: decidiu proporcionar-lhe bem-estar psicológico.

Jennifer deitou-se no chão ao lado da criança angustiada e deixou que o menino chorasse tudo que precisava chorar, ajudando-o o tempo todo a respirar mais lentamente. Deitando-se e entrando em sintonia com ele, ela demonstrou a todos que estava tudo bem e que aquele evento do menino iria passar, como a criança precisava. Aos que paravam para olhar a cena, ela pedia educadamente que continuassem seu caminho e que não tirassem fotos.

"Ela falou com ele de maneira muito tranquila e, enquanto ele gritava e soluçava, ela o incentivava gentilmente a extravasar tudo que sentia." Em pouco tempo o menino começou a se acalmar. Ele se sentou, bebeu um pouco de água e seu equilíbrio emocional foi lentamente se restabelecendo. O que foi preciso naquele momento? Alguém que não o repreendesse ou ditasse o que deveria fazer, não o julgasse nem tentasse ignorá-lo – uma pessoa que o entendesse e estivesse disposta a envolvê-lo usando a linguagem corporal e uma voz tranquilizadora para oferecer-lhe o bem-estar psicológico de que tanto precisava.

Não havia pressa para que aquele episódio passasse. Havia apenas uma validação cuidadosa dos sentimentos da criança, que estava emocionalmente sobrecarregada.

Dizer que isso foi extraordinário não é suficiente. Você quer saber como é ser excepcional? Eis aí o modelo de comportamento exemplar de um ser humano. Atenção altruísta e oferecimento de bem-estar psicológico de forma imediata e eficiente quando este é mais necessário.

Estamos todos tão preparados assim, tão atentos e prontos para agir como Jennifer agiu? E se todos os líderes fossem como ela? Ela é isso tudo e muito mais. É quem eu chamaria de pessoa valiosa, digna de liderança. Não nomeada para liderar. Digna de liderar. E isso não é tudo.

Jennifer disse depois em uma entrevista: "Eu queria estar no chão, no mesmo nível do menino, para poder me conectar com ele, mas também queria ter certeza de que ele tinha seu espaço." Jennifer não é professora de pessoas com necessidades especiais, não tem formação em psicologia. Ela é mãe de dois filhos, trabalhava na Universal havia cerca de seis anos e começaria a faculdade de direito no ano seguinte. Embora tenha sido treinada para atender situações delicadas como essa, nunca havia passado por isso. Mas, de alguma forma, percebeu o que fazer para ser eficaz, solidária e não entrar em conflito com a criança. Ela entende que as crises em autistas acontecem e que não são o que a maioria das pessoas pensa – uma criança mimada tendo um faniquito –, e sim um evento emocional transitório que passa se receber a devida atenção.

Por que atos como esse viram notícia? Provavelmente porque são muito raros. Somente quando escolhemos fazer do bem-estar psicológico o nosso código de conduta padrão – nosso *modus vivendi*, parte de nosso caráter quando se trata dos outros – é que podemos realmente nos considerar excepcionais.

Jennifer não precisava de incentivo; o catalisador para importar-se já estava ativo nela. Ela fez o que achava que precisava ser feito naquele momento. Você e eu teríamos feito o mesmo? Provavelmente não. Mas essa é a beleza de observar com consciência situacional e procurar se comunicar e agir de forma rápida e pró-social, sensível às necessidades dos outros. Nossa resposta não precisa ser perfeita. Ela só tem que melhorar a situação na visão de quem a recebe. Humanos não buscam a perfeição; buscam bem-estar psicológico.

Os excepcionais aprendem a ler as necessidades e preferências dos outros e se adaptam para contribuir. Há várias maneiras, grandes e pequenas, como vimos neste e nos capítulos anteriores. Empatia, humildade, bondade, comportamento ético, postura adequada, honestidade, generosidade, estabilidade, consistência, confiabilidade, atitude otimista, compaixão, altruísmo, cooperação, magnanimidade e mesmo o humor – todos têm seus méritos em contribuir para o bem-estar psicológico. Cabe a nós decidir como.

Exemplos extraordinários nos inspiram, mas e na rotina do dia a dia? Como usamos o poder do bem-estar psicológico nas interações diárias ou em uma pequena reunião de negócios?

MODELO EMPÁTICO DE
INTERAÇÃO SOCIAL

Como um jovem agente do FBI, fui avisado de que a Academia me ensinaria como *fazer* meu trabalho – mas, para me *sobressair* nele, eu teria que dominar habilidades especiais por conta própria.

Nunca houve qualquer dúvida sobre o que o meu trabalho implicava. Eu sabia que o objetivo era chegar à verdade, encontrar documentos ou provas, ou obter aquela pequena mas importante confissão que seria útil para o caso. Isso exigia um conjunto de habilidades que não tinha nada a ver com a maneira de coletar evidências, prender um suspeito ou conduzir uma operação da SWAT. Tratava-se de ser bem-sucedido nas interações cruciais com o público, nas entrevistas intensas com um criminoso, muitas vezes em situações dinâmicas em que o tempo era essencial ou era difícil estabelecer vínculos.

Uma habilidade que funcionou bem para mim foi minha capacidade de avaliar os outros rapidamente, observando suas necessidades, desejos, vontades, intenções e, particularmente, suas preocupações e seus medos. Fiquei grato por isso e por meus primeiros estudos de comunicação não verbal. Aprendi no primeiro dia de trabalho quando respondi ao meu primeiro chamado de assalto a banco, em Phoenix, situação em que, se você demora para avaliar os outros, perdem-se oportunidades que talvez nunca mais terá. Aquela caixa que parecia tão nervosa e assustada com o fato de nossos agentes a estarem interrogando se mostrou muito tranquila durante o roubo. Como se descobriu depois, seu namorado era o ladrão e ela se certificou de lhe dar notas de valores bem altos. Senti nela a falta daquela calma mostrada na gravação do assalto, então conduzi uma entrevista longe de ser excelente. Jurei nunca mais perder esse tipo de pista. A vida não espera que você "entenda". Ela segue em frente, e rapidamente. Devemos estar prontos para observar e agir.

Como discutimos nos capítulos 2 e 3, observação e comunicação podem nos ajudar a responder a perguntas importantes se reservarmos tempo para fazê-las: devo envolver essas pessoas agora ou devo esperar? Que sinais sugerem que elas podem ser receptivas ou resistentes? Como dar más notícias? Como validar suas preocupações e comunicar que estraguei tudo, mas que vou corrigir as coisas? Como posso ajudar a encontrar uma base comum? Como posso transmitir minha mensagem? Como faço para persuadi-las a investir na minha ideia ou proposta? Eu disse algo que as colocou contra mim ou as deixou desconfiadas? Todas essas são perguntas válidas que ocorrem em ambientes de negócios, especialmente ao lidar com pessoas com as quais não estamos familiarizados.

Seja como agente ou como empresário, todos nós queremos chegar à fase de transação, em que o negócio é fechado. Mas como chegamos lá?

Décadas avaliando os outros, medindo como e quando interagir e construindo confiança e vínculos para influenciar positivamente e motivar as pessoas a cooperar comigo me levaram a desenvolver o que passei a chamar de Modelo Empático de Interação Social (MEIS). É uma forma simples e estruturada de lidar de maneira mais eficaz com as pessoas – aquelas que conhecemos ou não.

A estrutura MEIS é um ciclo de feedback de três fases que permite interagir com outras pessoas com base em observações em tempo real em vez de nos atermos a agendas predeterminadas. Muitas vezes, por exemplo, mesmo um vendedor experiente, muito focado no "roteiro de vendas" que precisa seguir, não vê o que acontece bem à sua frente: que a pessoa que está tentando envolver na venda está com pressa, não quer comprar, está perdendo o interesse, não está impressionada com o produto ou já se decidiu.

No FBI, achei o guia MEIS eficaz para estabelecer cooperação entre as pessoas, mesmo com aquelas que, a princípio, não teriam nada a ver comigo. Quando me aposentei do FBI, descobri que o modelo funcionava igualmente bem no setor empresarial, onde quanto melhor você puder avaliar, adaptar e se envolver em tempo real, maior será a probabilidade de uma operação bem-sucedida.

INTERAÇÃO SOCIAL EMPÁTICA

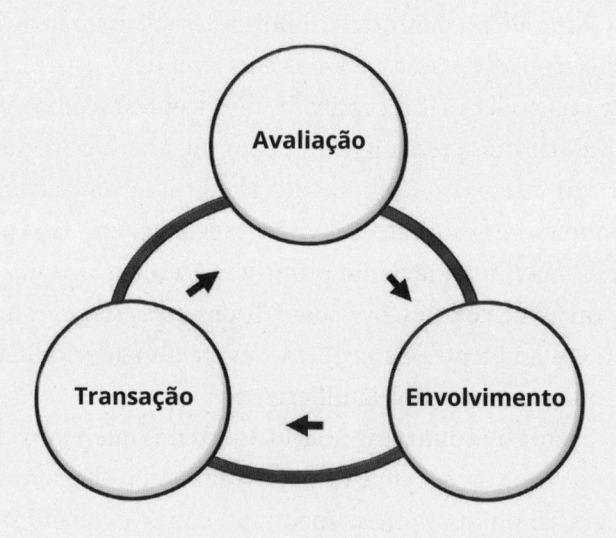

Avaliação

Suponha que você chegue ao trabalho e alguém entre em sua sala e comece direto falando: "Oi, este relatório voltou. Temos que adicionar essas projeções orçamentárias de última hora e eles precisam disso até o meio-dia." Ou você chega em casa depois de um longo dia e seu cônjuge ou filho começa a dizer algo que precisa ser resolvido rápido por você.

A vida é cheia desses momentos em que o engajamento exigido domina todo o resto. Em essência, esse é o parâmetro dos negócios introduzido pela Revolução Industrial, e, em muitos lugares, essa prática ainda continua.

Mas, quando se trata de influenciar, existe, para os excepcionais, uma maneira melhor. Aprendi isso no meu trabalho no FBI logo no início. Resolver um caso é importante, porém a forma para chegar lá pode ter muitos caminhos. A abordagem mais útil que descobri para isso foi a humanista – isto é, a empática.

Rapidamente aprendi como era crucial avaliar constantemente cada pessoa que encontrava ou confrontava para poder me comunicar de forma mais eficaz, porque o sucesso da minha mensagem dependia, em grande parte, do estado em que esse indivíduo se encontrava psicologicamente. Estresse, ansiedade, medo, apreensão, desconfiança ou suspeita por parte dos entrevistados eram prejudiciais à minha capacidade de realizar meu trabalho. Ao me importar o suficiente para tentar entender os outros, por mais represensíveis que fossem suas ações, eu conseguia abrir a possibilidade de estabelecer bem-estar psicológico suficiente para que pudéssemos, pelo menos, trabalhar juntos.

Várias vezes me foi provado empiricamente que somos mais produtivos e eficazes dentro do espaço do bem-estar psicológico, que nos permite estar em sintonia ou o mais próximo possível disso. Como costumo dizer, sintonia é harmonia. Podemos não estar em sintonia quanto aos objetivos, mas, se pudermos pelo menos estar em sintonia em um nível emocional, muito mais pode ser alcançado.

A maioria das pessoas não é entrevistada por agentes do FBI. Logo, quando o são, elas podem se sentir intimidadas, podem temer se envolver, preocupar-se com o impacto que isso pode causar no trabalho, com o que os vizinhos podem pensar ou com a consequência disso para sua reputação na empresa. Avaliamos essas questões mesmo em um rápido encontro em uma esquina. Não faria sentido desperdiçar nosso tempo ou o delas ao tentar nos conectar com uma pessoa estressada, distraída ou muito desconfiada.

Uma vez no cenário da sala de entrevistas do FBI, alguém poderia pensar que chegar aos fatos é a questão mais crucial. Mas, para mim, também era importante avaliar o que se passava na mente do entrevistado, e não apenas o que ele poderia ter testemunhado ou do que poderia ter participado.

O que eu avaliava? Essencialmente as mesmas coisas que avalio hoje: com quem estou lidando? Como eles estão emocionalmente? São caladões ou comunicativos? Qual é seu nível de receptividade? Qual é sua formação? Quais são seus interesses ou sua intenção? O que querem? Estão sendo razoáveis? O que temem? O que sabem ou não sabem? A hora do dia é um fator? Precisamos de uma pausa? Eles querem ou precisam falar sobre outras coisas antes que possamos detalhar meu objetivo? Ao conversar, vejo mudanças no comportamento que podem indicar mal-estar, aversão, hesitação, preocupação ou desejo de partir? Ou parecem mais envolvidos, relaxados, menos tensos, mais pensativos, menos agressivos, mais cooperativos?

Tudo que eles faziam ou diziam não verbalmente importava. Em cada etapa (cumprimento inicial, notificação do motivo de estarem sendo interrogados, etc.), eu coletava o máximo de informações que pudesse por meio de suas palavras, hesitações, reações corporais, posicionamento das mãos (polegares para cima/confiantes, polegares para baixo/ não tanto) para que conseguisse decidir como envolvê-los ainda mais ao trabalhar em direção ao meu objetivo (a fase de transação do modelo): fazer com que eles se abrissem e falassem comigo ou cooperassem de alguma forma.

Em um ambiente de negócios, os interesses e objetivos específicos podem ser diferentes, mas há uma semelhança fundamental. Seja ao realizar uma venda, negociar um contrato ou colaborar em um projeto ou empreendimento, a transação só acontecerá se houver abertura e cooperação entre as partes. Isso só pode acontecer por meio de compreensão e respeito mútuos. E *isso* só ocorre quando há bem-estar psicológico.

A avaliação é um processo contínuo de observação e percepção situacional. Você está sempre atento a demonstrações de bem-estar e, mais importante, mal-estar, porque boa parte delas é revelada em tempo real. Você também procura as reações não verbais que revelam preferências pessoais (escolher uma cadeira em vez de um sofá), uma distância pessoal confortável (muitas vezes mais longe do que pensamos), quando há um grau maior de bem-estar da parte deles (inclinam-se para trás, esticam os braços, usam mais as mãos e em posição aberta) ou os importantes indicadores conversacionais que expressam "Terminei de falar, agora fale você" – a oportunidade pretendida dada a você para falar o que pensa ou, finalmente, iniciar a fase de transação.

Para os excepcionais, esse processo de avaliação continua durante todo o encontro. Nunca pare de avaliar, nem mesmo ao se despedir. Nunca se sabe o que pode ser revelado mesmo após a conclusão de uma transação.

Perguntas-chave para a avaliação

Eis algumas questões a serem consideradas e avaliadas antes e no decorrer de uma reunião:

> - **O que eu sei sobre essas pessoas?** Com as mídias sociais, LinkedIn, Twitter, Facebook, YouTube, TikTok, você tem muitas oportunidades não apenas de ver como alguém se parece e conhecer um pouco sobre seu passado, mas também de observá-lo e ouvi-lo para buscar as informações que discutimos neste livro. Você pode aprender muito com seus podcasts, entrevistas e vídeos, incluindo seu estilo de conversa, seus assuntos de interesse, suas conquistas e mesmo sua personalidade. Informações como essas podem ajudar a estabelecer vínculos mais rapidamente se você souber o que falar e o que evitar, observando o que pode ser uma demonstração característica de bem-estar ou mal-estar.
> - **Qual é o protocolo da reunião?** Em caso de dúvida, ligo com antecedência para determinar o tempo previsto para a reunião. Isso é algo que vou verificar novamente assim que chegar. Descobri que assistentes administrativos, secretárias e mesmo colegas estão mais do que dispostos a ajudar. Saber com antecedência onde nos encontraremos (escritório, sala de conferências, alguma cabine, espaço

público, virtualmente) também é útil. À medida que escrevo isto em meio à pandemia de Covid-19, é importante entender qual protocolo está em vigor em relação ao uso de máscaras. Às vezes também existem protocolos culturais a verificar com antecedência.

› **Quais são as necessidades espaciais dessas pessoas?** Mesmo antes de dar um aperto de mãos (mais sobre isso adiante), uma de nossas primeiras responsabilidades é avaliar as necessidades espaciais dos outros. No momento em que alguém viola nosso espaço, ficamos desconfortáveis; isso pode até nos tornar incapazes de lembrar o que alguém disse. Para proteger alguém das impressões negativas que as violações espaciais podem causar, cabe a nós avaliar essas necessidades espaciais culturais (em algumas culturas, as pessoas gostam de ficar muito perto, como as do Caribe) ou pessoais (prefiro que as pessoas se mantenham a mais de 1 metro de distância). Também há o fator situacional: em uma festa, posso tolerar alguém mais perto, mas não em uma reunião de negócios e, certamente, não quando estou no meio de estranhos na rua. Para maximizar o tempo cara a cara, devemos ter cuidado para não violar as necessidades espaciais.

Uma maneira rápida de avaliar as necessidades espaciais: ao cumprimentar alguém com um aperto de mãos (se a pessoa se sentir à vontade para isso – e basta perguntar –, mesmo em temporada de gripe), eu me inclino, certificando-me de que meu tronco esteja a, pelo menos, 1 metro de distância, e então eu e a outra pessoa nos inclinamos para a frente e estendemos o braço cerca de meio metro. Se a pessoa sorri e retrai a mão depois de dar um aperto de mãos e não se move, mantenho essa distância, pois isso provavelmente a deixa à vontade. Se a pessoa recuar um passo, então sei que ela precisa desse espaço extra e o respeito. Se ela se aproxima, então sei que essa é a distância que prefere. As necessidades espaciais são cruciais, incluindo as suas, por isso, se *você* precisa se afastar um pouco, faça isso.

Outra dica espacial: pela minha experiência em criar bem-estar, sei que basta uma pequena inclinação do tronco para deixar os outros mais à vontade. Em outras palavras, não se mantenha em pé bem na frente de ninguém.

Lembre-se de que, à medida que as pessoas conversam, elas podem se mover ou se aproximar umas das outras. Mudanças como essas devem ser observadas como parte da avaliação do bem-estar psicológico e do progresso ao estabelecer confiança e vínculo.

> **O que mais pode estar acontecendo?** Avalie continuamente os fatores que podem romper o nível de bem-estar de uma pessoa. Procure os culpados habituais: tempo limitado, aversão a reuniões, fome, fadiga e mesmo crise de abstinência de nicotina. Certa vez, em uma reunião, notei um homem se mexendo muito na cadeira. Ele parecia inquieto. A princípio, pensei que fosse simples fadiga, já que todos estávamos nisso havia algum tempo. Então observei os dedos manchados de nicotina da mão direita e percebi que ele precisava e queria um cigarro. Pedi uma pausa.

Às vezes, há mal-estar por causa de um evento desconhecido que pode ter acontecido no início do dia e não ter nada a ver conosco, mas podemos ver isso na face da pessoa. Talvez esteja chateada porque teve dificuldade em encontrar o endereço do escritório. Viagens, especialmente para fora do país, podem desgastar qualquer um. Talvez tenha ficado acordada a noite toda com uma criança doente. Seja sensível e fique atento.

De vez em quando, a irritabilidade acontece por algo que foi dito ou feito, por questões passadas não resolvidas entre os participantes ou por uma inconveniência real ou percebida.

Seja qual for a circunstância, lembre-se sempre de que nossos corpos refletem nosso humor em tempo real. Preste atenção, seja sensível, não hesite em perguntar se uma pausa é necessária, se eles precisam de privacidade para fazer uma ligação, se a reunião precisa ser interrompida porque uma tempestade está se aproximando rapidamente e afetará as viagens, se comida e refrescos são necessários ou se há algo que você possa fazer para ajudar ou melhorar a situação. A ação tem peso próprio.

Às vezes, tudo que se pode fazer é legitimar o mal-estar ou o aborrecimento de alguém, e expressar essa validação nos aproxima ao menos em nível subconsciente. Lembre-se: validar é reverenciar.

› **O que posso oferecer para promover bem-estar?** Nunca subestime a primazia e o apelo de um simples gesto de hospitalidade. O ato de oferecer algo para beber, um lugar confortável para sentar-se, um momento para espairecer e distrair a mente, um lugar para carregar o celular – essas cortesias são tão fáceis de fazer e contam muito. A necessidade de fazer uma transação não deve de forma alguma inibir seu dever de criar bem-estar psicológico por meio de atos pró-sociais, como a hospitalidade atenciosa.

Falando em hospitalidade, lembre-se de que o ambiente em que você está contribui para esse bem-estar. Ambientes barulhentos e movimentados onde não há privacidade podem levar a reuniões interrompidas, esquecidas ou mesmo evitadas no futuro. Nos negócios, quanto maior o status de alguém, mais atenciosos devemos ser quando se trata de espaço para reuniões.

Depois de fazer sua avaliação inicial, não suponha que tudo terminou. No FBI, nunca parei de avaliar minhas interações. Nas minhas reuniões de negócios, não é diferente: durante a fase de envolvimento, enquanto a conversa vai se desenrolando, outra ocorre ao mesmo tempo na minha mente – o que estou vendo e ouvindo? Que caminho a conversa está tomando? Estamos fazendo progresso? Alguma coisa acabou de mudar? Para onde vão essas questões? Por que as reações não verbais do diretor de operações e do diretor financeiro são tão diferentes? O que *não* está sendo dito? As pessoas estão mais relaxadas, mais à vontade? Estamos criando confiança uns nos outros? Estamos cada vez mais em sintonia? O tema causa tensão? Devo sugerir outro tema agora? Como reagiram quando mencionei tal fato? Eles têm perguntas que não estão sendo feitas? Talvez se abram mais se eu evitar contato visual direto (isso às vezes funciona muito bem)?

Por que passar por tudo isso? Porque no FBI nos foi incutido: você só tem uma chance – faça a coisa certa. Ao conversar com muitos empresários em todo o mundo, descobri que o mesmo se aplica aos negócios. Muitas vezes temos apenas uma oportunidade de envolver adequadamente um cliente, então é melhor fazer a coisa certa. Como fazemos isso? Avaliando-o constantemente para ver o que está acontecendo, o que precisa de atenção, o que pode apresentar-se como um problema e se o nível de interesse e curiosidade dele aumenta ou diminui.

Envolvimento
Analise estes três cenários e veja se consegue adivinhar o que eles têm em comum:

> Steve Jobs, ainda no ensino médio, olhou a lista telefônica de Palo Alto e decidiu que ligaria para Bill Hewlett, CEO e cofundador da Hewlett-Packard... em casa (surpreendentemente, o número constava da lista telefônica). Isso levou a um aprendizado e deu acesso a alguns dos melhores engenheiros do mundo.
> Um agente do FBI em Miami, ao saber que a esposa de um suspeito que ele investigava havia sido hospitalizada, enviou-lhe flores. Esse gesto levou o suspeito a abrir um diálogo, o que levou à sua cooperação com o FBI, expondo outros criminosos envolvidos.
> O detetive Mike Willet assumiu um caso em que a suspeita já havia sido interrogada várias vezes sem resultado. Ela alegava que seu bebê havia sido sequestrado em meros 20 segundos mais ou menos, depois que ela deixou o carro no estacionamento de uma loja para ir à área dos carrinhos de compras. Ao receber o caso, Willet sentou-se ao lado da suspeita em um banco no corredor. Em silêncio, ambos observavam as pessoas passarem. Depois de um tempo, ele disse: "Vamos encontrar seu bebê." Com isso, a suspeita se levantou e, juntos, caminharam até o carro de Willet. Quando pararam na saída do estacionamento da delegacia, Willet perguntou: "Pego à esquerda ou à direita?" "À esquerda", disse ela. E, assim, a suspeita o levou para onde havia deixado o bebê e, em seguida, confessou ter matado o próprio filho.

O que esses exemplos díspares têm em comum? Envolvimento inventivo. O que normalmente é chamado de pensar fora da caixa nada mais é do que ser criativo tendo em mente circunstâncias, contexto, personalidade ou oportunidade.

Jobs procurava uma maneira de entrar na indústria da tecnologia e aprender com alguns dos melhores engenheiros da HP. Isso foi antes que estágios e outras formas que as indústrias utilizam para identificar talentos ainda sem experiência fossem difundidos. Em vez de seguir o caminho tradicional de passar pelo RH, Jobs encontrou uma maneira de envolver a pessoa certa no momento certo, e que diferença isso fez!

Muitas vezes um criminoso sabe que o FBI está atrás dele. De acordo com um dos meus colegas da agência, o chefe da Máfia John Gotti costumava enviar sanduíches para os agentes que o vigiavam – sua maneira de dizer: "Sei que vocês estão aí." É um jogo que os vilões costumam jogar para deixar as autoridades saberem que não estão com medo. O agente de Miami entrevistou um suspeito que procurava havia muito tempo. Nesse momento, descobriu que a esposa desse acusado estava doente. Suspeito ou não, todos sabemos como é preocupante quando um ente querido está doente. Então ele mandou flores. Envolver-se nesse nível emocional compartilhado acabou sendo uma maneira poderosa de abrir o canal de comunicação entre eles.

Em uma conversa, o detetive Willet envolveu de maneira bem-sucedida uma suspeita que já havia sido entrevistada várias vezes sem sucesso. Em vez de levá-la a uma sala de interrogatório para a sessão convencional, ele a encontrou exatamente onde ela estava, sentando-se ao lado dela. Ao invés de tentar iniciar um diálogo como seria de esperar, ele não disse nada. Juntos, compartilhando a mesma visão, eles apenas observavam as pessoas passarem pelo corredor. Então, em vez de vir até ela com mais perguntas, ele expressou o totalmente inesperado – não uma pergunta, mas a sugestão de agirem em conjunto, ao que ela não resistiu: "Vamos encontrar seu bebê." Foi uma estratégia de envolvimento brilhante. Quando perguntei a Mike como ele sabia o que dizer ou fazer, ele respondeu: "Eu não sabia. Só sabia que o que os outros tentaram antes não havia funcionado." Então se lançou em uma estratégia diferente – o envolvimento inventivo.

Não estou sugerindo que você tente um método incomum de envolvimento somente para ser incomum. Estou propondo que, antes de agir, antes de passar para a ação, você considere: qual é a melhor maneira de envolver a pessoa neste momento?

Talvez um contato inicial por telefone seja o caminho a seguir, como fez

Steve Jobs. Talvez um e-mail de apresentação. Pessoalmente, sempre aprecio e respondo a uma mensagem manuscrita. Ou talvez seja uma rápida olhada no escritório do gerente para ver se está ocupado. Como me disse um CEO muito bem-sucedido de uma empresa com escritórios em 17 países: "Quando comecei, e mesmo agora, pensava muito em como abordaria os banqueiros ao buscar capitalizar nossos vários programas. Posso afirmar que nunca houve duas abordagens iguais, hoje em dia ou na época. Invariavelmente, o país em que estávamos, a personalidade deles, tudo sempre influenciou, até mesmo a hora do dia."

Vale a pena pensar com antecedência sobre quais podem ser as preferências ou perspectivas da outra pessoa. Lembro-me de uma vez que os agentes apareceram com rosquinhas e café para uma entrevista importante na casa de alguém. O anfitrião gentilmente os convidou a entrar, mas, ao lhe oferecerem as rosquinhas e o café, ele disse (e cito): "Sou chinês. Eu bebo chá e não comemos rosquinhas." Como os agentes me disseram mais tarde com constrangimento, a entrevista foi ladeira abaixo; nunca tivemos outra chance de falar com ele por causa disso. O envolvimento só funciona se gerar bem-estar psicológico – na outra pessoa, não em você.

Envolvimento, não transação, é o aspecto mais importante de qualquer interação. Como escolhemos nos envolver momento a momento, o que comunicamos, como nos comportamos é o que solidifica os relacionamentos e garante uma transação bem-sucedida.

Muitas vezes me pergunto antes de me envolver: *Como eu quero ser percebido nesta cena neste exato momento?* Se fiz o trabalho de que falamos nos capítulos anteriores – se exercitei autodisciplina para me preparar de forma diligente para a reunião, se cultivei minhas habilidades de observação e consciência situacional para reagir adequadamente ao momento, se deixei minha curiosidade e minha empatia tocarem essa pessoa, se agi com integridade para construir uma base de confiança –, então conto com essas bases sólidas e sei que sempre poderei iniciar a conversa com o pé direito, encontrando algo sobre o que conversar ou que possamos ter em comum. Simplesmente expressar gratidão pela oportunidade de encontrar alguém muitas vezes é suficiente para começar bem as coisas.

Assim, se você adotou e está praticando todas as habilidades das pessoas excepcionais, não se preocupe com o que vai dizer exatamente. Você já está se comunicando positivamente por meio de sua apresentação, e sua preparação antecipada fornece uma confiança valiosa para transmitir sua mensagem.

O envolvimento, assim como a avaliação, é um processo contínuo que modificamos e adaptamos com base no que nossas avaliações informam. Se você utilizar as habilidades das pessoas excepcionais à medida que a conversa se desenrola, as circunstâncias falarão com você: a melhor forma de envolver esse indivíduo em particular é usando tal estratégia, porque suas reações não verbais sugerem que ele está sendo pressionado por incertezas ou pelo tempo. Essa pessoa gosta de falar rápido e não se envolve em conversa-fiada, então vamos direto ao ponto. A partir de minhas pesquisas avançadas, aprendi que tal grupo de investidores só marca reuniões de 20 minutos, então as aproveito ao máximo porque são subitamente interrompidas e isso é tudo que vou ter – por isso ensaio meus pontos de discussão de 10 a 15 vezes. Se a melhor forma de falar com a médica é sendo muito gentil com a recepcionista, então ela também é minha prioridade para a construção de vínculos. Se um potencial cliente quer saber de onde minha família é, eu digo. O telefone da cliente acabou de vibrar e seus olhos se desviaram para ele duas vezes – vou perguntar se ela precisa atender ou responder à mensagem e sugerir uma pequena pausa se for o caso. Se alguém precisa de água (está com a boca seca, está engolindo para umedecer a boca, está limpando a garganta), eu sirvo antes que peça. Estou lá com um objetivo a cumprir, estou em um negócio corporativo, mas também estou profundamente ciente e sintonizado com o que é necessário ou com as mudanças repentinas – porque também estou no negócio de pessoas.

Durante o envolvimento, se eu avaliar que os outros têm alguma apreensão, concentro-me em inspirar confiança por meio da minha postura, do meu comportamento, da minha voz, do tom e das ações. Ao realizar entrevistas no FBI, a principal coisa na qual focava na fase de envolvimento era o tempo cara a cara – a quantidade de tempo que passaríamos produtivamente um com o outro. Aumentar esse tempo era primordial. Sem ele, não haveria transação e nenhuma possibilidade de outro encontro. Se a outra pessoa se sentir à vontade, é mais provável que ela queira passar mais tempo comigo ou peça que eu volte.

Para otimizar uma primeira impressão positiva, depois de dar um aperto de mãos eu dava um jeito de sempre me posicionar levemente de lado em relação à pessoa em vez de exatamente na frente dela. Usava um tom de voz mais baixo do que o habitual. E, quando era possível fazer isso em pé, eu cruzava os pés. Em um nível subconsciente, isso relaxa as pessoas mais do que manter os pés alinhados. Ao mesmo tempo, inclinava de lado a cabeça – uma leve exposição da jugular – para demonstrar que ouvia e estava curioso. Isso tende a incentivar as pessoas a se abrirem. Cruzar os pés quando se está em pé e inclinar levemente a cabeça são dicas subconscientes sutis que você pode enviar para incentivar as pessoas a permanecerem com você por mais tempo. Além disso, sorrindo, relaxando a face, dando leves acenos de concordância quando apropriado, eu procurava criar um ambiente no qual, assim esperava, pudéssemos nos envolver por um longo período ou, pelo menos, incentivá-los a serem receptivos. Também percebi que, quando as pessoas se posicionam um pouco de lado em relação às outras, é mais provável que conversem por mais tempo. Não há absolutamente nenhuma diferença nas interações de negócios – esses pequenos gestos tornam os envolvimentos mais longos e melhores.

Segredos para o envolvimento positivo

Eis algumas estratégias que podem ser adotadas para facilitar o bem-estar e melhorar seu envolvimento com os outros:

> **Espelhe comportamentos.** Se as pessoas querem permanecer em pé e conversar encostadas em uma parede, faça o mesmo. Se tomam café, tome um também, ou pelo menos beba algo. Se estiver sentado, você pode espelhar sutilmente a postura delas: inclinam-se para a frente, com as mãos na mesa? Reclinam-se para trás com os braços cruzados, cabeça inclinada? Não precisa ser idêntico, apenas semelhante.
> **Espelhe palavras.** Se disserem "Isso vai causar problemas de verdade", não diga "Podemos resolver essas questões". Espelhar as palavras das pessoas ("problemas", e não "questões") contribui para a harmonia. Se utilizam terminologia esportiva, pense em trabalhar

com isso, mesmo que não seja o seu forte. Se eles usam "mandou bem", "fazer um golaço", "driblar um problema", "passar a bola" ou "correr pro abraço", essas podem ser as expressões que você também deve empregar para mostrar que faz parte do time.

› **Ajuste seu ritmo de fala.** Nunca podemos igualar o padrão de fala de outra pessoa, mas, se alguém gosta de falar rápido, faça um esforço para acompanhá-lo. Se falarem lenta ou premeditadamente, não fale rápido demais. Essa é uma reclamação que ouço com frequência sobre pessoas que falam depressa.

› **Ao utilizar chavões, jargões ou termos técnicos, certifique-se de que todos entendam o significado deles.** Eufemismos ou coloquialismos, como "ficar no vácuo" ou "arregaçar as mangas", podem não ressoar com pessoas de diferentes regiões ou culturas. Cada geração também tem suas palavras preferidas ou tendências; portanto, tome cuidado para não cair na armadilha de achar que todos entendem seu linguajar. O mesmo vale para jargões específicos de determinados setores.

› **Avalie a sintonia não verbal.** Isso é sutil, mas, se estão respirando e piscando aproximadamente na mesma velocidade que você, é provável que vocês estejam em sintonia. Isso é bom! Se eles se reclinam para trás e esticam os braços no sofá, estão demonstrando sinais positivos, assim como, se desviarem o olhar à medida que falamos e pensamos, isso significa estar à vontade o suficiente para desviar o olhar livremente um do outro, como se estivéssemos entre amigos.

› **Não se distraia com gestos repetitivos.** Muitas pessoas têm cacoetes. Eu gosto de balançar a perna. Alguns rodopiam um lápis entre os dedos ou fazem outras coisas. É como se acalmam e passam o tempo. Mas tenha cuidado quando começam a tamborilar os dedos repentinamente, o que pode ser um sinal de impaciência ou tédio – nesses casos, fique atento a outras pistas para confirmar.

› **Saiba quando concluir a conversa.** Esteja ciente de que, quando olham para o relógio, o celular ou a saída repetidamente, ou se os pés apontam para a porta, pode haver outros compromissos na agenda. Se você vir esses comportamentos ou mãos nos joelhos, provavelmente é hora de encerrar a reunião. Não hesite em perguntar: "Quanto tempo ainda temos?" Eles vão valorizar isso.

Uma ressalva final e importante: dedicar-se a promover o bem-estar psicológico não significa que você deva se tornar uma "pessoa que sempre diz sim" ou um bajulador. Você pode criar um ambiente onde haja bem-estar psicológico com limites bem estabelecidos e rigorosos. Esse tipo de bem-estar é uma meta; não significa subserviência.

Transação
Durante minhas entrevistas no FBI, depois de descobrir a melhor forma de envolver a pessoa e sentir que ela estava mais relaxada e receptiva, só então eu passava para a fase crítica da transação – quando expunha por que eu estava lá e o que estava interessado em alcançar. Decidir quando fazer essa transação não é diferente em reuniões de negócios, em conversas difíceis ou quando conhecemos alguém pela primeira vez.

Para você, a fase transacional pode ser vender ou promover algo, ou fazer alguém se interessar por alguma oportunidade. Seja o que for, chega o momento em que você já conseguiu estabelecer um grau de vínculo e essa é a hora de agir.

A forma como isso deve ser feito exatamente é tão individual quanto as próprias transações. Mas as bases para indivíduos excepcionais são válidas: se você se preparou cuidadosamente para a reunião, apresenta-se bem-educado, bem-intencionado e receptivo, o acaso o favorecerá. Se for decidido, respeitoso e disposto a interagir e responder às perguntas, eles o respeitarão e apreciarão. Se conseguir se ajustar e se adaptar com base nas reações que observa, eles reconhecerão que você tem consciência social. Se fizer todas essas coisas, você será considerado confiável. É demonstrando continuamente sua confiabilidade que você incentivará os outros a ouvi-lo, aceitá-lo e a trabalharem com você para que tenham suas questões resolvidas.

Mas lembre-se: só porque está na fase de transação e fazendo sua apresentação não significa que você possa parar de observar. A forma como a outra pessoa está recebendo e reagindo ao que você diz ainda deve ser monitorada.

As pessoas já me disseram "Tentava me lembrar de tudo que queria dizer, mas me distraía porque tinha dificuldade de interpretar as reações", ou

"Havia tanta coisa acontecendo que me esqueci de dizer" isso ou aquilo. Sei que não é fácil. Já aconteceu comigo também. É por isso que você precisa praticar e desenvolver suas habilidades de observação – para que se sinta à vontade ao fazer uma avaliação focada à medida que se envolve e realiza transações, mesmo em situações ou ambientes dinâmicos.

Segredos para uma transação eficaz
Eis alguns dos fatores nos quais foco durante a transação:

> **Observe além da linguagem corporal.** Continue avaliando a linguagem corporal das pessoas, mas também esteja ciente daquilo que as distrai a ponto de não se envolverem com a reunião. Podem ser mensagens de texto recebidas e respondidas (incluindo as reações a essas mensagens); pode ser a temperatura ambiente (estão tirando a jaqueta, dobrando as mangas ou, ao contrário, colocando o xale ou esfregando os braços gelados?); a hora do dia (baixa energia física ou mental à tarde, o sol brilhando nos olhos?); ou o barulho em torno da sala (você pode fechar a porta, sair por um instante para pedir educadamente aos que estão do lado de fora que diminuam um pouco o tom de voz ou sugerir que a reunião continue em um café tranquilo na rua?).
> **Observe mudanças no discurso,** como "o projeto" *versus* "nosso projeto" ou outras palavras que indiquem que algum desconforto se instalou. Se falam "Você disse", esteja preparado para recuperar o envolvimento, porque isso costuma ser o prelúdio de emoções latentes por trás de algum problema não resolvido, como: "Você disse que poderíamos encerrar em 1º de junho. O que aconteceu?" Aquelas meras duas palavras lhe mostram que você terá mais trabalho em termos de envolvimento e explicações. Da mesma forma, "Que tal...?" indica que os problemas precisam ser resolvidos antes que a transação possa avançar.
> **Se perceber desconforto ou impaciência, não continue a falar.** Você quer avançar com a conversa, no entanto, paradoxalmente, isso significa mudar de marcha ao notar reações não verbais transparecendo e sugerindo que eles não vão mudar de ideia (lábios

totalmente franzidos para a frente ou franzidos e rapidamente puxados para o lado) ou que há problemas. Franzir os lábios, coçar o pescoço, arejar o corpo (puxar o colarinho da camisa) ou mover a mandíbula são sinais de que algo não está bem. São o sinal para fazer uma pausa e perguntar àquelas pessoas o que estão pensando até aquele momento e quais questões podem ser motivo de preocupação. Ou você pode ficar em silêncio, deixando que falem. Isso lhes dá a oportunidade de levar a conversa para a direção que desejam. Se houver preocupações, lembre-se: as reações que você está observando são um meio de comunicação não verbal. Não ouvir palavras de preocupação não significa que podemos ignorar o problema. Gosto de abordá-lo ali mesmo, especialmente quando sei que o tempo é limitado. Para que desperdiçá-lo? Facilite perguntando: "Isso lhes agrada?" É bem provável que respondam educadamente "Isso não é para nós" ou "Queremos seguir em outra direção". E tudo bem. Permita-se aceitar cordialmente que a transação não está funcionando para, assim, salvar sua reputação para um próximo encontro.

› **Lembre-se de que você está lá para apresentar, não para convencer.** Responda às perguntas rapidamente, sem hesitação. Você se preparou, então se sentirá à vontade com os fatos e detalhes. Não é o momento de bajular ou forçar a barra. Uma pessoa excepcional nunca precisa fazer isso. A receptividade dos outros à sua proposta, à sua oferta ou às suas ideias vai se basear em duas coisas: como eles se sentem sobre o que é proposto e como percebem você. Seus produtos e serviços falam por si sós.

› **Não lute contra a tirania da indiferença.** O que acontece se, independentemente do que você fez, as pessoas parecem indiferentes ou distraídas ou talvez emocionalmente mal? É melhor ir embora e voltar outro dia. Como costumo alertar os executivos: "Não desperdice o seu melhor quando o momento é o pior." Sabedoria é saber o que dizer e quando dizer. Isso é o que as pessoas excepcionais fazem.

› **Não importa o que aconteça, permaneça confiante em quem você é.** Nesse ponto, você fez tudo que podia. Sua mensagem é forte, você está preparado, irradia entusiasmo, simpatia e confiabilidade. Você chegou aqui por meio do autodomínio, da observação e utilizando suas melhores habilidades de comunicação. O resto é com eles.

APLICAR O MEDO:
UM DEVER DA PESSOA EXCEPCIONAL

Quando fui designado para o escritório do FBI em San Juan, Porto Rico, lidávamos com grupos terroristas, assaltantes de banco, sequestradores, ladrões de carro, assassinos e estupradores em alto-mar e traficantes de drogas. Investigá-los ou mesmo prendê-los não me incomodava. Mas, durante esse tempo, descobri por acaso algo que me assustou muito.

Aconteceu em um dia em que o agente especial encarregado do escritório do FBI em San Juan me "voluntariou" (leia-se: recebi ordens para ir porque ninguém mais queria) para fazer o curso avançado de rapel da SWAT. É um curso em que você não apenas aprende a fazer rapel, mas também é certificado para ensiná-lo a outras pessoas.

Naquele momento em que eu estava prestes a fazer rapel em prédios e encostas, percebi quanto medo eu tinha de altura. Não era uma "preocupação". Não era uma "questão" ou um "desafio". Com pernas bambas e aperto no estômago, eu era uma criança assustada.

Eu já havia descido de rapel a encosta de uma montanha em Provo, Utah, não muito longe do festival de cinema Sundance, fundado por Robert Redford. Mas o que me esperava agora era bem diferente. Descer de rapel a lateral de um edifício sob condições táticas; usar capacete de Kevlar, máscara antigás, cantil, armadura pesada com blindagem de cerâmica, kit médico com duas bolsas de 500 ml de solução de lactato de Ringer; carregar uma submetralhadora MP-5, quatro pentes extras, além de uma pistola semiautomática SIG Sauer 226 com dois pentes extras, duas granadas de efeito moral e um rádio Motorola criptografado bem robusto; e usar óculos de visão noturna para entrar em um prédio de oito andares à noite com uma ferramenta de arrombamento feita de titânio não é divertido. Parece bom na televisão... mas não é divertido.

Contudo, não havia para onde correr. Então mantive a boca fechada e segui em frente com um nó na garganta e o estômago revirado, apenas esperando, de alguma forma, ser bem-sucedido.

No curso avançado de rapel em Quantico, passamos os dois primeiros dias preparando os nós e entendendo os equipamentos. Eu estava pateticamente feliz nessa etapa, buscando algum tipo de confiança nos equipamentos enquanto aprendíamos a fazer 18 tipos de nó. Precisávamos ser capazes de amarrá-los com os olhos fechados, mesmo submersos na água à noite. Esses nós seriam utilizados para manter as cordas seguras. Não há nada como estar a 20 metros de altura com um instrutor dizendo: "Você conseguiria descer pela lateral de um prédio com os nós desse jeito?" Ou que tal saindo de um helicóptero, 12 metros acima de um convés? É algo a se pensar.

No terceiro dia, fizemos rapel em uma torre de seis andares onde tínhamos que dominar a técnica de subir pela lateral de forma rápida e eficiente. Durante vários dias praticamos descer de costas, olhando para cima, no estilo tradicional; em seguida, no estilo de comando australiano, olhando para baixo e usando apenas um mosquetão simples ou argola tipo D para controlar a descida, ao mesmo tempo que simulávamos condições táticas em que tínhamos que parar durante a descida, nos proteger temporariamente para fazer uma entrada dinâmica (atravessar uma janela) ou – se necessário, em situações de resgate de reféns – silenciosamente eliminar um vigia usando uma pistola com silenciador ou lançando uma granada de efeito moral.

Depois que me senti seguro ao amarrar meus nós, fiquei surpreso com o fato de que não estava tão assustado quanto achava que ficaria. Os instrutores tinham muito a ver com isso. Ao longo da semana seguinte progredimos nas técnicas de rapel e na de atravessar janelas com mais segurança. Fizemos rapel até mesmo no Edifício Jefferson, de 11 andares, em Quantico, o que era preocupante por causa da altura e porque iríamos escalá-lo no meio de uma tempestade. Fiquei um pouco assustado, mas foi administrável. Às vezes é disso que atenuar o medo se trata: validá-lo e gerenciá-lo por meio da repetição passo a passo e da prática estruturada.

No início da segunda semana aprendemos a nos amarrar, a amarrar o cinto de rapel de outra pessoa e a fazer seu resgate cortando sua corda de modo que essa pessoa se tornasse parte do nosso equipamento. Assim, fazíamos o rapel controlando não só nossa descida, mas também a do outro agente da SWAT (que pesava 80 quilos e fingia estar ferido enquanto aplicávamos os primeiros socorros) – ele ficava tão assustado quanto nós (ou mais) e contava conosco para descer em segurança.

Eu ainda sentia um pouco de medo toda vez que descia pela lateral da torre em velocidades cada vez mais alucinantes (para garantir que não fôssemos alvo de franco-atiradores). Algo no subconsciente, especialmente no sistema límbico, sempre quer garantir que você não suba aquela parede. Mas pelo menos o medo que sentia não me atrapalhava, tornou-se administrável. No entanto, tínhamos mais uma tarefa a cumprir: a fase de treinamento de escalada, necessária para que nos formássemos no programa na semana seguinte.

O mau tempo que persistiu por uma semana continuou em Seneca Rocks, Virgínia Ocidental, onde encontraríamos nosso último desafio. Não era um momento cênico. Era uma montanha que, primeiro, tinha que ser escalada carregando todos os equipamentos da SWAT e, depois, descida de rapel – com o resgate de um corpo, na chuva, com relâmpagos nas proximidades, ventos fortes e granizo de vez em quando.

Nem tínhamos começado a escalar e já estávamos encharcados. Nossos equipamentos e roupas, bastante pesados, ficaram ainda mais com a chuva. Nossos calçados eram botas SWAT padrão, que não foram projetadas para escaladas. Não conseguíamos nem ver o topo da montanha, encoberto por nuvens baixas. Relâmpagos iluminavam nuvens no horizonte, com estrondos fortes do ar superaquecido após cada clarão.

Era certo que iríamos cair. Era parte do programa. A questão era a que distância, de que altitude e se nos machucaríamos. A ambulância estacionada na base da montanha não estava lá para mera decoração.

O medo total voltou. Eu o sentia e conseguia vê-lo no rosto dos outros.

Medo e bem-estar psicológico têm uma relação paralela nos seres humanos. Quanto mais temos do primeiro, mais precisamos do segundo. De certa forma, medo é o mal-estar psicológico elevado ao cubo.

De fato, ele nos leva a buscar bem-estar psicológico a todo custo. Um exemplo famoso dessa dinâmica pode ser encontrado nos experimentos artificiais do psicólogo Harry Harlow, em que macacos filhotes criados por duas "mães" substitutas – uma era feita de arame e fornecia alimentos; a outra não os oferecia, mas era de pelúcia – escolhiam a mãe macia quando estavam assustados ou estressados. Não que os macaquinhos quisessem maciez; a questão era que aquele conforto fornecia bem-estar psicológico para seus medos. Assim como acontece com primatas, também acontece com seres humanos. Nós nos apegamos a quem oferece mais bem-estar psicológico – nos relacionamentos, no amor, em qualquer coisa que envolva interação e conexão humanas.

Pense nas vezes que seus pais, professores, treinadores e mesmo colegas de trabalho ajudaram você durante uma crise causada pelo medo. Talvez fosse ao frequentar uma nova escola, ou ao enfrentar jogadores maiores do que você em uma partida, ou ao realizar uma tarefa em que a curva de aprendizado era íngreme e o fracasso não era uma opção se você quisesse avançar. Quanta sorte tínhamos quando alguém se aproximava e nos envolvia, vendo do que precisávamos: uma palavra encorajadora, um impulso emocional, uma voz gentil e mais experiente nos guiando na direção certa. Quando estamos sob as garras do medo, somos aquele macaquinho assustado que precisa de algo reconfortante para agarrar ou aquele bebê no experimento do precipício visual – era assim que eu estava ao escalar aquela montanha.

É aqui que o líder digno deve intervir e usar sua presença, sua orientação, sua influência e seu prestígio para ajudar o outro a afastar o medo. Os líderes falham conosco quando erram o alvo ao atenuar o medo. Esse é o único alvo que indivíduos excepcionais nunca erram, porque entendem sua destrutividade e toxicidade.

As pessoas geralmente não gostam de pensar no que as assusta, muito menos de falar sobre isso. Entretanto, o medo sempre está presente em todas as suas manifestações. De muitas maneiras, é aquele que nos perturba: o opressor odioso que nos impede de alcançar nosso potencial.

Ele pode nos levar a fazer coisas que quase nada além dele pode – e não são coisas boas. Pode nos impedir de viver uma vida plena. Leva-nos a tomar decisões erradas. Resulta em inação, evasão, procrastinação, desonestidade, encobrimento, agressão, crueldade e mesmo desumanidade.

O medo nos inibe e nos paralisa a ponto de não querermos nos comprometer com o relacionamento, candidatar-nos àquele programa, abrir aquele negócio, procurar aquele emprego, entrar no avião, lidar com alguém específico ou querer que determinadas pessoas se mudem para nosso bairro ou trabalhem ao nosso lado. Podemos ter todos os tipos de razão e explicação além do medo, mas é assim que é. Na verdade, o cérebro humano se concentra em uma única coisa: isso é uma ameaça para mim? Se sim, pode iniciar um conjunto crescente de respostas de sobrevivência, incluindo as de *paralisar-se, desmaiar, abster-se, fugir, brigar* ou *esquecer*. Esses comportamentos movidos pelo medo são úteis para a sobrevivência, mas não nos ajudam a ter uma vida saudável e intensa. Analisando centenas de livros sobre liderança e gestão, fiquei surpreso ao descobrir que o medo não é comentado. Está neste livro porque, agora mais do que nunca, precisa ser evocado por ser uma arma de destruição em massa e pela ameaça que representa. O medo pode ser inibidor, até mesmo desastroso, para uma pessoa, uma organização ou uma nação.

O que motivou as ações de Stalin, Mussolini, Hitler, Pol Pot, Slobodan Milošević e outros? O que permitiu que eles agredissem tantas pessoas por meio de pogroms e genocídio? Eles eram mestres na propagação do medo. Usavam a força primordial e galvanizadora do medo para mover as massas como peões para corroborar suas causas e executar seus crimes hediondos. Infelizmente o medo é uma maneira muito persuasiva de arrebanhar multidões.

Todo ódio baseia-se no medo. Ninguém nasce odiando. Mas pode-se ensinar a temer e odiar. Ao ensinar a temer determinada cor de pele, pode-se chegar a odiar outras pessoas que talvez tenham a pele mais clara ou mais escura.

Como Eric Hoffer lembrou em *The True Believer* (O verdadeiro crente) depois de examinar os efeitos das práticas dos fascistas e nazistas após a Segunda Guerra Mundial, "o ódio exaltado pode dar sentido e propósito a uma vida vazia". As pessoas que temem procuram outras que também temem e, juntas, apoiam-se mutuamente no ódio. É algo em que líderes poderosos e malignos se destacaram, da Bósnia a Ruanda, onde o ódio étnico se transformou em genocídio nos últimos 30 anos – algo que achava que nunca veria novamente em minha vida.

Todo genocídio que estudei começou com o medo e foi transformado em ódio com retórica e ataques verbais.

A história dos Estados Unidos ensina que o medo une – e o que tememos pode facilmente se transformar em ódio. Se prosperar, o medo pode ter consequências devastadoras. O que você acha que foram os linchamentos no Sul americano após a Guerra Civil? Era o medo dos negros emancipados. Houve uma época em que, nas cidades de Nova York e Boston, havia placas em empresas que informavam "Irlandeses não são aceitos". Eles também eram temidos. A Lei de Exclusão Chinesa de 1882 baseou-se no medo de que a Costa Oeste fosse transformada por uma comunidade de trabalhadores chineses. O medo dos judeus levou as autoridades americanos a rejeitar a entrada, em 1939, de mais de 900 passageiros judeus do navio *St. Louis*, um episódio por vezes denominado Viagem dos Malditos. O navio teve que retornar à Europa e muitos dos passageiros foram posteriormente mortos em campos de concentração.

Ninguém está imune ao medo e à sua toxicidade. Considera-se Franklin Delano Roosevelt um dos melhores presidentes dos Estados Unidos. Ele liderou os americanos durante a Grande Depressão com suas palavras históricas "Não temos nada a temer a não ser o próprio medo" e depois nos guiou pela Segunda Guerra Mundial. Mas não seguiu o próprio conselho. Após o ataque de 1941 a Pearl Harbor pela Marinha Imperial Japonesa, ele cedeu ao medo e à xenofobia, encarcerando e realocando mais de 120 mil nipo-americanos simplesmente por terem ascendência japonesa.

Nenhum esforço foi feito para encarcerar os descendentes de alemães ou italianos nos Estados Unidos, mesmo depois que os submarinos alemães afundaram repetidamente navios aliados, incluindo o famoso incidente do *Reuben James*, afundado por um submarino alemão em 1941, matando 115 americanos. Além disso, apoiadores pró-nazistas se reuniam regularmente em grandes comícios na Costa Leste – o comício mais famoso foi o encontro, em 1939, de 22 mil membros do German American Bund, um grupo pró-nazista que ocupou o Madison Square Garden nova-iorquino para a ocasião. De alguma forma, isso não era um problema, mesmo quando eles demonstraram sua lealdade a Adolf Hitler. Mas não se podia ter ascendência japonesa. Esse é o perigo do medo quando não aplacado pelos líderes.

Mais recentemente, é o medo que está impulsionando o aumento do extremismo de direita nos Estados Unidos e em outros países do mundo. Medo de mudança, de minorias, de pessoas de cor, de ser prejudicado, de perder o emprego para migrantes, de ser morto por refugiados, etc. Hoje é o medo dos muçulmanos, dos mexicanos, dos refugiados da América Latina. Amanhã, quem sabe? O que sabemos é que a história nos ensinou muito bem o que acontece quando atiçamos as suas brasas. Onde o medo se propaga, deve-se extingui-lo.

É por isso que é responsabilidade dos indivíduos excepcionais e líderes dignos procurar medos, reais ou imaginários, e mitigá-los – no trabalho, em casa, na comunidade ou onde quer que existam.

O medo pode fazer outra coisa horrível, que os pesquisadores aprenderam ao estudar as crianças órfãs na Romênia. Prive as crianças do bem-estar psicológico, mantenha-as em um estado de constante excitação límbica ou medo e elas não conseguirão se desenvolver mentalmente, pois suas redes neurais estarão muito ocupadas desconfiando, muito aterrorizadas, para se desenvolver cognitivamente.

Até os adultos são afetados quando o cérebro é continuamente sequestrado pelo medo, pela apreensão e pela desconfiança. Já entrevistei um número suficiente de vítimas de abuso para entender como podem se sentir intelectualmente sobrecarregadas, incapazes de pensar ou lembrar com clareza, assim como desinteressadas pela vida, enquanto estão sob o domínio do medo.

Muitas vezes achamos que liderança é assumir o comando, definir um curso, ter uma ideia ou uma visão. Esquecemos que uma das responsabilidades mais importantes de um líder é saber lidar com as ansiedades e os medos que se abatem sobre todos nós. Para afastar a cortina ofuscante da irracionalidade e colocar as coisas em perspectiva, não devemos nos esquecer da nossa mais clara visão e incentivar nosso melhor e mais corajoso eu, para não alimentar o medo irracional ou deixar que ele nos limite, prejudique, distraia, divida ou destrua.

Uma pessoa, um grupo ou uma nação que vive com medo será para sempre coagida por ele.

Aplacar o medo em si mesma e nos outros é o trabalho da pessoa excepcional. É uma responsabilidade absolutamente exigida de nossos líderes, mas também compartilhada por você, por mim e por todas as pessoas da nossa família humana para nosso aprimoramento coletivo. O medo só é derrotado pelo esforço conjunto, seja exercido de dentro ou com a ajuda de outros.

Permanecemos lá enquanto a chuva caía, olhando discretamente uns para os outros. Lendo o medo. Temendo o medo. Continuávamos olhando para aquela montanha encharcada de chuva, balançando a cabeça. O medo exercia uma força esmagadora e paralisante sobre nós.

No exato instante em que o pensamento traiçoeiro passou pela minha cabeça – *Eu poderia voltar para meu escritório agora e continuar a receber o mesmo salário* –, Matt, um dos instrutores que estava trabalhando comigo, se aproximou.

"De que você tem medo, Joe?", Matt perguntou à queima-roupa, sem meias palavras, enquanto eu olhava para a montanha encharcada e varrida pelo vento.

Isso, sim, é uma estratégia de envolvimento perspicaz. Não consigo lembrar outra vez na minha vida adulta, antes ou depois, que outro homem tenha feito essa pergunta. Talvez ele fosse mestre em avaliar a situação; não sei. Mas ele sabia o que eu queria. A pergunta a fazer era: como, na minha mente, eu alcançaria o que buscava?

"Tenho medo de errar ou cair, acho", eu disse, inseguro, verificando nos bolsos pela quinta vez todo o meu equipamento e o pequeno pote de manteiga de amendoim na minha calça de escalada que seria tudo que eu comeria naquele dia. Talvez o que eu quisesse dizer fosse: *Tenho medo de cair e morrer*. Maldição, temia até mesmo dizer isso. Mas acho que ele entendeu.

"Você não vai se sair tão mal assim." Ele sorriu. "Você sabe que fazer. Mais importante, *eu* sei que você sabe o que fazer. Se você errar, e daí? Você está seguro conosco. Se cair, não cairá mais de 2 metros. Olhe, você pode ficar aqui embaixo e se juntar a eles", falou apontando para alguns agentes que se recusaram a escalar a montanha, "e não direi mais uma palavra. Ou você pode escalar, um passo de cada vez. Apenas entenda isto, agente Navarro", ele disse, falando de maneira um pouco mais formal para chamar minha atenção, "eu não deixaria você escalar essa montanha se não achasse que você pode fazer isso." Ele apertou meu ombro, sorriu, virou-se e foi embora.

Eu escalei aquela montanha. Demorou quase cinco horas, pois também ensaiamos resgates ao longo do caminho. Escorreguei e caí alguns metros, apenas o suficiente para lembrar a sequência de queda: grite "CAINDO!"; proteja a cabeça e o pescoço com os braços; use as pernas para se afastar da parede; recupere a posição para continuar; verifique aqueles abaixo de você; expire; deixe a pessoa na corda de segurança (a pessoa com o dispositivo descensor) saber que você está pronto para escalar mais uma vez; estique os braços para liberar o ácido láctico; continue a escalada. E foi o que fiz. De maneira lenta, cautelosa, às vezes desajeitada, continuei a escalar e cheguei ao topo a tempo de receber meus companheiros de equipe que estavam tendo ainda mais dificuldades por causa dos ventos fortes e das rotas implacáveis que receberam como missão. Estávamos molhados, nosso equipamento estava encharcado e pesado, as botas de algumas pessoas tinham se desintegrado, todos apresentavam hematomas nas mãos e nos braços, estávamos tremendo – mas conseguimos.

Havia o triunfo pessoal de escalar uma montanha, de vencer o medo e o prazer de poder comer um pote de pasta de amendoim com os dedos enrugados, frios, molhados e imundos, porque a colher havia caído quando eu caí. Mas a melhor parte, o presente inesperado que recebi, foi ver o sol finalmente romper as nuvens carregadas e iluminar um vale verdejante de tirar o fôlego que outros pagam para ver. E, o melhor de tudo, à medida que o sol afastava as nuvens, foi ver um jato militar, um Grumman EA-6B Prowler, fazendo um rasante pelo vale abaixo de nós: sim, estávamos olhando para ele, perto o suficiente para ver a tripulação de quatro pessoas e até o painel na altura do joelho do piloto; ele voava nessa altitude, tão baixo e próximo de nós. Administrar esse medo me permitiu ver algo que nunca esquecerei, agora gravado para sempre em minha mente. Também me ensinou uma lição que prezo: nossa responsabilidade mútua quando sentimos que o outro pode estar sentindo medo.

A vida já é dura o suficiente com todos os seus momentos em que o medo pode nos paralisar. Não precisamos de pessoas que incentivem ou alimentem o medo. Devemos nossa admiração às que vencem os seus próprios ou ajudam os outros a superar os deles. Ser um entre os poucos que chamamos de excepcionais exige priorizar o combate ao medo como um dever. Quando o mercado de ações despenca, quando outro furacão devasta a região do Golfo do México, quando uma pandemia ameaça um modo de vida, é a essa pessoa – essa mulher, esse homem, sozinho ou em conjunto com outros, que se levanta para reprimir o medo – que vamos honrar e estimar por muito tempo.

Como seria o mundo se não tivéssemos aqueles fiéis escudeiros, indivíduos que todos os dias proporcionam bem-estar psicológico e trabalham duro para afastar o medo? Nossa vida se torna muito melhor porque eles estão lá, por mais humildes que sejam – talvez uma avó, uma tia, uma professora, um amigo confiável, até mesmo um estranho gentil –, porque viveram por esse credo simples para proporcionar bem-estar psicológico e segurança.

Mas, como acontece com todas as coisas pró-sociais, a capacidade de aplacar ou combater esse sentimento depende de nós, individualmente, de como estamos preparados e da nossa vontade de agir. Requer a introspecção e a autoconsciência que advêm do autodomínio para que tenhamos a coragem de nossas convicções e a clareza de reconhecer o medo quando o vemos. Exige observar e discernir quando e o que é necessário para que possamos nos comunicar ou agir de maneira pró-social.

Ao minimizar o medo e aumentar o bem-estar psicológico, estamos ajudando os outros a alcançar e exercitar todo o seu potencial, fornecendo-lhes a base que sustenta a felicidade – e isso nos permite conquistar as montanhas que atravessam nosso caminho.

O medo tem um propósito – está lá principalmente para ajudar a garantir nossa sobrevivência. Mas o medo não nos permite vencer. Só o bem-estar psicológico pode nos ajudar a chegar lá. A pessoa excepcional entende isso e trabalha para melhorar nossas vidas: (1) minimizando os medos que podem nos paralisar; e (2) maximizando o bem-estar psicológico que nos permite aproveitar a vida e florescer.

E assim chegamos àquele momento em que devemos fazer uma autoanálise. Todos nós – pais, funcionários, gestores, executivos, CEOs, vendedores, líderes militares, profissionais de saúde, socorristas, cidadãos – devemos nos perguntar: se esses dois objetivos são o melhor indicador de uma pessoa excepcional, como estou me saindo? Procuro cumpri-los em tempo integral, às vezes ou raramente? Fiz deles uma prioridade ou, em caso negativo, por que não?

Essas são perguntas que nos fazem pensar seriamente. Onde estamos hoje, no século XXI, em um mundo mais esclarecido, este é o mais novo alto padrão de liderança: como contribuímos para o bem-estar psicológico e para aplacar o medo?

Dois conceitos poderosos, apenas dois, mas, quando olho para trás, para cinco décadas de estudos sobre pessoas excepcionais, é isso que se destaca, é o que pode realmente fazer a diferença em uma vida. Siga esses conceitos e sua vida não será apenas melhor, será mais nobre, e aqueles ao seu redor agradecerão.

E então – mas só então – você poderá se juntar ao patamar das pessoas excepcionais.

Considerações finais

*Quem somos nós senão nosso impacto sobre os outros?
É isso que somos! Não quem afirmamos ser, não quem
queremos ser – somos a soma da influência e do impacto
que temos, em nossas vidas, sobre os outros.*
– CARL SAGAN

Começamos este livro com uma pergunta: o que torna as pessoas excepcionais? Agora que nos aprofundamos nessa investigação, pode ser natural perguntar-se: *Eu sou excepcional?* Antes de responder, reflita sobre como um indivíduo excepcional responderia.

Quando me fiz essa pergunta, demorei a responder. Meus pontos fracos são um lembrete bastante frequente de que sempre há mais trabalho a ser feito. E, afinal, talvez não sejamos nós a responder, e sim os outros.

Se é assim, então que pergunta devemos fazer? O que alguém excepcional perguntaria? Pode ser: *O que aprendi até agora e o que mais posso fazer?*

Pessoas excepcionais não param para se enaltecer ou postar suas realizações do dia no LinkedIn. Estão muito atarefadas tentando melhorar o que alcançaram. Elas podem comemorar o avanço duramente conquistado para, então, seguir em frente. Tornar-se excepcional é uma jornada ao longo da vida, não um torneio a vencer.

Não é isso que nos atrai em indivíduos excepcionais? Não é por isso que eles se destacam? Será que é porque nunca desistem de si mesmos ou do que são capazes de fazer todos os dias para tornar a vida um pouco mais fácil e melhor para si mesmos e para os outros?

Tornar a vida mais fácil parece simples. Um violino de quatro cordas parece simples de ser tocado – mas executar uma música com primor, não é tão simples. Assim é com a excepcionalidade. Exige o mesmo de todos: disciplina rigorosa, dedicação, prática, mas, acima de tudo, disposição para fazer o que é necessário.

Pessoas excepcionais são produzidas, não nascem prontas. E isso é uma coisa boa, porque coloca um nível de excelência ao nosso alcance. Por mais humildes que sejam nossos começos, podemos assumir o comando de nós mesmos, tornando-nos guias cuidadosos e responsáveis do que aprendemos, pensamos, sabemos, dizemos e fazemos. E podemos, então, estender essa orientação ao mundo para que outros também possam se beneficiar.

Por meio do nosso domínio intelectual e emocional, podemos ser incluídos entre os indivíduos em que os outros sempre podem confiar. Por meio de nossas ações, demonstramos que nos importamos, conquistando respeito e confiança. Ensinamos, inspiramos e lideramos pelo exemplo. Como guias, esforçamo-nos, trabalhamos, buscamos, agimos, aprendemos, refinamos... E nunca nos acomodamos ou consideramos que o trabalho já foi feito.

A liderança não tem uma linha de chegada mágica. A vida não tem essa linha de chegada. A liderança é cultivada, compartilhada, passada de um para outro. Acontece por meio das cinco habilidades que aprendemos, modelamos e legamos aos outros no grande círculo da vida humana:

> Por meio do *autodomínio*, aproveitamos os recursos interiores para executar nossos objetivos e almejar cada vez mais alto.
> Por meio da *observação*, começamos a entender o que é necessário para melhorar situações e relacionamentos.
> Por meio de nossa capacidade de validar e *comunicar* o que mais importa em tempo hábil, estabelecemos e cultivamos relações.
> Tudo isso aprimora nossa capacidade de escolher *ações* que convertem nossas intenções positivas em algo tangível e, portanto, transformador.
> O resultado final: aplacar o medo e fornecer *bem-estar psicológico* – o dom mais precioso que os humanos buscam e nossa maior força para influenciar os outros.

Quando operam em harmonia, todas as cinco habilidades criam algo maior que a soma de suas partes: a pessoa excepcional. As habilidades trabalham juntas para moldar e preparar você para um desempenho mais completo e mais iluminado, para que possa influenciar positivamente o mundo ao seu redor. Elas se autorreforçam: ao praticá-las, você aguça sua capacidade de exercer o autodomínio, de observar e analisar com precisão para que uma ação oportuna e eficaz possa ocorrer. É assim que os indivíduos excepcionais aprendem com a vida: fazendo. Essa sabedoria acumulada, por sua vez, contribui para uma vida mais digna – e torna você mais digno de liderar os outros.

A excepcionalidade não está fora de nosso alcance, mas depende inteiramente de nós e de nossa força. Inicia-se no momento em que começamos sistematicamente a adotar e exercitar os comportamentos e as atitudes que nos ajudarão a fomentar e a desenvolver essas características. Como sabemos, para ser excepcional é preciso fazer coisas excepcionais. Como acontece com qualquer coisa que vale a pena, requer esforço, mas os benefícios são positivamente transformadores.

Agora você tem um roteiro em que responsabilidade, autenticidade, transparência, confiança, resiliência, consciência, empatia e civilidade se unem, não como práticas distintas que você precisa monitorar, mas como parte de um modelo integrado e viável para viver um vida bem-sucedida e baseada em princípios. Essas valiosas qualidades associadas aos mais elevados ideais de humanidade, coragem, inventividade, liderança, humildade, compaixão e sabedoria não parecem mais tão fora de alcance. Podemos ser bem-sucedidos e compassivos; podemos nos importar e ter grandes expectativas em relação aos outros; podemos ser ambiciosos e inovadores, mas atentos e pró-sociais. Temos um modelo viável para realização, bem como uma filosofia para viver como líderes. Cabe a você colocar tudo isso em prática.

Claro, somos humanos e, às vezes, falhamos, damos um passo para trás ou fazemos uma pausa. Mas voltar aos trilhos começa com um único passo. Ser excepcional não é ser perfeito. Trata-se de trabalhar para ser melhor nas coisas que mais importam, para nós mesmos e para os outros. E embora possamos ser um trabalho em progresso, com muito espaço para melhorias e refinamentos, a recompensa merece nosso esforço contínuo.

Comece hoje, agora. Não espere mais um minuto – comece sua busca pessoal. Agora você tem o que é necessário. Explore, aprenda, questione, viaje, seja curioso, conheça novas pessoas, busque novos conhecimentos, inove, ajude aqueles que se sentem desafiados ou temerosos, forneça esse bem-estar psicológico aos outros, aproveite as oportunidades para melhorar sua influência positiva – e nunca pare de se esforçar.

Desejo-lhe boa sorte nesse caminho. À medida que avançar, reserve um tempo, de vez em quando, para olhar para trás e ver até onde você já chegou. Alegre-se por ver a gratidão estampada no rosto dos outros. Agradeça por ter criado uma vida melhor e elaborado conscientemente o seu destino. Então prossiga e regozije-se. Porque essa é sua conquista, seu legado, o que mais importa – sua jornada para se tornar excepcional.

Agradecimentos

No final de cada excursão na escrita, depois de respirar fundo, tenho a oportunidade de refletir sobre as muitas pessoas que me ajudaram ao longo da caminhada. À minha esposa, Thryth, agradeço por seu apoio amoroso, incentivo e paciência comigo. À minha filha, Stephanie, minha maior líder de torcida, e à minha família, de perto ou de longe, agradeço com uma reverência.

Dentro do meu ser reside um labirinto refinado de ensinamentos que meus pais incutiram em mim. Embora estejam longe de mim agora, são duas pessoas excepcionais que, por meio de seu exemplo e das escolhas que fizeram, me moldaram no que me tornei. Estarei eternamente em dívida.

Eu não teria me jogado neste projeto se não soubesse que Toni Sciarra Poynter se juntaria a mim neste desafio. Como minha parceira de escrita, ela me orientou, me advertiu e me lembrou de muitas coisas enquanto abria minha mente para diferentes perspectivas. Sem seus insights, suas perguntas investigativas, sua generosidade e suas habilidades de escrita e edição, este trabalho simplesmente não teria sido possível, pois ela permaneceu ao meu lado e viu a evolução de meus pensamentos e ideias desde o início – há quase 12 anos. Obrigado, Toni; você é inigualável.

Steve Ross (SteveRossAgency.com), meu agente literário e amigo, cuja sabedoria há tanto tempo admiro, foi, como sempre, fundamental no lançamento deste projeto, por isso sou muito grato. Steve é o sonho de qualquer escritor – ele abre as portas exatamente quando elas parecem se fechar.

A Nick Amphlett, meu editor na HarperCollins, obrigado por quase uma década de colaboração. Nick compartilha meu entusiasmo e minha visão e, com sua bondosa orientação e seu gentil estímulo, provou ser perspicaz, solidário e, acima de tudo, atencioso. É um prazer trabalhar com Nick e sou muito grato por ele ter abraçado todo o esforço aqui empreendido.

Minha gratidão, é claro, estende-se a Liate Stehlik, editora, e Ben Steinberg, editor associado da HarperCollins, por apoiarem meu trabalho ao longo dos anos. É um prazer dizer que a HarperCollins detém a maior parte da minha coleção literária e essas pessoas são parte da razão de eu me motivar a escrever.

Nenhum livro pode ganhar vida sem o precioso trabalho de outros, como a editora de produção Andrea Molitor e a editora Laurie McGee, que trabalharam tão diligentemente para ajudar este manuscrito a ter sua forma final. Meu sincero agradecimento a elas. Bianca Flores, na publicidade, esteve ao meu lado mais uma vez para divulgar este trabalho, elaborando uma campanha digna de seus esforços. Agradeço e aprecio o trabalho de Kayleigh George nos bastidores do marketing, assim como o do designer de capa Rich Aquan. A Cathy Barbosa-Ross, que há mais de uma década cuida dos direitos autorais e traduções no exterior, agradeço mais uma vez. Parabéns e obrigado a todos vocês.

Como escritor, assumo minha responsabilidade de informar com seriedade e cautela. Tentei ser claro em meus pensamentos e em minhas palavras, mas, se houver falhas ou erros, eles são apenas meus.

– Joe Navarro, Tampa, Flórida

É sempre um privilégio trabalhar com Joe Navarro. Joe, obrigada por me convidar para esta jornada com você e por dar tudo de si para o nosso trabalho juntos. Você gosta de lidar com ideias, "mal pode esperar" para mergulhar no próximo rascunho; suas perspectivas – e até as palavras que você escolheu – guiam meu pensamento para novas direções. Nossas conversas pelo telefone e on-line sempre resultam em algo interessante. Foi maravilhoso ver, com o tempo, a evolução das suas ideias neste livro. Espero que sejam tão úteis e inspiradoras para os outros quanto foram para mim.

A Nick Amphlett: obrigada pelo discernimento, respeito e entusiasmo que você agregou ao processo de edição. Essas qualidades juntas são essenciais para um editor e apreciadas profundamente no momento em que um manuscrito – repositório de muitos pensamentos e esforços – é disponibilizado para outros. Suas notas editoriais nos levaram a ver e a estruturar o material sob um novo olhar. Obrigada.

A Steve Ross, nosso agente: seus insights inteligentes enriqueceram este projeto em pontos cruciais e sua defesa o levou adiante. Obrigada, Steve.

Agradeço à minha irmã Leslie por sempre ouvir, não importando qual tipo de ideia eu possa (ou não) estar tendo. Amor e agradecimento a Dona, Fern e Mackenzie pelos incentivos e pela diversão, sempre necessários.

Ao meu marido, Donald, que continua a me apoiar de inúmeras maneiras. Você entende o processo criativo e, por isso – e por nossas muitas conversas sobre a arte e a criação de todo o projeto –, tenho muita sorte. Na prática, esse apoio se traduziu em jantares que você fazia e servia, e na cozinha que limpava sem reclamar; no bom humor quando as tarefas diárias não eram feitas; e na tolerância quando as conversas não eram lembradas e os planos precisavam ser interrompidos por causa de prazos. Acima de tudo, obrigada por ser a boa alma que você é.

– Toni Sciarra Poynter, Nova York, Nova York

Bibliografia e referências

Abitz, Damgaard, et al. 2007. "Excess of Neurons in the Human Newborn Mediodorsal Thalamus Compared with That of the Adult". *Cerebral Cortex* 17(11): 2573–2578. Acessado em 20 de março de 2020.

Aburdene, Patricia. *Megatrends 2010: O poder do capitalismo responsável.* Rio de Janeiro: Editora Campus, 2008.

Ackerman, J. M., et al. 2010. "Incidental Haptics Sensations Influence Social Judgments and Decision". *Science* 328(25 de junho): 1712–1714.

Adlaf, Elena W., et al. 2017. "Adult-Born Neurons Modify Excitatory Synaptic Transmission to Existing Neurons". *eLife.* 2017; 6 doi:10.7554/eLife.19886.

Adler, Ronald B. e George Rodman. *Comunicação humana.* Rio de Janeiro: LTC, 2003.

Agha, R. A. e A. J. Fowler. 2015. "The Role and Validity of Surgical Simulation". *International Surgery* 100(2), 350–357. doi:10.9738/INTSURG-D-14-00004.1. www.ncbi.nlm.nih.gov/pmc/articles/PMC4337453/. Acessado em 25 de agosto de 2019.

Alessandra, Tony e Michael J. O'Conner. 1996. *The Platinum Rule: Discover the Four Basic Business Personalities and How They Can Lead You to Success.* Nova York: Hachette Book Group.

Allen, David. *A arte de fazer acontecer: Estratégias para aumentar a produtividade e reduzir o estresse.* Rio de Janeiro: Sextante, 2016.

Allport, Gordon. 1954. *The Nature of Prejudice.* Cambridge, MA: Addison-Wesley.

Ariely, Dan. 2016. *The Hidden Logic That Shapes Our Motivations.* Nova York: Simon & Schuster/TED.

Arthur, W. e W. G. Graziano. 1996. "The Five-Factor Model, Conscientiousness, and Driving Accident Involvement". *Journal of Personality* 64(3): 593–618.

Azvolinsky, Anna. 2018. "Free Divers from Southeast Asia Evolved Bigger Spleens". *The Scientist*, 19 de abril. www.the-scientist.com/news-opinion/free-divers-from-southeast-asia-evolved-bigger-spleens-30871. Acessado em 29 de agosto de 2019.

Babiak, Paul e Robert D. Hare. *Psicopatas no trabalho: Como identificar e se defender*. São Paulo: Universo dos Livros, 2022.

Bacon, Terry R. e David G. Pugh. 2003. *Winning Behavior: What the Smartest, Most Successful Companies Do Differently*. Nova York: AMACOM.

Baer, Drake. 2014. "This Personality Trait Predicts Success". *Business Insider*, 30 de abril. www.businessinsider.com/conscientiousness-predicts-success-2014-4. Acessado em 10 de agosto de 2020.

Bahrampour, Tara. 2014. "Romanian Orphans Subjected to Deprivation Must Now Deal with Dysfunction". *The Washington Post*. 30 de janeiro. www.washingtonpost.com/local/romanian-orphans-subjected-to-deprivation-must-now-deal-with-disfunction/2014/01/30/a9dbea6c-5d13-11e3-be07006c776266ed_story.html. Acessado em 19 de julho de 2020.

Bailey, Melissa. 2016. "5 Bizarre, Low-Tech Tools Surgeons Have Used to Practice Human Operations". *Business Insider* (www.businessinsider.com), 25 de janeiro. www.businessinsider.com/low-tech-surgeons-training-2016-1. Acessado em 25 de agosto de 2019.

Baker, L. M., Jr., et al. 2008. "Moving Mountains". In *Harvard Business Review on The Persuasive Leader*, 51–66. Boston: Harvard Business School Publishing.

Ball, Philip. 2004. *Critical Mass: How One Thing Leads to Another*. Nova York: Farrar, Straus and Giroux.

Barraza, Jorge A. e Paul J. Zack. 2009. "Empathy Toward Strangers Triggers Oxytocin Release and Subsequent Generosity". *Annals of the New York Academy of Sciences* 1667, no. 1 (junho): 182–189.

Begley, Sharon. 2004. "Racism Studies Find Rational Part of Brain Can Override Prejudice". *Wall Street Journal*, 19 de novembro, B1.

Bergland, Christopher. 2017. "How Do Neuroplasticity and Neurogenesis Rewire Your Brain? New Research Identifies How the Birth of New Neurons Can Reshape the Brain". In *Psychology Today* blog. 6 de fevereiro de 2017. www.psychologytoday.com/us/blog/the-athletes-way/201702/how-do-neuroplasticity-and-neurogenesis-rewire-your-brain. Acessado em 4 de março de 2020.

Bertrand, Marianne e Sendhil Mullainathan. 2004. "Are Emily and Greg More Employable Than Lakisha and Jamal?" *American Economic Review* 94: 991–1013.

Boorstin, Daniel J. *Os Descobridores: De como o homem procurou conhecer-se a si mesmo e ao mundo*. Rio de Janeiro: Civilização Brasileira, 1989.

Borunda, Alejandra. 2020. "We Still Don't Know the Full Impacts of the BP Oil Spill, 10 Years Later". *National Geographic*, 20 de abril. www.nationalgeographic.com/science/2020/04/bp-oil-spill-still-dont-know-effects-decade-later/. Acessado em 3 de setembro de 2020.

Boston Globe, The. *Spotlight: Segredos revelados*. Belo Horizonte: Editora Vestígio, 2016.

Campbell, Joseph. *O herói de mil faces*. São Paulo: Pensamento, 1989.

Campbell, Joseph, Bill D. Moyers e Betty S. Flowers. *O poder do mito*. São Paulo: Palas Athenas, 1990.

Campos, Joseph, Mary D. Clinnert, et al. 1983. "Emotions as Behavior Regulators in Infancy: Social Referencing in Infancy". In *Emotion: Theory, Research, and Experience*, editado por Robert Plutchik and Henry Kellerman, 57–86. Nova York: Academic Press.

Canadian Museum of History. 2020. *The Maya Calendar*. www.historymuseum.ca/cmc/exhibitions/civil/maya/mmc06eng.html. Acessado em 1o de setembro de 2020.

Carnegie, Dale. *Como fazer amigos e influenciar pessoas*. Rio de Janeiro: Sextante, 2019.

Catlette, Bill e Richard Hadden. 2001. *Contented Cows Give Better Milk: The Plain Truth About Employee Relations and Your Bottom Line*. Germantown, TN: Saltillo Press.

Chamberlain, Andrew. 2017. "What Matters More to Your Workforce Than Money". *Forbes*, 17 de janeiro. https://hbr.org/2017/01/what-matters-more-to-your-workforce-than-money. Acessado em 17 de maio de 2020.

Champy, James e Nitin Nohria. 2000. *The Arc of Ambition: Defining the Leadership Journey*. Chichester, West Sussex, Inglaterra: John Wiley and Sons Ltd.

Chokshi, Niraj. 2020. "Boeing 737 Max Is Cleared by F.A.A. to Fly Again". *New York Times*, 18 de novembro. www.nytimes.com/2020/11/18/business/boeing-737-max-faa.html#:~:text=The%20U.S.%20agency%20said%20changes,20%20months%20out%20of%20service. Acessado em 24 de novembro de 2020.

Christensen, Clayton M., James Allworth e Karen Dillon. *Como avaliar sua vida?: Em busca do sucesso pessoal e profissional*. Rio de Janeiro: Alta Books, 2012.

Churchill, Winston S. *Memórias da Segunda Guerra Mundial*. Rio de Janeiro: Harper Collins, 2017.

Cialdini, Robert B. 2008. "Harnessing the Science of Persuasion". In *Harvard Business Review on the Persuasive Leader*, 29–51. Boston: Harvard Business School Publishing.

Coan, J. A., H. S. Schaefer e R. J. Davidson. 2006. "Lending a Hand: Social Regulation of the Neural Response to Threat". *Psychological Science* 17: 1032–1039.

Coffey, Wayne. 2020. "Novak Djokovic Out of U.S. Open After Hitting Lineswoman with Tennis Ball". *USA Today*, 6 de setembro. www.usatoday.com/story/sports/tennis/open/2020/09/06/novak-djokovic-us-open-default-disqualified/5735697002/. Acessado em 7 de setembro de 2020.

Collier, Peter. 2016. *Medal of Honor: Portraits of Valor Beyond the Call of Duty*. Nova York: Artisan.

Collins, Jim. *Empresas feitas para vencer: Por que algumas empresas alcançam a excelência... e outras não*. Rio de Janeiro: Alta Books, 2018.

Conti, G. e J. J. Heckman. 2014. "Understanding Conscientiousness Across the Life Course: An Economic Perspective". *Developmental Psychology* 50: 1451–1459.

Cossar, Rachel. 2020. *When You Can't Meet in Person: A Guide to Mastering Virtual Presence and Communication*. Amazon: Kindle.

Covert, Jack e Todd Sattersten. 2011. *Os 100 melhores livros de negócios de todos os tempos: O que dizem, por que são importantes e como podem ajudar você*. Rio de Janeiro: Editora Campus, 2010.

Covey, Stephen M. R. *A velocidade da confiança: O elemento que faz toda a diferença*. Rio de Janeiro: Alta Books, 2017.

Covey, Stephen R. *Os 7 hábitos das pessoas altamente eficazes*. Rio de Janeiro: BestSeller, 2005.

Coyle, Daniel. *O código do talento*. Rio de Janeiro: Agir, 2010.

Coyle, Daniel. *Equipes brilhantes: Como criar grupos fortes e motivados*. Rio de Janeiro: Sextante, 2019.

Csikszentmihalyi, Mihaly. *Flow: A psicologia do alto desempenho e da felicidade*. Rio de Janeiro: Objetiva, 2020.

Csikszentmihalyi, Mihaly. 1996. *Creativity*. Nova York: HarperCollins Publishers.

Cuddy, Amy. *O poder da presença: Como a linguagem corporal pode ajudar você a aumentar sua autoconfiança*. Rio de Janeiro: Sextante, 2016.

Davidson, Richard J. com Sharon Begley. *O estilo emocional do cérebro*. Rio de Janeiro: Sextante, 2013.

De Becker, Gavin. *Virtudes do medo: Sinais de alerta que nos protegem da violência*. Rio de Janeiro: Rocco, 1999.

Densen, Peter, MD. 2011. "Challenges and Opportunities Facing Medical Education". *Transactions of the American Clinical and Climatological Association* 122: 48–58. www.ncbi.nlm.nih.gov/pmc/articles/PMC3116346/. Acessado em 24 de novembro de 2020.

Dinich, Heather. 2018. "Power, Control and Legacy: Bob Knight's Last Days at IU". ESPN, 29 de novembro. www.espn.com/mens-college-basketball/story/_/id/23017830/bob-knight-indiana-hoosiers-firing-lesson-college-coaches. Acessado em 28 de julho de 2019.

Dreeke, Robin. 2011. *It's Not All About Me: The Top Ten Techniques for Building Quick Rapport with Anyone*. Amazon: Kindle.

Dreeke, Robin. 2017. *The Code of Trust: An American Counter Intelligence Expert's Five Rules to Lead and Succeed*. Nova York: St. Martin's Press.

Drucker, Peter F. *O gestor eficaz*. Rio de Janeiro: LTC, 2021.

Duhigg, Charles. *O poder do hábito: Por que fazemos o que fazemos na vida e nos negócios*. Rio de Janeiro: Objetiva, 2012.

Ekman, Paul. 1975. *Unmasking the Face*. Nova Jersey: Prentice Hall.

Ekman, Paul. 1982. *Emotion in the Human Face*. Cambridge: Cambridge University Press.

Ericsson, K. Anders, Ralf T. Krampe e Clemens Tesch-Römer. 1993. "The Role of Deliberate Practice in the Acquisition of Expert Performance". *Psychological Review* 100(3): 363–406.

Ericsson, K. Anders e Robert Pool. *Direto ao ponto: Os segredos da nova ciência da expertise*. São Paulo: Gutenberg, 2017.

Etcoff, Nancy. *A lei do mais belo: A ciência da beleza*. Rio de Janeiro: Objetiva, 1999.

Ferrazzi, Keith. *Nunca almoce sozinho: O guia para as relações profissionais de sucesso*. São Paulo: Actual Editora, 2015.

Frank, Anne com Otto M. Frank, ed. *O diário de Anne Frank*. Rio de Janeiro: Record, 1995.

Friedman, H. S. e M. L. Kern. 2014. "Personality, Well-Being, and Health". *Annual Review of Psychology* 65: 719–742.

Fronk, Amanda K. "Killer Season". 2019. *BYU Magazine* 73(1): 11.

Galinsky, Ellen. 2010. *Mind in the Making: The Seven Essential Life Skills Every Child Needs*. Nova York: HarperCollins Publishers.

Gallace, Alberto e Charles Spence. 2010. "The Science of Interpersonal Touch: An Overview". *Neuroscience and Biobehavioral Reviews* 34: 246–259.

Gallo, Carmine. *Inovação: A arte de Steve Jobs*. São Paulo: Lua de Papel, 2012.

Gallo, Carmine. *TED: Falar, convencer, emocionar*. São Paulo: Editora Saraiva, 2014.

Gardner, Howard. *Inteligências múltiplas: A teoria na prática*. Porto Alegre: Artmed, 1995.

Gates, Robert M. 2014. *Duty: Memoirs of a Secretary at War*. Nova York: Random House.

Gates, Robert M. 2016. *A Passion for Leadership: Lessons on Change and Reform from Fifty Years of Public Service*. Nova York: Random House.

Gibbens, Sarah. 2018. "'Sea Nomads' Are First Known Humans Genetically Adapted to Diving". *National Geographic*, 19 de abril. https://news.nationalgeographic.com/2018/04/bajau-sea-nomads-free-diving-spleen-science. Acessado em 28 de agosto de 2019.

Givens, David G. 2005. *Love Signals: A Practical Guide to the Body Language of Courtship*. Nova York: St. Martin's Press.

Givens, David G. 2013. *The Nonverbal Dictionary of Gestures, Signs and Body Language Cues*. Spokane: Center for Nonverbal Studies. www.center-for-nonverbal-studies.org/6101.html.

Gladwell, Malcolm. *O ponto da virada*. Rio de Janeiro: Sextante, 2013.

Gladwell, Malcolm. *Blink: A decisão num piscar de olhos*. Rio de Janeiro: Sextante, 2016.

Gladwell, Malcolm. *O que se passa na cabeça dos cachorros*. Rio de Janeiro: Sextante, 2010.

Goldstein, Noah, Steve J. Martin e Robert B. Cialdini. *Sim!: 50 segredos da ciência da persuasão*. Rio de Janeiro: BestSeller, 2009.

Goleman, Daniel. *Inteligência emocional*. Rio de Janeiro: Objetiva, 2019.

Goleman, Daniel. *Inteligência social: A ciência revolucionária das relações humanas*. Rio de Janeiro: Objetiva, 2019.

Goleman, Daniel. *Foco*. Rio de Janeiro: Objetiva, 2014.

Goodall, Jane. 2002. *My Life with Chimpanzees*. Nova York: Byron Preiss Publications, Inc.

Goodall (van Lawick), Jane. 1971. *In the Shadow of Man*. Nova York: Dell Publishing.

Gottfried, Sophia. 2019. "*Niksen* Is the Dutch Lifestyle Concept of Doing Nothing–And You're About to See It Everywhere". *Time*. 12 de julho. https://time.com/5622094/what-is-niksen/. Acessado em 1o de agosto de 2020.

Grant, Adam. *Dar e receber: Uma abordagem revolucionária sobre sucesso, generosidade e influência*. Rio de Janeiro: Sextante, 2014.

Greene, Melissa Fay. 2020. "The Romanian Orphans Are Adults Now". *The*

Atlantic. 23 de junho (edição de julho/agosto). www.theatlantic.com/magazine/archive/2020/07/can-an-unloved-child-learn-to-love/612253/. Acessado em 28 de julho de 2020.

Greene, Robert. *As 48 leis do poder*. Rio de Janeiro: Rocco, 2007.

Greene, Robert. *Maestria*. Rio de Janeiro: Sextante, 2013.

Groll, Elias. 2015. "Shinzo Abe Regrets But Declines to Apologize for Japan's WWII Actions; The Japanese Leader Is Trying to Overhaul His Country's Constitution to Allow for a More Assertive Military". *Foreign Policy*, 14 de agosto. https://foreignpolicy.com/2015/08/14/shinzo-abe-regrets-but-declines-to-apologize-for-japans-wwii-actions/. Acessado em 11 de junho de 2020.

Grove, Andrew. *Só os paranoicos sobrevivem: Como tirar o melhor proveito das crises que desafiam carreiras e empresas*. São Paulo: Editora Futura, 1997.

Haidt, Jonathan. *A hipótese da felicidade*. São Paulo: LVM Editora.

Hardach, Sophie. 2020. "Do Babies Cry in Different Languages?" *New York Times*, 4 de abril. www.nytimes.com/2020/04/15/parenting/baby/wermke-prespeech-development-wurzburg.html. Acessado em 1o de setembro de 2020.

Hardy, Benjamin. 2016. "23 Michael Jordan Quotes That Will Immediately Boost Your Confidence". *INC.*, 15 de abril. www.inc.com/benjamin-p-hardy/23-michael-jordan-quotes-that-will-immediately-boost-your-confidence.html.

Harlow, H. F. e R. R. Zimmerman. 1959. "Affectional Responses in the Infant Monkey". *Science* 130: 421–432.

Harrell, Keith. *Atitude é tudo!: 10 passos para o sucesso*. São Paulo: Editora Futura, 2010.

Hartman, Steve. 2019. "A School Bus Driver's Special Delivery". *CBS Sunday Morning*, 26 de maio. www.cbsnews.com/video/a-school-bus-drivers-special-delivery/?ftag=CNM-0010aab6i&linkId=68113756&fbclid=IwAR0e0a3EF3KP0BLaFwCCpYyI_jOUi86B3BWDHpSJVkUg8sscTNXVuAckbWs. Acessado em 12 de junho de 2019.

Harvard Health. 2019. "The Power of the Placebo Effect: Treating Yourself with Your Mind Is Possible, But There Is More to the Placebo Effect Than Positive Thinking". *Harvard Health Publishing-Harvard Medical School*, maio. www.health.harvard.edu/mental-health/the-power-of-the-placebo-effect.

Harvard University. 2007. "Project Implicit". https://implicit.harvard.edu/implicit.

Heathfield, Susan M. 2019. "10 Tips to Promote Creative Thinking". *The Balance Careers*, 8 de maio. www.thebalancecareers.com/promote-creative-thinking-1918766. Acessado em 26 de novembro de 2020.

Hebl, Michelle R. e Laura M. Mannix. 2003. "The Weight of Obesity in Evaluating Others: A Mere Proximity Effect". *Personality and Social Psychology Bulletin* 29: 28.

Hewlett, Sylvia Ann. 2014. *Executive Presence*. Nova York: HarperCollins Publishers.

Hoffer, Eric. 2010. *The True Believer*. Nova York: Harper Perennial.

Hotz, Robert Lee. 1999. "Mars Probe Lost Due to Simple Math Error". *Los Angeles Times*, 1o de outubro. www.latimes.com/archives/la-xpm-1999-oct-01-mn-17288-story.html. Acessado em 3 de setembro de 2020.

Hsieh, Tony. *Satisfação garantida: Aprenda a fazer da felicidade um bom negócio*. Rio de Janeiro: HarperCollins, 2017.

Huffington, Arianna. *A terceira medida do sucesso*. Rio de Janeiro: Sextante, 2014.

Ingersoll, Geoffrey. 2013. "General James 'Mad Dog' Mattis Email About Being 'Too Busy to Read' Is a Must-Read". *Business Insider*. 9 de maio. www.businessinsider.com/viral-james-mattis-email-reading-marines-2013-5.

Isaacson, Walter. *Benjamin Franklin: Uma vida americana*. São Paulo: Companhia das Letras, 2015.

Isaacson, Walter. *Leonardo da Vinci*. Rio de Janeiro: Intrínseca, 2017.

Jacobs, Charles S. 2009. *Management Rewired: Why Feedback Doesn't Work and Other Surprising Lessons from the Latest Brain Science*. Nova York: Portfolio.

Jasanoff, Alan. 2018. *The Biological Mind: How Brain, Body, and Environment Collaborate to Make Us Who We Are*. Nova York: Basic Books.

Journal of Neurosurgery Publishing Group. 2017. "JFK's Back Problems: A New Look". *ScienceDaily*. 11 de julho. www.sciencedaily.com/releases/2017/07/170711085514.htm. Acessado em 2 de agosto de 2019.

Kahneman, Daniel. *Rápido e devagar: Duas formas de pensar*. Rio de Janeiro: Objetiva, 2012.

Kennedy, John F. *Perfis de coragem*. Rio de Janeiro: Harper Collins, 2017.

Klein, Allison. 2019. "An Autistic Boy Had a Meltdown at a Theme Park, and an Employee's Simple, Soothing Act of Solidarity Went Viral". *The Washington Post*. 7 de junho. www.washingtonpost.com/lifestyle/2019/06/07/theme-park-employee-lay-down-ground-next-an-autistic-boy-having-meltdown-her-act-solidarity-went-viral/. Acessado em 26 de junho de 2020.

Knapp, Mark L. e Judith A. Hall. *Comunicação não verbal na interação humana*. São Paulo: JSN Editora, 1999.

Kobayashi, Kenji e Ming Hsu. 2019. "Common Neural Code for Reward and Information Value". *Proceedings of the National Academy of Sciences* 116(26): 13061–13066. doi:10.1073/pnas.1820145116.

Kolenda, Nick. 2013. *Methods of Persuasion: How to Use Psychology to Influence Human Behavior*. Boston: Kolenda Entertainment, LLC.

Kruger, Justin e David Dunning. 1999. "Unskilled and Unaware of It: How Difficulties in Recognizing One's Own Incompetence Lead to Inflated Self-Assessments". *Journal of Personality and Social Psychology*, dezembro.

La Ruina, Richard. 2012. *The Natural*. Nova York: HarperCollins Publishers.

LeDoux, Joseph E. *O cérebro emocional: Os misteriosos alicerces da vida emocional*. Rio de Janeiro: Objetiva, 1998.

LeDoux, Joseph E. 2002. *Synaptic Self: How Our Brains Become Who We Are*. Nova York: Penguin Books.

LeGault, Michael R. 2006. *Th!nk: Why Crucial Decisions Can't Be Made in the Blink of an Eye*. Nova York: Threshold Editions.

Lejeune, Erich J. 2006. *Live Honest-Become Rich!*. Heidelberg, Alemanha: Goyal Publishers.

Lemov, Doug. *Aula nota 10: 49 técnicas para ser um professor campeão de audiência*. São Paulo: Da Boa Prosa: Fundação Lemann, 2011.

Leonard, George. *Maestria: As chaves do sucesso e da realização pessoal*. São Paulo: Cultrix/Amana.

Library of Congress. 2010. Jefferson's Library. 3 de agosto. www.loc.gov/exhibits/jefferson/jefflib.html. Acessado em 15 de março de 2020.

Linden, David J. *A origem do prazer: Como nosso cérebro transforma nossos vícios (e virtudes) em experiências prazerosas*. Rio de Janeiro: Elsevier, 2011.

Lipman-Blumen, Jean. 2005. *The Allure of Toxic Leaders: Why We Follow Destructive Bosses and Corrupt Politicians–and How We Can Survive Them*. Nova York: Oxford University Press.

Lloyd, Robin. 1999. "Metric Mishap Caused Loss of Nasa Orbiter". *CNN/Tech*. www.cnn.com/TECH/space/9909/30/mars.metric.02/. Acessado em 1o de janeiro de 2021.

Logan, Dave, John King e Halee Fischer-Wright. 2008. *Tribal Leadership: Leveraging Natural Groups to Build a Thriving Organization*. Nova York: HarperCollins.

Lutz, Eric. 2019. "Reefer Madness: Elon Musk's Viral Blunt-Smoking Photo Comes Back to Haunt Him". *Vanity Fair*, 8 de março. www.vanityfair.com/news/2019/03/reefer-madness-elon-musks-viral-blunt-smoking-photo-comes-back-to-haunt-him. Acessado em 28 de julho de 2019.

Macias, Amanda. 2018. "The Extraordinary Reading Habits of Defense Secretary James Mattis". *CNBC*, 15 de setembro. www.cnbc.com/2018/09/13/defense-secretary-james-mattis-extraordinary-reading-habits.html.

Maguire, Daniel C. e A. Nicholas Fargnoli. 1991. *On Moral Grounds: The Art and Science of Ethics*. Nova York: Crossroad Publishing.

Manchester, William e Paul Reid. 2012. *The Last Lion: Winston Spencer Churchill: Defender of the Realm, 1940–1965*. Nova York: Little, Brown and Company.

Mandela, Nelson. *Longa caminhada até a liberdade*. Curitiba: Editora Nossa Cultura, 2012.

Mandino, Og. *O maior vendedor do mundo*. Rio de Janeiro: Editora Record, 1978.

McCormack, Mark H. *O que ainda não se ensina em Harvard Business School*. Rio de Janeiro: BestSeller, 1989.

McCullough, David G. 2016. *The Wright Brothers*. Nova York: Simon & Schuster.

Medina, Jennifer, Katie Benner e Kate Taylor. 2019. "Actresses, Business Leaders and Other Wealthy Parents Charged in U.S. College Entry Fraud". *New York Times*, 12 de março. www.nytimes.com/2019/03/12/us/college-admissions-cheating-scandal.html. Acessado em 29 de julho de 2019.

Mlodinow, Leonard. *Subliminar: Como o inconsciente influencia nossas vidas*. Rio de Janeiro: Zahar, 2013.

Murphy Jr., Bill. 2018. "Want to Live Longer? A Neuroscientist Says These Surprising Daily Habits Make It Much More Likely. 'I have no explanation for it,' said the lead researcher. But she's certain it works". *Inc.* 21 de fevereiro. www.inc.com/bill-murphy-jr/want-to-live-much-longer-a-neuroscientist-says-these-surprising-daily-habits-make-it-much-more-likely-youll-live-past-90.html. Acessado em 12 de abril de 2020.

Nadler, Amos e Paul J. Zack. 2016. "Hormones and Economic Decisions". In *Neuroeconomics,* editado por Martin Reuter e Christian Montag, 41–66. Nova York: Springer.

Navarro, Joe. 1984. *An Ethologist's Codex: Observations on Human Behavior*. Manuscrito não publicado (Navarro Collection).

Navarro, Joe. 2009. "The Key to Understanding Body Language". *Psychology Today*, 28 de outubro. www.psychologytoday.com/us/blog/spycatcher/200910/the-key-understanding-body-language. Acessado em 2 de setembro de 2020.

Navarro, Joe. 2017. *Three Minutes to Doomsday; An FBI Agent, A Traitor, and the Worst Breech in U.S History*. Nova York: Scribner.

Navarro, Joe. 2018. *The Dictionary of Body Language: A Field Guide to Human Behavior*. Nova York: HarperCollins Publishers.

Navarro, Joe com Marvin Karlins. *O que todo corpo fala.* Rio de Janeiro: Sextante, 2021.

Navarro, Joe com Toni Sciarra Poynter. 2014. *Dangerous Personalities.* Nova York: Rodale.

Neffinger, John e Matthew Kohut. 2013. *Compelling People: The Hidden Qualities That Make Us Influential*. Nova York: Hudson Street Press.

Nelson, Charles A., et al. 2014. *Romania's Abandoned Children: Deprivation, Brain Development, and the Struggle for Recovery*. Boston: Harvard University Press.

Odobescu, Vlad. 2015. "Half a Million Kids Survived Romania's 'Slaughterhouses of Souls.' Now They Want Justice". *The World.* 28 de dezembro. www.pri.org/

stories/2015-12-28/half-million-kids-survived-romanias-slaughterhouses-souls-now-they-want-justice. Acessado em 26 de maio de 2020.

Oud, Anne-Maartje e Joe Navarro. 2020. "Conducting Difficult Interviews or Conversations". *Psychology Today Blog*, 1o de fevereiro. www.psychologytoday.com/us/blog/spycatcher/202002/conducting-difficult-interviews-or-conversations. Acessado em 1o de janeiro de 2021.

Panksepp, Jaak. 1998. *Affective Neuroscience: The Foundations of Human and Animal Emotions*. Nova York: Oxford University Press.

Peale, Norman Vincent. *O poder do pensamento positivo*. São Paulo: Editora Cultrix, 2016.

Peale, Norman Vincent. *O poder do entusiasmo*. São Paulo: Editora Cultrix, 1987.

Peale, Norman Vincent. 1976. *The Positive Principle Today*. Englewood, NJ: Prentice-Hall.

Peters, Gerhard e John T. Woolley, eds. 1962. "Remarks at a Dinner Honoring Nobel Prize Winners of the Western Hemisphere", American Presidency Project, 20 de abril de 1962. Acessado em 2014.

Peters, Thomas J. e Robert H. Waterman Jr. 1982. In *Search of Excellence*. Nova York: HarperCollins Publishers.

Pine, B. Joseph e James H. Gilmore. 1999. *The Experience Economy: Work Is Theatre and Every Business is a Stage*. Boston: HBS Press.

Pinker, Steven. *Tábula rasa: A negação contemporânea da natureza humana*. Rio de Janeiro: Companhia das Letras, 2004.

Podles, Leon J. 2008. *Sacrilege: Sexual Abuse in the Catholic Church*. Baltimore: Crossland Press.

Post, Stephen. 2008. *Why Good Things Happen to Good People*. Nova York: Broadway Books.

Povoledo, Elisabetta. 2020. "It's Never Too Late to Pursue a Dream, a Graduate Says. He Can Back It Up". *New York Times*, 5 de agosto. www.nytimes.com/2020/08/05/world/europe/italy-graduate-96.html. Acessado em 20 de agosto de 2020.

"Questionable Behaviour: Companies Are Relying More and More on Psychometric

Tests". 2020. *The Economist*, 5 de novembro. www.economist.com/business/2020/11/05/questionable-behaviour?utm_campaign=editorial-social&utm_medium=social-organic&utm_source=twitter. Acessado em 10 de novembro de 2020.

Rao, Srikumar S. *Felicidade no trabalho: Seja resiliente, motivado e bem-sucedido, não importa o que aconteça.* Rio de Janeiro: Alta Books, 2011.

Ratey, John Jay. *O cérebro: Um guia para o usuário.* Rio de Janeiro: Objetiva, 2002.

Reed, Anika. 2019. "British Airways Apologizes to Travelers After Flight Lands 525 Miles Away from Destination". *USA Today*, 25 de março. www.usatoday.com/story/travel/news/2019/03/25/british-airways-flight-lands-525-miles-away-destination-scotland-Londres-germany/3267136002/. Acessado em 3 de setembro de 2020.

Roberts, Andrew. *Hitler & Churchill: Segredos da liderança.* Rio de Janeiro: Zahar 2004.

Roberts, Andrew. *Churchill: Caminhando com o destino.* Rio de Janeiro: Companhia das Letras, 2020.

Robinson, Greg. 2001. *By Order of the President: FDR and the Internment of Japanese Americans.* Cambridge, MA: Harvard University Press.

Roosevelt, Theodore. 1910. "*The Man in the Arena*". Discurso, na Sorbonne em Paris, França, em 23 de abril de 1910. Acessado em 1o de janeiro de 2021 em *Theodore Roosevelt Center at Dickinson State University.* www.theodorerooseveltcenter.org/Learn-About-TR/TR-Encyclopedia/Culture-and-Society/Man-in-the-Arena.aspx.

Ryu, Jenna. 2020. "Lea Thompson Supports Brad Garrett's Claim Staff Members 'Were Treated Horribly' by Ellen DeGeneres". *USA Today*, 31 de julho. www.usatoday.com/story/entertainment/celebrities/2020/07/31/ellen-degeneres-brad-garrett-calls-mistreatment-common-knowledge/5554831002/. Acessado em 3 de agosto de 2020.

Sagan, Carl e Ann Druyan. *O mundo assombrado pelos demônios.* Rio de Janeiro: Companhia das Letras, 2006.

Sanders, Betsy. 1995. *Fabled Service.* San Francisco: Jossey-Bass Publishers.

Sanders, Robert. 2018. "Enlarged Spleen Key to Diving Endurance of 'Sea Nomads.'" *Berkeley News*, 19 de abril. https://news.berkeley.edu/2018/04/19/enlarged-spleen-key-to-diving-endurance-of-sea-nomads/.

Sandle, Tim. 2018. "Knowledge Doubles Almost Every Day, and It's Set to Increase".

Science Digital Journal, 23 de novembro. www.digitaljournal.com/tech-and-science/science/op-ed-knowledge-doubles-almost-every-day-and-it-s-set-to-increase/article/537543. Acessado em 19 de novembro de 2020.

Schilling, David Russell. 2013. "Knowledge Doubling Every 12 Months; Soon to be Every 12 Hours". *Industry Tap*, 19 de abril. www.industrytap.com/knowledge-doubling-every-12-months-soon-to-be-every-12-hours/3950. Acessado em 7 de novembro de 2020.

Segev, Tom. 1999. *One Palestine Complete: Jews and Arabs Under the British Mandate*. Nova York: Henry Holt & Co.

Seidman, Dov. *Como: Por que o COMO fazer algo significa tudo*. São Paulo: DVS Editora, 2009.

Seligman, Martin E. P. *Aprenda a ser otimista: Como mudar sua mente e sua vida*. Rio de Janeiro: Objetiva, 2019.

Shane, Scott. 2010. *Born Entrepreneurs, Born Leaders: How Your Genes Affect Your Work Life*. Nova York: Oxford University Press.

Shankman, Peter e Karen Kelly. 2013. *Nice Companies Finish First: Why Cutthroat Management Is Over–and Collaboration Is In*. Nova York: Palgrave MacMillan.

Shiel, William C. Jr., M.D. 2019. "Medical Definition of Synapse". MedicineNet (www.medicinenet.com). www.medicinenet.com/script/main/art.asp?articlekey=9246. Acessado em 25 de agosto de 2019.

Silver, Katie. 2014. "Romania's Lost Generation: Inside the Iron Curtain's Orphanages". *ABC Radio National*, 23 de junho. www.abc.net.au/radionational/programs/allinthemind/inside-the-iron-curtain's-orphanages/5543388. Acessado em 9 de fevereiro de 2020.

Simmons, Annette. 2006. *The Story Factor: Inspiration, Influence, and Persuasion Through the Art of Story Telling*. Cambridge, MA: Basic Books.

Slater, Robert. *Jack Welch, o executivo do século: Os insights e segredos que criaram o estilo GE*. São Paulo: Negócios, 2001.

Smith, Robert. 2009. *The Leap: How 3 Simple Changes Can Propel Your Career from Good to Great*. Nova York: Penguin Books.

Sobel, Dava. *A filha de galileu: Um relato biográfico de ciência, fé e amor*. Rio de Janeiro: Companhia das Letras, 2000.

Solzhenitsyn, Aleksandr I. *Arquipélago Gulag*. São Paulo: Editora Carambaia, 2019.

Sorce, James F., et al. 1985. "Maternal Emotional Signaling: Its Effects on the Visual Cliff Behavior of One-Year-Olds", *Developmental Psychology* 21(1): 195–200.

Sorensen, Ted. 2009. *Kennedy: The Classic Biography*. Nova York: Harper Perennial.

Statt, Nick. 2018. "NASA Is Currently Conducting a Workplace Culture and Safety Review of Boeing and Spacex, Due in Part to Musk's Behavior". *The Verge*, 29 de novembro. www.theverge.com/2018/11/19/18118769/elon-musk-smoke-weed-nasa-admin-jim-bridenstine-workplace-culture-review. Acessado em 11 de agosto de 2020.

Stavrova, Olga. 2019. "Having a Happy Spouse Is Associated with Lowered Risk of Mortality". *Psychological Science*; 095679761983514 doi:10.1177/0956797619835147. Acessado em 19 de junho de 2020.

Steiner-Adair, Catherine e Teresa H. Baker. 2013. *The Big Disconnect*. Nova York: HarperCollins Publishers.

Stone, Douglas, Bruce Patton e Sheila Heen. *Conversas difíceis: Como discutir o que é mais importante*. Rio de Janeiro: Sextante, 2021.

Sullenberger, Captain Chesley B., III e Jeffrey Zaslow. *Sully: O herói do Rio Hudson*. Rio de Janeiro: Intrínseca, 2016.

Sullenberger, Captain Chesley B., III e Jeffrey Zaslow. 2016. *Sully: My Search for What Really Matters*. Nova York: William Morrow.

Sutton, Robert I. *Chega de babaquice!: Como transformar um inferno em um ambiente de trabalho sensasional*. Rio de Janeiro: Editora Campus, 2007.

Thompson, Terri, et al. 2012. "Victims of Lance Armstrong's Strong-Arm Tactics Feel Relief and Vindication in the Wake of U.S. Anti-Doping Agency Report". *New York Daily News*, 26 de outubro. www.nydailynews.com/sports/more-sports/zone-lance-armstrong-bully-downfall-article-1.1188512. Acessado em 29 de julho de 2020.

Tough, Paul. *Como as crianças aprendem: O papel da garra, da curiosidade e da personalidade no desenvolvimento infantil*. Rio de Janeiro: Intrínseca, 2017.

Tracy, Jessica. 2016. *Take Pride: Why the Deadliest Sin Holds the Secret to Human Success*. Nova York: Houghton Mifflin Harcourt.

Tronick, Ed. 2007. *Still Face: The Neurobehavioral and Social-Emotional Development of Infants and Children*. Nova York: W. W. Norton and Company.

Trout, Jack e Rivkin, Steve. *Diferenciar ou morrer: Sobrevivendo em uma era de competição mortal*. São Paulo: Editora Futura, 2000.

Underhill, Paco. *Vamos às compras!: A ciência do consumo nos mercados globais*. Rio de Janeiro: Editora Campus, 2009.

van Baaren, Rick B., et al. 2006. "Mimicry for Money: Behavioral Consequences of Imitation". *Journal of Experimental Social Psychology* 39: 393–398.

Van Edwards, Vanessa. 2017. *Captivate: The Science of Succeeding with People*. Nova York: Portfolio.

Vedantam, Shankar. 2010. *The Hidden Brain: How Our Unconscious Minds Elect Presidents, Control Markets, Wage Wars, and Save Our Lives*. Nova York: Spiegel & Grau.

Vuori, Tim O. e Quy N. Huy. 2015. "Distributed Attention and Shared Emotions in the Innovation Process: How Nokia Lost the Smartphone Battle". *Administrative Science Quarterly*, 1–43. www.enterprisegarage.io/2015/12/case-study-how-nokia-lost-the-smartphone-battle/. Acessado em 3 de agosto de 2020.

Walker, Rob. 2008. *Buying In*. Nova York: Random House Publishing Group.

Watson, Lillian Eichler. 1988. *Light from Many Lamps: A Treasury of Inspiration*. Nova York: Touchstone.

Watzlawick, Paul. 1974. *An Anthology of Human Communication*. Palo Alto, CA: Science and Behavior Books.

The Week. 2020. "The Impeachment Battle over Witnesses". 31 de janeiro, p. 4.

The Week. 2020. Quote by Mary Renault. 27 de novembro, p. 19.

Weisfield, G. E. e J. M. Beresfor. 1982. "Erectness of Posture as an Indicator of Dominance or Success in Humans". *Motivation and Emotion* 6(2): 113–131.

Welch, Jack e John A. Byrne. *Jack definitivo: Segredos do executivo do século*. Rio de Janeiro: Elsevier, 2001.

Wilson, Timothy D. 2002. *Strangers to Ourselves: Discovering the Adaptive Unconscious*. Cambridge, MA: Harvard University Press.

Wiseman, Richard. 2009. *59 segundos: Pense pouco, mude muito*. Rio de Janeiro: BestSeller, 2011.

Wolfe, Ira. 2004. *Understanding Business Values and Motivators*. Atlanta: Creative Communications Publications.

Yahr, Emily. 2020. "The Downward Spiral of Ellen DeGeneres's Public Persona: A Complete Guide". *The Washington Post*, 3 de agosto. www.washingtonpost.com/arts-entertainment/2020/08/03/ellen-degeneres-show-reputation/. Acessado em 3 de agosto de 2020.

Young, Janette. 2018. "Four Ways Having a Pet Increases Your Lifespan". *The Conversation*, 17 de janeiro. https://theconversation.com/four-ways-having-a-pet-increases-your-lifespan-88640. Acessado em 22 de julho de 2020.

CONHEÇA OS LIVROS DE JOE NAVARRO

O que todo corpo fala

As 5 habilidades das pessoas excepcionais

Para saber mais sobre os títulos e autores da Editora Sextante,
visite o nosso site e siga as nossas redes sociais.
Além de informações sobre os próximos lançamentos,
você terá acesso a conteúdos exclusivos
e poderá participar de promoções e sorteios.

sextante.com.br